Abhandlungen

des

kriminalistischen Seminars

an der Universität Berlin.

Herausgegeben

von

Dr. Franz v. Liszt,

ord. Professor der Rechte zu Berlin.

Neue Folge. Fünfter Band. 3. Heft.

Ottokar Tesař: Die symptomatische Bedeutung des verbrecherischen Verhaltens.

Berlin 1907.

J. Guttentag, Verlagsbuchhandlung,

G. m. b. H.

Die symptomatische Bedeutung des verbrecherischen Verhaltens.

Ein Beitrag zur Wertungslehre im Strafrecht.

Von

Dr. Ottokar Tesař.

Berlin 1907.

J. Guttentag, Verlagsbuchhandlung,

G. m. b. H.

Den Herren Professoren

Dr. Hans Gross und Dr. Franz von Liszt

in dankbarer Verehrung

zugeeignet.

Vorwort.

Die große Arbeit einer Neukodifikation des Strafrechtes beschäftigt gegenwärtig die gesamte deutsche Nation. In Deutschland, Österreich und der Schweiz wird an der Abfassung eines neuen Strafgesetzbuches gearbeitet.

Ebenso wie die strafrechtliche Kodifikationsepoche um das Ende des 18. Jahrhunderts ein mächtiges Aufflammen des Streites um die obersten Prinzipien des Strafrechtes zeigt, ebenso haben auch die heutigen Bestrebungen auf dem Gebiet der Gesetzgebung als typische Begleiterscheinung den Schulenkampf um die, in der neuen Gesetzgebung zu verwirklichende Strafrechtstheorie.

Schutzstrafe und Vergeltungsstrafe stehen einander heute wie damals gegenüber; nur in ihren kriminalpolitischen Forderungen haben sie vielfach die Rollen getauscht. Auch im heutigen Kampf steht ebenso wie zu den Zeiten eines Feuerbach und Grolmann das Prinzip des gerechten Strafmaßes im Mittelpunkt der Diskussion. Während die heutige Schutzstrafe durch den primären Strafzweck der Spezialprävention ihr Strafmaßprinzip scharf herausgearbeitet hat, läßt sich das Gleiche nicht immer von der Gegnerseite behaupten.

Gerade von dieser Seite wird viel mehr das formale Prinzip der Vergeltung oder der Proportionalität zwischen Verbrechen und Strafe als die Frage, wodurch die in diese Form einzusetzenden Größen bestimmt werden sollen, zum Gegenstand der Untersuchung gemacht.

Erst mit dem Nachweis, daß die Prinzipien richtig sind, nach denen die in diese Form der Proportionalität eingesetzten Größen bestimmt werden, läßt sich an bestimmten kriminalpolitisch geforderten Strafgrößen die Frage der Übereinstimmung oder Nichtübereinstimmung derselben mit dem Proportionalitätsgedanken diskutieren.

Gerade dieser vielfach vernachlässigten Frage nach den für die Wertung des deliktischen Handelns maßgebenden Faktoren soll die vorliegende Arbeit bestimmt sein.

Die Aufgabe, die sich hiebei die Arbeit stellte, war vor allem die, eine Übersicht über die dogmengeschichtliche Entwicklung des Problems zu erhalten, den Einfluß, den Philosophie oder politische Tendenzen auf die Behandlung der Frage gehabt, zu erforschen. Die Darstellung mußte sich hiebei mit der Aufstellung einzelner wichtiger Entwicklungstypen begnügen; eine Vollständigkeit in der Beachtung der Literatur wurde nicht angestrebt. Wenn gerade einige von den älteren Lehren einer genaueren Analyse unterzogen wurden, so lag der Grund in der Absicht, die entwickelungsgeschichtlichen Vorstufen der vom Verfasser im letzten Teil dargestellten Wertungslehre zu zeigen. Bei der Durchführung des als richtig erkannten Bewertungsmaßstabes konnte auf Detailfragen wegen des Umfanges des zu behandelnden Gebietes nicht eingegangen werden.

Der aufrichtigste Dank möge Herrn Prof. Dr. Hans Groß in Graz und Herrn Geheimen Justizrat Professor Dr. Franz v. Liszt in Berlin für die Förderung der wissenschaftlichen Bestrebungen des Verfassers, sowie dem hohen österreichischen Ministerium für Kultus und Unterricht für die Gewährung eines Reisestipendiums ausgesprochen werden.

Inhaltsverzeichnis.

Abkürzungen.

Arch. d. Crim. R. = Archiv des Criminalrechtes. Herausgegeben von Klein und Kleinschrod. Halle.

Goltd. Arch. = Archiv für Strafrecht und Strafprozeß begründet durch Dr. Goltdammer. Herausgegeben von Kohler. Berlin.

Groß Arch. = Archiv für Kriminalanthropologie und Kriminalistik. Herausgegeben von Hans Groß. Leipzig.

G.S. = Gerichtssaal. Herausgegeben von Ötker und Finger. Stuttgart.

Mitteil. d. J. K. V. = Mitteilungen der internationalen kriminalistischen Vereinigung. Berlin.

Monatsschr. f. Kriminalpsychol. = Monatsschrift für Kriminalpsychologie und Strafrechtsreform. Herausgegeben von Aschaffenburg. Heidelberg.

N. Arch. d. Crim. R. = Neues Archiv des Criminalrechts. Herausgegeben von Konopak, Mittermaier und Roßhirt. Halle.

Z. = Zeitschrift für die gesamte Strafrechtswissenschaft. Herausgegeben von v. Liszt und v. Lilienthal usw. Berlin.

Berichtigung.

S. 76 ist nach der achten Zeile von oben einzufügen:

b) Pufendorffs Zurechnungslehre.

Einleitung.

Eines der wirksamsten Kampfmittel, deren sich die heutige „klassische“ Schule zur Propagierung ihrer Ideen im Schulenstreite bedient, ist wohl das immer wieder ins Treffen geführte Postulat der Proportionalität zwischen Verbrechen und Strafe. Immer wieder wird, wie ich glaube auch mit Recht, betont, daß dieses Prinzip so tief im Rechtsbewußtsein aller Völker gegründet erscheint, daß es geradezu als die Erscheinungsform der Idee des richtigen Rechtes hinsichtlich des Strafmaßes bezeichnet werden kann.

Eine Strafrechtstheorie, die von dem in diesem Prinzipe liegenden Satz, daß das Strafmaß der Größe des Verbrechens entsprechen müßte, abginge, würde den eingewurzelten Ideen über ein gerechtes Strafmaß direkt widersprechen und hätte auf keine Anerkennung in den breiten Schichten des Volkes zu hoffen.

Diese durch die Analyse der Volkspsyche sich tatsächlich ergebende Forderung der Gerechtigkeit an das Strafmaß stellt zunächst nur ein formales Postulat dar. Proportionalität oder Gleichheit[1]) zwischen zwei Größen gibt vor allem nur eine Beziehung zwischen zwei Größen an; solange auf der einen oder anderen Seite dieser Relation noch keine positiven Größen eingesetzt sind, sind die positiven Werte des andern Faktors, der mit dem ersten in dem geforderten Verhältnis zu stehen hat, noch nicht bestimmt.

Gerade dies muß gegenüber der Verwendung des Proportionalitätsgedankens im Kampf gegen die Strafmaßpostulate der Schutzstrafe hervorgehoben werden.

---

[1]) Diese als besonderer Fall der Proportionalität gefaßt.

Die von dieser geforderten Strafgrößen sind allerdings vielfach von den durch die „klassische Schule" als gerecht erkannten verschieden.

Dem Gedanken der Proportionalität, dem Gedanken des gerechten Strafmaßes würden sie nur dann widersprechen, wenn nachgewiesen würde, daß die von der klassischen Schule in diese Formel eingesetzten Verbrechenswerte allein der Volksanschauung vollkommen entsprechen.

Solange dies nicht nachgewiesen wird, darf aus der Nichtübereinstimmung des Strafmaßes der Schutzstrafe mit dem der „klassischen Schule" nicht gefolgert werden, daß das erstere mit dem Gedanken der Proportionalität im Widerspruch stehe und daher schon deswegen die Gerechtigkeitsidee des Volkes beleidige.

Die Schutzstrafe dagegen kann die Nichtübereinstimmung ihres Strafmaßprinzipes mit den Forderungen der klassischen Schule nicht einfach dadurch rechtfertigen, daß das Bestehen der, die Proportionalität zwischen Delikt und Strafe fordernden Gerechtigkeitsidee einfach weggeleugnet wird. Diese ist etwas ebenso Reales, wie das Gefühl der Verantwortlichkeit, das trotz der Lehre von der Unfreiheit des Willens nicht aus der Welt geschafft werden konnte.

Die Schutzstrafe wird daher die Faktoren zu analysieren haben, die die Verbrechensgröße der Volksüberzeugung gemäß bestimmen und damit die von der klassischen Schule ins Treffen geführten vergleichen müssen.

Die vorliegende Arbeit hat es sich zur Aufgabe gemacht, die dogmengeschichtliche Entwicklung der Lehre von den die Größe des Delikts bestimmenden Faktoren zu verfolgen und nachzuweisen, daß die heute vielfach aus dem Gedanken der Proportionalität für das Strafmaß gemachten Schlüsse durchaus nicht notwendig aus demselben hervorgehen, sobald eben andere Verbrechenswerte eingesetzt werden.

Es soll ferner gezeigt werden, daß die von der heutigen Vergeltungstheorie angenommenen Verbrechenswerte sich durchaus nicht auf jene wissenschaftliche Kontinuität stützen können, die vielleicht den Titel der Klassizität rechtfertigen könnte.

Gerade die Lehre von den, die Deliktsgröße bestimmenden Faktoren erfreut sich heute nicht gerade übergroßer Aufmerksamkeit.

„Alle Welt spricht von dem Maße der Schuld, von der Zumessung, von der angemessenen Strafe, von der verdienten Vergeltung nach dem Werte des verletzten Rechts, von schweren und leichteren Verbrechen, als gäbe es nichts Einfacheres wie den Maßbegriff im Strafrechte zu bestimmen.“[1]

Die Ergebnisse der vorliegenden Untersuchung sollen hier nicht weiter erörtert werden. Nur soweit als es für die Erklärung der Terminologie erforderlich ist, muß hier bereits auf die in der Geschichte auftretenden Faktoren für die Bewertung der Delikte hingewiesen werden.

Zwei Wertungsmöglichkeiten des deliktischen Handelns sind hier hervorzuheben.

Die eine beurteilt das schädliche Verhalten nach Maßgabe des in der Außenwelt verursachten Schadens,[2] sie bewertet die Delikte nach ihrer realen Bedeutung.[3]

Die zweite Möglichkeit ist die, das deliktische Geschehen nicht nach dem abzuschätzen, was es verursacht hat, sondern danach, was es uns in dem Verbrecher enthüllt; die Tat wird nach ihrer symptomatischen Bedeutung gewertet.[4]

Der Kürze halber sollen im folgenden die Anhänger dieses Wertungsstandpunktes im Strafrecht als Symptomatiker bezeichnet werden, wenn auch zugegeben werden muß, daß dieser Ausdruck in anderen Diziplinen, wie in der Medizin, eine ganz andere Bedeutung haben mag.

Die vorliegende Arbeit soll eine dogmengeschichtliche sein. Die Gesetzgebung ist vorwiegend nur dort herangezogen, wo die Wertungslehre der Doktrin auf ihr aufbaut; wo die positive Gesetzgebung die Grundlage bildet für die Ausarbeitung der Wertungsprinzipien der Doktrin.

---

1) W. E. Wahlberg, Das Maß und die Wertsberechnung im Strafrechte. Gesammelte kleinere Schriften usw. über Strafrecht, Strafprozeß usw. Wien 1875. III. Bd. 101.

2) Siehe Laistner, Das Recht in der Strafe. München 1872. S. 186.

3) Merkel, Lehrbuch des deutschen Strafrechts. Stuttgart 1889. S. 25.

4) Merkel, c. l.; Laistner, c. l.

Von einer derartigen Bedeutung der Gesetzgebung kann nur bis zu dem Eindringen des Naturrechtes in die Doktrin die Rede sein. Mit dem Eindringen des Naturrechtes beherrschen philosophische Prinzipien auch die strafrechtliche Wertungslehre. Von da ab tritt die Doktrin mit einem festgefaßten Standpunkt an die positive Gesetzgebung heran, kritisiert diese und sucht sie im Sinne des aus anderen Quellen als richtig Erkannten zu beeinflussen. Deshalb konnte die seit Feuerbach eintretende Gesetzgebung hier unbeachtet gelassen werden, da sie nicht mehr die Grundlage für die dogmatische Entwicklung der Wertungslehre, sondern höchstens den Reflex derselben darbietet.

So erscheint auch die Einteilung der Darstellung gerechtfertigt.

Nach einer kurzen Darstellung der griechischen und römischen Bewertungslehre[1]) soll die Entwicklung in Deutschland auf Grund des positiven Rechtes bis zum Eindringen des Naturrechtes betrachtet werden. Das Naturrecht bildet die zweite Epoche der dogmatischen Entwicklung der Wertungslehre. Mit dem Ende des 18. Jahrhunderts dringen neue Gesichtspunkte in diese Lehre ein; die Ideen der französischen Revolution und die Philosophie Kants bilden die Ausgangspunkte neuer Entwicklungsreihen.

Der letzte Abschnitt soll eine kurze Zusammenfassung der als richtig angesehenen Bewertungslehre im Strafrecht bilden.

[1]) Nur soweit als sie für die spätere deutsche Entwicklung von Bedeutung waren, wurden sie hier herangezogen.

I. Buch.

Die Entwicklung der Lehre von den die Wertung des Delikts bestimmenden Faktoren bis zum Eindringen des Naturrechts.

I. Kapitel.

Die griechische und römische Lehre.

§ 1. Aristoteles.

Die griechische Wertungslehre soll nur soweit Erörterung finden, als sie auf die römische Entwicklung, und dadurch indirekt auf die deutsche Lehre, und als sie direkt — durch den Anschluß des Naturrechtes an die griechische Philosophie — auf die deutsche Doktrin von Einfluß war.

Hier ist es die aristotelische Lehre, die an Bedeutung und Einfluß auf die spätere Entwicklung die übrige griechische Philosophie überragt.

Aristoteles steht, wie die weiteren Ausführungen zeigen sollen, prinzipiell wohl auf dem Standpunkt der Wertung des äußeren Verhaltens nach Maßgabe seiner symptomatischen Bedeutung.

Das Auftreten dieser Lehre, die in dem einzelnen Rechtsgüter verletzenden Verhalten eines Menschen als sinnfälligem Ereignis nur oder doch vornehmlich den Wert darin findet, daß es einen bestimmten psychischen Zustand in dem enthüllt, an dem es erscheint, fällt mit der ethischen Vertiefung der strafrechtlichen Lehren zusammen.

Denn eine Lehre, die auf die Psyche des Menschen das Hauptgewicht legt, muß dazu führen, dem äußeren schädigenden Verhalten des Menschen im Einzelfalle nur dadurch Bedeutung beizulegen, daß diesem erfahrungsgemäß eine gewisse indizierende Kraft zukommt für das Vorhandensein eines bestimmten psychischen Substrates, das in seiner Konstanz — wenigstens gegenüber dem rasch vorbeigehenden äußeren Verhalten des Menschen — vor allem die Grundlage der Werturteile über eine bestimmte Person bildet; andererseits bedeutet doch diese psychische Eigentümlichkeit eine der Gesellschaft beständig drohende Gefahr, indem sie in Verbindung mit den aus dem gesellschaftlichen Milieu entstammenden Reizen zu neuen schädigenden Handlungen führt.

„Demokritos scheint der erste gewesen zu sein, der das Hauptgewicht auf den Willen legte.“ [1])

Die Weiterentwicklung dieser Lehre erfolgte dann durch Aristoteles. [2])

Hier ist vor allem seine Zurechnungslehre heranzuziehen, die primär zwar ethische Sätze aufstellen will; doch wird ihre Befolgung auch als: χρήσιμον δὲ καὶ τοῖς νομοθετοῦσι πρός τε τὰς τιμὰς καὶ τὰς κολάσεις [3]) empfohlen.

„Das eigentliche Objekt für die sittlichen Werturteile bilden die menschlichen Handlungen, aber nicht so sehr als äußere Geschehnisse, sondern als Ausflüsse und Betätigungen der inneren Beschaffenheit des Menschen. Ihr Wertmoment liegt in dem, was auch für die ethische ἕξις des Menschen den Ausschlag gibt: in Motiv und Zweck des Begehrens und des Vorsatzes. Der Mensch wird beurteilt nach seinen Handlungen und diese wieder nach ihren seelischen Elementen, d. h. danach, wie sich die psychische Beschaffenheit, die Innerlichkeit des Menschen in seinen äußeren Handlungen ausspricht und betätigt.“ [4])

---

[1]) S. 70. A. Löffler, Die Schuldformen des Strafrechts. I. Leipzig 1895. Fr. 110 bei Löffler zit. ’Εχθρὸς ουκ ὁ ἀδικέων, ἀλλὰ καὶ ὁ βουλόμενος.

[2]) Bei der Darstellung der aristotelischen Lehre wurde besonders auf das Werk Richard Loenings, Die Zurechnungslehre des Aristoteles (1. Bd., Geschichte der strafrechtlichen Zurechnungslehre), Jena 1903, Rücksicht genommen.

[3]) Eth. Nicom. III. 1 a. A. zit. bei Loening, S. 129 Anm. 19. (Aristoteles nach der Berliner Akademieausgabe zitiert.)

[4]) Loening, c. l. S. 125/126. Von den bei Loening c. l. zitierten Stellen Anm. 8 S. 125, Anm. 9 S. 126 seien angeführt: Eth. Eud. II. 11. 1228[a] (Anm. 9):

Die äußere Betätigung kommt als Ausfluß der προαίρεσις in Betracht, die sich als Verbindung der Denkoperation und des dadurch erzeugten Begehrens darstellt.[1]

In dieser προαίρεσις sind somit die ganzen geistigen Funktionen des Menschen konzentriert, so daß in der προαίρεσις der ganze psychische Zustand des Menschen charakterisiert erscheint; „in ihm findet seine ganze aus Vernünftigem und Vernunftlosem, aus νοῦς und ὄρεξις bestehende Seele ihren Ausdruck und ihre Betätigung. . . . Daher wird von der προαίρεσις, da sie sowohl ὄρεξις wie λόγος enthält (ὄρεξις διανοητική) und zugleich πράξεως ἀρχὴ ist, in Eth. Nic. VI. 2. 1139b5 weiter gesagt: καὶ ἡ τοιαύτη ἀρχὴ ἄνθρωπος.“[2]

Bei der Erforschung dieser προαίρεσις wird aber nicht bloß das einzelne Verhalten, das als deren Betätigung erscheint, herangezogen. Vielmehr wird es dem gerechten Richter bei Aburteilung der Verbrechen zur Aufgabe gemacht, zur Erforschung des Vorsatzes und der Gesinnung des Täters nicht bloß die konkrete Tat, sondern auch sein Vorleben in Rechnung zu ziehen.[3]

Es kommt eben bei der Erforschung der προαίρεσις darauf an, festzustellen, in welchem Grad die einzelne Tat als Folge konstanter Elemente in der Psyche des Täters erscheint.

Je mehr die einzelne Tat auf eine besondere Eigenart des Fühlens und Begehrens,[4] hinweist, um so größer ist die Schlechtigkeit und Gefährlichkeit des Handelnden. So erscheint für Aristoteles auch die προαίρεσις selbst durch das ἦθος

Καὶ διὰ τοῦτο ἐκ τῆς προαιρέσεως κρίνομεν ποῖός τις· ταῦτο δ' ἐστὶ τὸ τίνος ἕνεκα πράττει, ἀλλ' οὐ τί πράττει. ... Ἔτι πάντας επαινοῦμεν καὶ ψέγομεν εἰς τὴν προαίρεσιν βλέποντες μᾶλλον ἢ εἰς τὰ ἔργα. Rhet. 1 9. 1361b[21]. Τὰ δ' ἔργα σημεῖα τῆς ἕξεως ἔστιν ....

[1]) c. l. S. 23; vgl. de Motu animalium 6. 700b[23]. ἡ δὲ προαίρεσις κοινὸν διανοίας καὶ ὀρέξεως. (Zit. bei Loening, S. 24 Anm. 14.)

[2]) c. l. S. 143.

[3]) c. l. S. 328, Reth. I. 13. 1347b[13]. Καὶ (ἐπιεικές ἐστι) μὴ πρὸς τὴν πρᾶξιν ἀλλὰ πρὸς τὴν προαίρεσιν (σκοπεῖν) καὶ μὴ πρὸς τὸ μέρος ἀλλὰ πρὸς τὸ ὅλον, μηδὲ ποῖός τις νῦν, ἀλλὰ ποῖός τις ἦν ἀεὶ ἢ ὡς ἐπὶ τὸ πολύ. (Zit. bei Loening, S. 328 Anm. 29.)

[4]) c. l. S. 107.

bedingt,[1]) durch jene individuelle Fähigkeit und Neigung „zu gewissen Gefühlen, sowie zu bestimmter Reaktion des Begehrens diesen Gefühlen wie auch den Antrieben der Vernunft gegenüber“, durch jene konstante Art, wie sich das Begehren durch Gefühl oder Vernunft bestimmen und zu Handlungen antreiben läßt.[2])

Neben diesen Ausführungen finden sich bei Aristoteles allerdings Spuren einer Lehre, die die Psyche des Täters nur als Ursache für seine Handlungen in Betracht zieht, einer Lehre, die später in der Zurechnungslehre ihre Ausbildung dahin fand, daß die Zurechnung das Urteil ist, wodurch jemand als die Ursache des von ihm bewirkten Guten und Bösen bezeichnet wird; darin dürfen wohl die Anfänge der Lehre zu suchen sein, die das einzelne Delikt nach dem in der Außenwelt Verursachten beurteilt, indem diese Wirkungen dem Täter als ihrer Ursache zur Last gelegt werden. Es wird die Handlung des Menschen von ihrem Subjekte losgelöst und verselbständigt, sie wird dem Menschen als Produkt gegenübergestellt und dann erst auf ihn als die Ursache dieses Produkts zurückgeführt, anstatt ihm als „Funktion“ zugewiesen zu werden.[3])

Daß diese Lehre, zur Grundlage der materiellen Zurechnung gemacht, dazu führt, dem konkreten verursachten Erfolg die Bedeutung eines selbständigen Wertungsfaktors bei der Bewertung der Tat zu verleihen, dafür gibt uns Aristoteles selbst Zeugnis, indem auch bei ihm die Größe des angerichteten Schadens die Schwere der Verbrechen neben den bereits angeführten subjektiven Momenten bestimmt.[4])

Die Durchführung dieses zweifachen Bestimmungsgrundes für den Wert, respektive Unwert der verbrecherischen Handlung in den Theorien des Aristoteles über die Bestimmung der gerechten

---

[1]) c. l. S. 106 oben.

[2]) c. l. S. 107. Siehe daselbst Anm. 32.

[3]) c. l. S. 144 ff. Eth. Nic. III. 5. 1112 b 31. Ἔοικε δή, καθάπερ εἴρηται, ἄνθρωπος εἶναι ἀρχὴ τῶν πράξεων. Über die Ausbildung dieser Ausdrucksweise in der Eudemischen Ethik siehe S. 145 c. l.

[4]) S. 330 c. l. Rhet. I. 14. Ὁτὲ μὲν δὴ οὕτω τὸ μεῖζον, ὁτὲ δ᾽ ἐκ τοῦ βλάβους κρίνεται. zit. S. 330 Anm. 35 c. l.

Strafe ist nicht völlig zweifelsfrei. Für den Richter soll das Prinzip der „ausgleichenden Gerechtigkeit“ maßgebend sein, das δίκαιον διορθωτικόν,[1]) das die Ausgleichung des, durch die Übeltat entstandenen Mißverhältnisses dadurch anstrebt, daß „dem Übeltäter durch Auferlegung oder Zufügung von Nachteilen“ (ζημία) der angemessene Vorteil wieder entzogen wird,[2]) wobei Strafe und Schadenersatz noch miteinander vermengt sind. Hinsichtlich der Aufgabe des Gesetzgebers bei der Fixierung eines gerechten Strafmaßes tritt Aristoteles jedoch dafür ein, daß jener bei der Aufstellung seiner Strafgrößen die geometrische Proportion walten lassen, das ἀντιπεπονθός nicht nach äußerer Gleichheit, sondern nach Verhältnismäßigkeit κατ' ἀναλογίαν[3]) bestimmen solle, indem jedem κατ' ἀξίαν die Strafe zugeteilt werden solle,[4]) wobei auf den Unterschied des ἑκούσιον und ἀκούσιον Rücksicht genommen werden müßte.[5])

Kann bei dieser Lehre dem Erfolg eine selbständige Bedeutung bei der Bestimmung des gerechten Strafmaßes beigelegt werden, gemäß dem bereits über die Bestimmungsgründe der Strafwürdigkeit Gesagten, so kommt bei der von Aristoteles vertretenen relativen Theorie dem konkreten in der Gesellschaft verursachten Schaden keine primäre Bedeutung für das Strafmaß zu, sondern höchstens dadurch eine sekundäre, daß aus ihm auf ein besonderes Motivationsbedürfnis im Täter geschlossen werden kann.

Denn nach dieser relativen Theorie soll die Strafe vor allem durch die Strafdrohung einen präventiven Charakter haben,[6]) für das aber in concreto zu verhängende Strafmaß ist jedoch der besondere, auf Grund der konkreten Tat und

---

1) S. 338 c. l.; siehe auch Trendelenburg, Naturrecht auf dem Grunde der Ethik. Leipzig 1868. S. 122/123.

2) S. 339/340 c. l.

3) c. l. S. 343; Trendelenburg c. l. Im Gegensatz zu der, äußere Gleichheit anstrebenden Lehre der Pythagoreer. Loening, c. l. S. 342.

4) Eth. Nicom. V, 6. 1131[25]. Τὸ γὰρ δίκαιον ἐν ταῖς διανομαῖς ὁμολογοῦσι πάντες κατ' ἀξίαν τινὰ δεῖν εἶναι. . . . Ἔστιν ἄρα τὸ δίκαιον ἀνάλογόν τι. (Zit. bei Loening, Anm. 20 S. 341.)

5) c. l. S. 344.

6) c. l. S. 347.

des Vorlebens festgestellte, der Gesellschaft gefährliche Zustand des Täters maßgebend, der durch Besserung und Abschreckung[1]) beseitigt werden soll; kann dieser nicht mehr beseitigt werden, so obliegt dem Staate: τοὺς δ' ἀνιάτους ὅλως ἐξορίζειν.[2])

Eine Vereinigung der auf verschiedenem Wege, nach seinen beiden Theorien zu findenden Strafmaße ließe sich dadurch eben finden, wenn man denselben psychischen Zustand des Verbrechers, der die Grundlage für das Unwerturteil und die proportionale Strafe bildet, eben auch als Basis für den Ausspruch betrachtet, wie groß bei ihm, dem Delinquenten, das Bedürfnis nach Motivation ist, um ihn zu einem brauchbaren Gesellschaftsgliede zu machen.

So empfiehlt auch Aristoteles die für die sittliche Bewertung des Handelns maßgebende Unterscheidung zwischen ἑκούσιον und ἀκούσιον deshalb, weil nur bei Handlungen, die ἑκούσια und ἐφ' ἡμῖν sind,[3]) die Motivation durch Strafe „Sinn und Zweck" hat;[4]) also dieselben Gründe, die die Bewertung beeinflussen, dürften ihm auch bestimmend sein für die Größe der Strafe, die notwendig ist, um in dem Verbrecher den Zustand sozialer Ungefährlichkeit zu erzeugen.

§ 2. Die römische Lehre.

I. Die Entwicklung der Wertung des Delikts als Symptom eines psychischen Zustandes.

Die aristotelische Lehre, die bei der Beurteilung des deliktischen Verhaltens das Hauptgewicht auf die psychische

---

1) c. l. S. 348/49. Eth. Nicom. X. 1180[12], zit. Anm. 39 S. 349 c. l.

2) Eth. Nicom. X. 10. 1180 5, zit. bei Loening, c. l. S. 349 Anm. 40; für die Besserung Eth. Nicom. II. 2. 1104b[16] ἰατρεῖαι γὰρ τινές (sc. αἰκολάσεις) εἰσιν, αἱ δὲ ἰατρεῖαι διὰ τῶν ἐναντίων πεφύκασι γίγνεσθαι. (Zit. bei Loening, S. 349 Anm. 38.)

3) c. l. S. 350/351.

4) Eth. Nicom. III. 7. 1113b[26]. Καίτοι ὅσα μήτ' ἐφ' ἡμῖν ἐστὶ μήθ' ἑκούσια, οὐδεὶς προτρέπεται πράττειν, ὡς οὐδὲν πρὸ ἔργου ὂν τὸ πεισθῆναι μὴ θερμαίνεσθαι ἢ ἀλγεῖν ἢ πεινῆν ἢ ἀλλ' ὁτιοῦν τῶν τοιούτων· οὐδὲν γὰρ ἧττον· πεισόμεθα αὐτά. (Zit. bei Loening, S. 191 Anm. 17.)

Beschaffenheit des Täters legt, die einzelne Gesellschaftsschädigung nur als Ausfluß der προαίρεσις betrachtet, die die eigentliche Grundlage für die Werturteile bietet, hat ihren unverkennbaren Einfluß auch auf die Lehre der römischen Juristen ausgeübt.

Während das ältere römische Recht die Tat bewertet hat nach dem im Zeitpunkt der Tat in der Außenwelt verursachten Schaden,[1] tritt in dem späteren Recht die verbrecherische Gesinnung immer mehr in den Vordergrund, um, in der Theorie der Kaiserzeit wenigstens, zur Alleinherrschaft zu gelangen.

Die einzelne Tat tritt in ihrer realen Bedeutung zurück, es wird ihr nur der Wert eines Indizes für den Bestand einer besonderen psychischen Beschaffenheit im Täter beigelegt. — „Der Verbrecher wird nicht des angerichteten Schadens, sondern der Bösartigkeit seiner Gesinnung wegen gestraft. Daraus ergibt sich denn mit Notwendigkeit die praktische Folgerung, daß die Größe des herbeigeführten Schadens erst an zweiter Stelle in Betracht komme; denn die schlimme Gesinnung kann sich natürlich auch durch den geringsten Verstoß klar und vollständig an den Tag legen.“[2]) Die konkrete Tat rückt in die Klasse der Beweismittel der schädlichen Gesinnung, um diese Rolle mit anderen Verhalten aus dem Vorleben zu teilen, „so daß man allmählich die verbrecherische Handlung nicht als Faktum, sondern als Äußerung des Willens ansah.“[3])

Mag diese Entwicklung des Strafrechtes zum reinen Subjektivismus und damit zur Symptomatik gerade bei den Volksgerichten begünstigt worden sein, wo das Vorleben und die sittlichen Anschauungen des Delinquenten vom Ankläger in der rücksichtslosesten Weise zergliedert wurden und für das

---

[1]) Vgl. Ihering, Das Schuldmoment im römischen Privatrecht. Vermischte Schriften. Leipzig 1879. S. 164: „Das Unrecht wird gewürdigt nicht nach seiner Ursache, sondern nach seiner Wirkung, nicht nach den Momenten in der Person des Täters, sondern rein vom Standpunkt des Verletzten aus“; ebenso Luden, Über den Versuch des Verbrechens (Abh. aus dem gem. deutschen Strafrechte. Göttingen 1836. S. 58).

[2]) A. Pernice, Labeo, II. Aufl. II. Bd. I. Abt. Halle 1895. S. 104.

[3]) W. Rein, Das Kriminalrecht der Römer. Leipzig 1844. S. 124.

Urteil des Richters maßgebend waren,[1]) ihre theoretische Fundierung erhielt sie durch die Aufnahme der, von der Stoa weiter gebildeten, ethischen Lehren des Aristoteles.[2]) In Ciceros und Senecas Werken haben die Aristotelischen Sätze ihren Eingang in die römische Wissenschaft gefunden und sind vorbildlich für die Kaisergesetzgebung geworden.

Bereits Claud. Saturninus, der in dem Eklektizismus seiner später vielzitierten Stelle (D. 48. 19. l. 16.) auch dem Erfolg eine selbständige Bedeutung einzuräumen scheint,[3]) muß den in der Kaisergesetzgebung[4]) sich aussprechenden neuen Geist konstatieren.

Die aus Callistratus entnommene Stelle eines Reskriptes Hadrians „in maleficiis voluntas spectatur, non exitus“[5]) erscheint als die Umsetzung der stoischen Lehren in die Gesetzgebung.

Dieser Standpunkt tritt auch bei dem spätklassischen Juristen Paulus hervor in seinem „consilium enim unius cuiusque, non factum puniendum est“.[6]) So erscheinen auch die, im Anschluß an die lex Cornelia de Sicariis et veneficis erfolgenden Erörterungen Marcians über die, bei diesem Gesetz in Frage kommenden Tatbestände als Auseinandersetzungen über, die Tötungabsicht indizierende äußere Tätigkeiten des Menschen, z. B. das cum telo ambulare[7]) oder „nam si gladium strinxerit et in eo percusserit, indubitate occidendi animo id eum admisisse“.[8])

---

[1]) Pernice, c. l. S. 104; Rein, c. l. S. 123.

[2]) Vgl. Löffler, c. l. S. 72 u. 73.

[3]) c. l. § 8.

[4]) C. Saturninus dürfte ein Zeitgenosse Papinians gewesen sein. (Siehe Th. Kipp, Geschichte der Quellen des römischen Rechtes. II. Auflage. Leipzig 1903. S. 116 Anm. 43.) Eventus spectetur ut a elementissimo quoquo facta: quamquam lex non minus eum, qui occidendi hominis causa cum telo fuerit; quam eum, qui occiderit, puniat.

[5]) D. 48. 7. l. 14.

[6]) Sent. 5. 23. § 3; siehe Pernice, c. l. S. 106 Anm. 2 und Löffler, c. l. S. 67.

[7]) D. 48. 8. l. 1. Pr.

[8]) c. l. § 3.

II. Hervortreten dieser Wertung bei mehrfacher Deliktsbegehung.

Dieser Wertungsstandpunkt hat auch da seinen Einfluß gezeigt, wo es sich um die Heranziehung früherer Taten zur Erforschung der Gesinnung des Täters handelt.

Während es der Auffassung der Delikte nach ihrer realen Bedeutung entspricht, für jedes deliktische Verhalten einer Person die Strafe gesondert zu berechnen und die ihr für alle diese Delikte gebührende, gerechte Strafe durch eine Summierung der einzelnen Größen zu finden, kann sich die, auf die Erforschung der verbrecherischen voluntas stützende Lehre nicht mit einem solchen schematischen Verfahren begnügen.

Daß die Behandlung mehrerer zusammentreffender Delikte nach Maßgabe ihrer realen Bedeutung, „der Parallelismus von Verbrechen und Strafen, die Regel“[1]) gebildet haben soll, läßt sich für das reine römische Strafrecht, in seiner Läuterung von den privatrechtlichen Gesichtspunkten des Schadenersatzes, nicht festhalten.

Die stets hier herangezogene[2]) Ulpian-Stelle[3]) gilt nur für Privatdelikte. Hier waren noch privatrechtliche Gesichtspunkte sehr im Spiele, Entschädigung von Strafe nicht getrennt.

Die Anwendung dieser Regel auf Kriminaldelikte aus D. 48. 2. l. 7. § 5 zu folgern,[4]) erscheint ziemlich bedenklich. „Cum sacrilegium admissum esset in aliqua provincia, deinde in alia minus crimen, divus Pius Pontio Proculo rescripsit, postquam cognoverit de crimine in sua provincia admisso, ut reum in eam provinciam remitteret, ubi sacrilegium admisit.“ Hier handelt es sich offenbar nur um Regelung von Kompe-

---

1) W. Höpfner, Einheit und Mehrheit von Verbrechen. Berlin 1901. S. 8.

2) Z. B. Wächter, römisch-teutsches Strafrecht. 1. Teil. Stuttgart 1825. S. 249. Binding, Grundriß. VI. Aufl. 1902. S. 242. Höpfner, c. l.

3) D. 47. 1. 2. Pr. Numquam plura delicta concurrentia faciunt, ut ullius impunitas detur: neque enim delictum ob aliud delictum minuit poenam. Ob aus der vielzitierten Ulpianstelle D. 48. 19. 18. „Cogitationis poenam nemo patitur“ die Gegnerschaft Ulpians gegen den Subjektivismus entnommen werden kann, erscheint zweifelhaft; siehe Pernice, S. 106. c. l.

4) Binding, c. l.; Höpfner, c. l. S. 9.

tenzstreitigkeiten, durch die uns noch gar nichts über die materielle Wertung der Delikte gesagt ist.[1])

So erscheint es auch nicht richtig[2]) die vielzitierte Stelle, D. 48. 19. l. 28. § 10 als eine Ausnahme zu bezeichnen, vielmehr erscheint diese nur als Ausfluß der oben dargelegten symptomatischen Auffassung der einzelnen gesellschaftsschädigenden Verhalten.

Gegenüber den Wegelagerern, die mehrfach auf den Straßen ihre Räubereien[3]) verüben, wird nämlich nicht eine Strafe angedroht, die auf die einzelnen Delikte Rücksicht nimmt; es werden vielmehr die einzelnen verbrecherischen Akte hier als Ausfluß einer derartigen verbrecherischen Gesinnung betrachtet, der gegenüber die Unschädlichmachung durch Todesstrafe, respektive lebenslängliche Zwangsarbeit am Platze erscheint.

Von einem derartigen Standpunkt der Beurteilung aus, der das Hauptgewicht auf die Erforschung einer bestimmten psychischen Beschaffenheit des Täters im Zeitpunkt der Tat legt,

---

[1]) Die von Binding c. l. u. a. für den Satz „quot crimina tot poenae“ angeführte, von Höpfner mit Recht als Belegstelle zurückgewiesene Stelle Cod. 9. 2. l. 9 kann geradezu für die symptomatische Auffassung angeführt werden, wo es sich darum handelt, ein deliktisches Verhalten, das sich unter mehrere Tatbestände subsumieren läßt, zu bewerten. Der Richter wird nämlich angewiesen, wenn bezüglich der mehreren crimina die deductio in accusationem vorangegangen ist, nicht über jeden Fall einzeln zu entscheiden: Judex autem super utroque crimine audientiam accomodabit; nec enim licebit ei separatim de uno crimine sententiam proferre, priusquam plenissima examinatio super altero quoque crimine fiet.“ Diese Stelle zeigt, daß man ein voreiliges Aburteilen des Richters über das einzelne crimen verhindern wollte; solange man dem Satze: quot delicta etc., huldigt, erscheint eine gesonderte Behandlung der einzelnen crimina durchaus möglich; erst dort, wo es sich prinzipiell um die Erforschung der voluntas handelt, hängt die Bedeutung, die man dem einzelnen crimen bei der Bewertung der voluntas zuteil werden lassen soll, von seiner Stellung zu dem sonstigen Verhalten derart ab, daß ihr nur durch eine einheitliche Verhandlung Rechnung getragen werden kann.

[2]) Höpfner, c. l. S. 9.

[3]) D. 48. 19. l. 28. § 10. Grassatores, qui praedae, causa id faciunt, proximi latronibus habentur. et si cum ferro adgredi et spoliare instituerunt, capite puniuntur, utique si s a e p i u s atque in itineribus hoc admiserunt: ceteri in metallum dantur vel in insulas relegantur. Für die Interpretation dieser und der folgenden hier zitierten Stellen siehe: G. Friedländer, Der Rückfall im gemeinen deutschen Recht. I. Berlin 1872. S. 7 ff.

bildet es keinen qualitativen Unterschied, ob bei der Bewertung ein Verhalten des Menschen aus seinem Vorleben herangezogen wird, bezüglich dessen bereits Strafe ergangen ist, oder ein solches, das noch nicht Gegenstand einer besonderen Untersuchung und Aburteilung war. Dem entspricht es auch, wenn Callistratus[1]) bereits abgestrafte Delikte in Zusammenhang mit noch nicht bestraften als Symptome einer besonders verwerflichen und gefährlichen Gesinnung behandelt.[2]) Als Einzeldelikte erscheinen diese Taten vielleicht geringfügig, im Zusammenhang mit dem ganzen Leben des Delinquenten rechtfertigen sie sogar die Todesstrafe.

Diese Auffassung der Delikte hat auch in dem entwickelten Rechte der Kaiserkonstitutionen ihren Ausdruck gefunden, z. B. Cod. 10. 20. l. un. § 1. und Cod. 9. 12. l. 8. § 2.[3])

So können wir als Ergebnis der Entwicklung der Lehre über das Wesen des Deliktes in der römischen Gesetzgebung und Doktrin die Herrschaft des Subjektivismus bezeichnen. Soweit es sich um rein strafrechtliche Erörterungen handelt, ist ein Internum im Täter die Grundlage für die strafrechtliche Beurteilung.[4])

---

[1]) Von Callistratus, einem Griechen, stammt auch die Anm. 2 zitierte und die oben S. 12 zitierte Stelle D. 48. 7. 14.

[2]) D. 48. 19. l. 28. § 3. Solent quidam, qui vulgo se iuvenes appellant, in quibusdam civitatibus turbulentis se adclamationibus popularium accomodare. Qui si amplius nihil admiserint nec ante sint a praeside admoniti, fustibus caesi dimittuntur aut etiam spectaculis eis interdicitur. Quod si ita correcti in eisdem deprehendantur, exilio puniendi sunt, nonnumquam capite plectendi, scilicet cum saepius seditiose et turbulente se gesserint et aliquotiens adprehensi tractati clementius in eadem temeritate propositi perseveraverint.

[3]) Cod. 10. 20. l. un. § 1. Si quis autem exactorum in superexactionis crimen fuerit confutatus, capitali periculo c u p i d i t a s e i u s a m o v e n d a atque prohibenda est, si in isdem sceleribus perseveret. Cod. 9. 12. l. 8. § 2, ad legem Iul. de vi publ. seu privata. Viles autem infamesque personae et hi, qui bis aut saepius violentiam perpetrasse convincentur, constitutionum divalium poena teneantur.

[4]) Wichtig erscheint (siehe Löffler, c. l. S. 73), daß die römische Lehre an die Stelle der προαίρεσις die voluntas, den Willen, gesetzt hat, eine Änderung, die dadurch eine besondere Bedeutung erhält, daß damit die Grundlage geschaffen ist für die Beinflussung dieser Lehre durch die verschiedenen Willenstheorien.

Das einzelne sinnfällige Ereignis, das sich als konkrete Gesellschaftsschädigung darstellt, kommt hauptsächlich dadurch in Betracht, daß es als Bestandteil des dolus malus eine nicht genügende Wertung der Kulturnorm im Täter und damit dessen Gefährlichkeit für die Zukunft dartut.

II. Kapitel.

Die Wertungslehre in Mittelalter und Neuzeit bis zum Eindringen des Naturrechts in die strafrechtliche Doktrin.

§ 1. Die positiv-rechtliche Grundlage für die Entwicklung der Lehre von den die Deliktsgröße bestimmenden Faktoren.

I. Der Standpunkt des deutschen Rechts bis zur CCC.

a) Bewertung nach Maßgabe des verursachten Schadens.

Gleichwie das römische Recht der älteren Periode, der 12 Tafeln, huldigt auch das deutsche Recht zur Zeit der ersten Rechtsaufzeichnungen noch vorzüglich der Bewertung des täterischen Verhaltens nach dem, durch dasselbe in der Außenwelt verursachten Schaden.

Das einzelne Verhalten des Täters wird selbständig gemacht und nach dem beurteilt, was es gewirkt hat. Um zu einer möglichst genauen Bewertung in dieser Richtung zu gelangen, wurde der Tatbestand atomisiert;[1]) man zerlegte den Gesamterfolg eines Deliktes in einzelne Teilerfolge, die einzeln bewertet wurden, durch deren Summierung dann die Gesamtbewertung der Tat erreicht wurde.

Hier zeigt sich noch deutlich der unentwickelte Standpunkt des damaligen Strafrechts, auf dem noch privatrechtliche Vergütung des Interesses des unmittelbar Verletzten mit dem staat-

[1]) H. Schreuer, Die Behandlung der Verbrechenskonkurrenz in den Volksrechten (Untersuchungen zur deutschen Staats- und Rechtsgeschichte, 50. Heft). Breslau 1896. S. 1.

lichen Strafrecht vielfach vermengt[1]) war und der Abkauf des Rechtes der Privatrache die Grundlage für die Aufstellung der Strafgrößen bildete.

Diese Gesichtspunkte treten noch deutlich im Strafrecht des Kompositionensystems hervor.

Das Strafrecht ist zwar formell verstaatlicht; die einzelnen Bestimmungen tragen jedoch noch deutlich in ihrem Inhalt den Stempel der Quelle, aus der sie hervorgegangen, der Beseitigung der im Verletzen durch die Tat hervorgerufenen, durch die Größe der realen Verletzung in erster Linie bedingten psychischen Veränderung, die sich als Rachetrieb zu äußern pflegt.

Zahlreiche Bestimmungen der Volksrechte tragen den Stempel dieses Ursprunges an sich.

Am deutlichsten zeigt sich dies wohl bei der Behandlung der Körperverletzungen. Jede Wunde, die aus einer Handlung entsteht, wird besonders betrachtet und mit einer bestimmten Buße belegt;[2]) durch die Summierung dieser Einzelbußen wird dann in der Regel die, dem Gesamterfolg einer Tat entsprechende Buße gefunden. Von diesem Gesichtspunkte aus wird man wohl früher von einem hier eintretenden Entgelten der einzelnen Verletzungen als von einem Vergelten sprechen.[3]) Dieser Gesichtspunkt der Beurteilung des Deliktes nach seiner realen Bedeutung zeigt sich auch bei den, einen Vermögenschaden herbeiführenden Delikten;[4]) hier werden in der Regel durch Pauschalsummen taxierte Schadenseinheiten geschaffen oder direkt an den konkreten Schaden die Buße als ein Vielfaches desselben angeknüpft.[5])

---

1) Schreuer, c. l. S. 191 Anm. 24. „Viel eher läßt sich sagen, daß die Volksrechte den Schaden, wo sie ihn nicht streng von der Buße sondern ... in die Buße hineinziehen.“

2) Schreuer, c. l. S. 2ff.; Höpfner a. a. O. S. 17.

3) Dagegen Schreuer, c. l. S. 3, „Aber auch mehrere gleichartige Verletzungen ... sollen im allgemeinen nach ihrer Zahl vergolten werden.“

4) Schreuer, c. l. S. 27ff.

5) Daneben findet sich auch das System, daß der durch ein Delikt herbeigeführte Schaden, ohne Rücksicht auf seine Höhe, durch eine einzige Pauschalbuße getroffen wird. „Nur die lex Salica und in der Hauptsache auch die lex Ribuaria bekennen sich ausschließlich zum Prinzip der Pauschalbußen; die anderen Volksrechte bevorzugen das System der Proportionalbußen.“ Schreuer, c. l. S. 27/28.

Die mit der Größe des Erfolges proportionierte Größe der Erregung des Verletzten, deren Beseitigung als Aufgabe des sich als Strafe darstellenden Leidens des Verletzers betrachtet wird, erklärt auch die vielfach bei einer Deliktsmehrheit eintretende Kumulation von Leibesstrafen mit Leibesstrafen und sogar mit der Todesstrafe.[1]) Der Staat handelt hier mehr als Substitut der unmittelbar Verletzten, deren Ansprüche auf Befriedigung ihres, durch die Tat hervorgerufenen Rachetriebes er nun an ihrer Stelle geltend macht.[2])

Auch in den deutschen Rechtsbüchern tritt noch dieser Standpunkt deutlich hervor. „Noch immer bestimmt die Zahl der Erfolge die Zahl der Verbrechen.“[3])

So betrachtet auch der Sachsenspiegel die aus einer Tat hervorgehenden Verletzungen einzeln, indem für jede die besondere Buße festgesetzt wird, durch deren Summierung in der Regel die Strafe bestimmt wird, die der Tat entsprechen soll, welche diesen zusammengesetzten Erfolg hervorgerufen.

So bestimmt z. B. der Sachsenspiegel II Art. 34 § 1: Sve so enes mannes knecht sleit oder veit oder rovet nicht denne durch des herren scult, na rechte sal he en beiden bute geven.[4])

Der gleiche Standpunkt wird vielfach für Wucher,[5]) Diebstahl,[6]) Injurie,[7]) Freiheitsentziehung,[8]) für Rückkehr aus der Verbannung[9]) ausgesprochen.

---

1) Schreuer, c. l. S. 257.

2) Neben dem Prinzip der Kumulation hat schon in den Volksrechten auch das Absorptionsprinzip Verbreitung gefunden. Siehe Höpfner, c. l. S. 20; siehe Schreuer z. B. S. 248 ff. und S. 262.

3) Höpfner, c. l. S. 21.

4) G. Homeyer, Des Sachsenspiegels erster Teil. Berlin 1861. III. Ausg. S. 262. Vgl. John, Das Strafrecht in Norddeutschland zur Zeit der Rechtsbücher, 1. Teil. Leipzig 1858. S. 279; vgl. auch die hier S. 284 zitierte Stelle Ssp. II. 12. § 5. V. Friese, Das Strafrecht des Sachsenspiegels. Untersuchungen zur deutschen Staats- und Rechtsgeschichte (Gierke). 55 Bd. Breslau 1898. S. 104.

5) Z. B. Kulm, III. 79, zit. bei John, S. 282, 2.

6) Holzgericht zu Godelsheim. Grimm, Weisthümer Teil III, S. 77, al. 4. bei John, S. 288, 1.

7) Urteil des lübischen Oberhofs, zit. bei John, S. 288.

8) Lübisches Recht, zit. bei John, S. 289.

9) Bremisches Recht Antiqua 1303; John, S. 290.

Derselbe Gesichtspunkt findet sich auch in zahlreichen Schweizer Rechten des Mittelalters.[1])

b) Die Bewertung des Täterverhaltens als Symptom eines psychischen Zustandes.

Neben dieser Wertung der einzelnen Tat nach dem durch sie Verursachten, für die der Gesichtspunkt des Schadenersatzes und der der Ablösung der Privatrache bestimmend war, finden sich doch schon, von der Zeit der Volksrechte an, deutliche Spuren einer Tatbewertung nach dem, als dessen Folge sie erscheint. Das einzelne täterische Verhalten wird dazu verwendet, die Psyche des Täters zu erforschen, und teilt sich in dieser Aufgabe mit anderen, äußerlich erkennbaren Vorgängen aus dem Vorleben des Täters.

Man könnte vielleicht schon in dem bei der Deliktskonkurrenz sich zeigenden Vordringen des Absorptionssprinzips gegenüber dem, der realen Auffassung entsprechenden Kumulationsprinzipe ein Fortschreiten dieses Gesichtspunktes gegenüber dem ursprünglichen, bei der Wertung innegehabten Standpunkt sehen. So hat schon der Sachsenspiegel den allgemeinen Satz aufgestellt, daß die Verwirkung von Lebenund Hand Gewette und Buße ausschließe.[2])

Der Standpunkt, der das äußere Verhalten des Delinquenten als Erkenntnismittel einer bestimmten psychischen Beschaffenheit, die gesellschaftsschädigende Reaktionen desselben Individuums in der Zukunft wahrscheinlich macht, bewertet, tritt uns dort entgegen, wo einem in der Vergangenheit liegenden deliktischen Verhalten des Täters, der von neuem ein Delikt sich zuschulden hat kommen lassen, auf die Bestimmung der in concreto zu verhängenden Strafgröße ein Einfluß eingeräumt wird, trotzdem bezüglich desselben bereits eine rechtskräftig gewordene Strafe ergangen ist. Denn nur dann, wenn man den bestimmten Zustand der menschlichen Psyche im Zeitpunkt ihrer letzten gesellschaftsschädlichen Reaktion auf äußere Reize

---

[1]) E. Osenbrüggen, Das alamannische Strafrecht. Schafthausen 1860. S. 187ff.

[2]) Ssp. III Art. 50. Homeyer, c. l. S. 345. Svar die düdesche man sinen lif oder sine haut verwercht mit ungerichte, he lose se oder ne du, dar ne dar he geven noch gewedde noch bute to. Siehe Höpfner, S. 22.

zur Basis der, dem Strafurteil zugrunde zu legenden Wertung macht, kann man ein früheres Verhalten, bezüglich dessen bereits ein Strafurteil ergangen, eventuell die Strafe abgebüßt ist, bei der Fällung des Urteils über die gerechte Größe der Strafe heranziehen, ohne mit dem Grundsatz des non bis in idem in Widerspruch zu geraten.[1])

Daß dieser Gesichtspunkt auch bei der Wertung eines noch ungestraften Verhaltens maßgebend war, zeigt die vielfache Gleichstellung eines noch unbestraften Verhaltens aus dem Vorleben mit bereits abgestraften in ihrer Bedeutung für die Bemessung der zu verhängenden Strafe.

Diese symptomatische Auffassung des deliktischen Verhaltens zeigt sich vor allem dort, wo mehrere gesellschaftsschädigende Akte vorliegen, die durch eine gewisse Zeit getrennt als selbständige Taten erscheinen könnten. Es findet nämlich hier nicht eine selbständige Wertung jedes einzelnen Verhaltens nach dem statt, was es in der Außenwelt verursacht hat, sondern die Taten werden als Ausfluß einer bestimmten psychischen Beschaffenheit betrachtet, die neue gesellschaftsschädigende Handlungen in der Zukunft wahrscheinlich macht und dementsprechend ihre Wertung im Strafurteil findet.

Es darf nicht wundernehmen, daß sich dieser Standpunkt gerade bei den Delikten findet, die erfahrungsgemäß besonders oft die Folge einer bestimmten dauernden psychischen Disposition bilden.

In diesen Fällen wird die Wahrscheinlichkeit bedeutend steigen, daß mehrere gesellschaftsschädigende Akte, die durch Zeit voneinander getrennt sind, auf jener Konstanz der Vorstellungs- und Gefühlselemente innerhalb der Psyche des Täters beruhen, die das Werturteil und das Gefährlichkeitsurteil über

---

[1]) Über die Anerkennung des Grundsatzes non bis in idem vgl. Ssp. I Art. 53 § 4. Neman ne weddet ume ene sake tvies, he ne breke den vrede unde ne sculde bannes an ener dat, de mut wedden to geistlikeme rechte unde to werlikeme rechte, unde gift ene bute jeneme den he geseret hevet. Daß in dem 2. Teil des Paragraphen keine Ausnahme liegt, da neben der Verletzung der Rechtsordnung auch ein Bruch der Kirchenordnung zu sühnen ist, vgl. Friese, c. l. S. 99 und hier Anm. 1.

den Menschen bestimmen. Bei dem Festhalten an einem streng formalistischen Beweisrecht ist es daher erklärlich, wenn man bestimmte Indizien gerade dort berücksichtigte, wo ihnen die stärkste indizierende Bedeutung zukommt.

Darauf dürfte es beruhen, daß gerade beim Diebstahl die Vordelikte herangezogen wurden zur Charakterisierung der internen Beschaffenheit des Täters.

So rechtfertigt sich die bereits in dem altertümlichen Recht der Angelsachsen und Nordgermanen beim Diebstahl im ersten oder zweiten Wiederholungsfalle eintretende Unschädlichmachung.[1])

Ähnliche Bestimmungen enthalten die langobardischen Gesetze[2]) und die Eva Chamavorum.[3]) Als Strafe erscheint hier die Unschädlichmachung durch Verkauf ins Ausland[4]) oder die Todesstrafe.

Ebenso drohen auch zahlreiche fränkische Kapitularien und ältere Reichsgesetze die Todesstrafe bei wiederholtem Diebstahl an.[5])

Auch das Strafrecht der Friesen[6]) stellt die Todesstrafe für den Dieb auf, der wegen früheren Diebstahls bereits gebrandmarkt ist.

Im Schwabenspiegel wird ebenfalls beim Korndiebstahl die Unschädlichmachung dadurch erreicht, daß dem Dieb beim dritten Diebstahl auch die zweite Hand abgehauen wird.[7])

---

[1]) Siehe Wilda, Das Strafrecht der Germanen. Halle 1842. S. 882. Anm. 1 und H. Brunner, Deutsche Rechtsgeschichte. II. Bd. Leipzig 1892. S. 647.

[2]) Leg. Langob. Lib. Papiensis Liutpr. 79 (Mon. Germ.); siehe Brunner, c. l. S. 647 Anm. 76; Friedländer, c. l. S. 45.

[3]) Cap. 48, zit. bei Friedländer, S. 51.

[4]) Brunner, c. l. S. 647.

[5]) Capitul. Karls d. Großen, 779 c. 23. I. 51, zit. bei Brunner, c. l. S. 643 Anm. 43; Friedländer, c. l. S. 56; Heinrich III., Recess. convent. Alsatici § 7, 1051 bei Friedländer, c. l. S. 57; Friderici I. imperat. constitutio. 1158. Cap. 9 (Mon. germ. IV. p. 108) bei Friedländer, zit. S. 58, John, Das Strafrecht in Norddeutschl. Leipzig 1858. S. 339.

[6]) Das Strafrecht der Friesen, Dr. R. His. Leipzig 1901. S. 347 (Handfeste von 1398 und Quellen des 15. Jahrh.).

[7]) Schwabenspiegel, herausgeg. von Laßberg. Tübingen 1840. S. 97. Landr. 202, tüt er die getat andrest, wen sleht im den andren tumen abe, tuet er

Aus der Gruppe der Stadtrechte kann beispielsweise auf das Alt- Prager Stadtrecht,[1]) das Stadt- und Landrechtsbuch Rupprechts von Freysing,[2]) auf das Nürnberger Stadtrecht,[3]) das Augsburger Stadtrecht[4]) und Freiburg im Üchtlande[5]) verwiesen werden.

Doch auch bei anderen Delikten begegnen wir der sich in den Rückfallsbestimmungen ausdrückenden Wertung des deliktischen Verhaltens nach seiner symptomatischen Bedeutung.

So wird in deutschen und holländischen Quellen der rückfällige Hehler dem Dieb gleich behandelt.[6])

Die Fälschung von Maß und Gewicht,[7]) das Ausgeben falschen Geldes[8]) trifft im Rückfall härtere Strafe.

Ebenso findet sich die, aus den verschiedenen Taten erkennbar gewordene Unverbesserlichkeit als Wertungsgrundlage bei Gotteslästerungen, Meineid, Sittlichkeitsdelikten.[9])

Selbst bei Injurien findet sich der Rückfall besonders hervorgehoben, ohne daß natürlich in der Regel die, in der grausamen Form der Todesstrafe erfolgende Unschädlichmachung

---

zem driten male, so slahe man im die ander hant abe. Siehe Casper, Darstellung des strafrechtlichen Inhaltes des Schwabenspiegels. Berlin 1892. S. 6.

1) Altprager Stadtrecht aus dem 14. Jahrh. von Rößler, p. 155, zit. bei Friedländer, c. l. S. 63.

2) Das Stadt- und Landrechtsbuch von Rupprecht von Freysing ed. Maurer, p. 155, zit. bei Friedländer, S. 63.

3) Knapp, Das alte Nürnberger Kriminalrecht. Berlin 1896. S. 120/121 und 238.

4) Casper, c. l. S. 41; Osenbrüggen, c. l. S. 302, bezüglich des Seckelschneiders.

5) Osenbrüggen, c. l. S. 302.

6) Friderici II. constit. pacis. 1235, cap. 14; John, c. l. S. 339. Warnkönig, Flandrische Staats- und Rechtsgeschichte 1837. II. 2. Urk.-Buch z. B. S. 194. XVII. 50. Die Keure der 4. Ämter 1242. Si vero tertio rem furtivam emerit, quasi fur teneatur.

7) Z. B. Stadtrecht von Brünn (ed. Rößler) § 258, zit. bei Friedländer, c. l. S. 62.

8) Schwabenspiegel, L. R. 192; Casper, c. l. S. 6.

9) Für Gotteslästerung z. B. Worms 1495; Augsburg 1530, zit. bei Friedländer, c. l. S. 64/65; Basel 1534, zit. bei Osenbrüggen, c. l. S. 185. Meineid z. B. Freiburg 1520; Bern 1614; Osenbrüggen, c. l. S. 185; Capitula Remedii cap. 4, zit. bei Friedländer, c. l. S. 47. Sittlichkeitsdelikte adulterium cap. Remedii cap. 7, violentia ebd. cap. 8, zit. bei Friedländer, c. l. S. 47. Kuppelei Nürnberg, Knapp c. l. S. 121.

eintritt.[1]) Finden sich ausdrücklich in den Gesetzen nur gleichartige Vordelikte als Symtome eines besonderen psychischen Zustandes erwähnt, so konnte es jedoch dadurch zu einer indirekten Heranziehung ungleichartiger Vordelikte zur Erforschung der täterischen Psyche kommen, daß einfach diejenigen als unverbesserlich im Gesetz bezeichnet waren, die, gekennzeichnet durch die Marke einer früheren Deliktsbegehung, sich neuerdings ein Delikt zuschulden kommen ließen. Dieses Zeichen, bestehend in Handabhauen oder Brandmarken, konnte ja wegen eines Deliktes jemandem aufgeprägt worden sein, welches von dem im konkreten Fall zur Aburteilung stehenden verschieden war.[2])

Daß es in der deutschen Gesetzgebung des Mittelalters nicht zu einer einheitlichen Ausbildung des in der Wiederholung deliktischen Verhaltens, insbesondere nach vorhergegangener Bestrafung, liegenden Symptoms einer Konstanz gewisser psychischer Elemente gekommen, hat, abgesehen von der allgemeinen Formulierungen abholden Kasuistik des damaligen Rechtes, vor allem wohl darin seinen Grund, daß die überreiche Verwendung von Strafen, die bereits bei ihrer erstmaligen Anwendung den Erfolg physischer Unschädlichmachung hatten,[3]) einen Rückfall im heutigen technischen Sinn ausschloß, so daß sich das Bedürfnis nach einer allgemeinen Rückfallsbestimmung kaum einstellen konnte.

Bei einer großen Zahl von Delikten, bei denen nicht schon aus diesem Gesichtspunkt ein Rückfall nicht möglich war, war ein beliebtes Strafmittel die Landesverweisung unter gleichzeitigem Schwören der Urfehde.[4]) Der Urfehdebruch war

---

[1]) Bremer Antiqua 1303, zit. bei John, c. l. S. 340. Hagenau § 19. Bern 1614 beim viertenmal sogar Enthauptung. Osenbrüggen, c. l. S. 185.

[2]) Goslarer Statuten it ne si dat he vore ok besproken si. John, c. l. S. 341, vielleicht auch Alt-Prager Stadtrecht § 181. 4 . . . . begreift man in zu dem andern mall mit deube und schicht daz geprant zeichen an ym, so hat er verdint den galgen um doz verstollen Gut. Zit bei Friedländer, S. 63. So wurde im Nürnberger Recht bei Kuppelei z. B. bisweilen Brandmarkung verhängt. Knapp, c. l. S. 222.

[3]) Siehe Knapp, c. l. S. 120.

[4]) So finden wir allenthalben Meineid, Wahrsagerei, Injurien, Ehebruch, Kuppelei, Hurerei, Schändung, Raufhandel, Veruntreuung mit Landesverweisung

selbständig unter Strafe gestellt und führte im Wiederholungsfalle vielfach selbst schon zur Todesstrafe. Durch diese Bestimmungen war ebenfalls in weitgehendem Umfang dem Bedürfnis nach einer gesetzlichen Berücksichtigung einer besonderen Bosheit im Täter Genüge geleistet.

Denn um ein neues, der Jurisdiktion des ausweisenden Staates unterworfenes Delikt zu begehen, mußten die Delinquenten in der Regel vor allem die Urfehde durch ihre Rückkehr brechen; dies allein genügte schon, um diese Personen unschädlich zu machen, ohne daß erst ein etwaiges neues Delikt zur Erforschung der gefährlichen Gesinnung dieser Personen herangezogen zu werden brauchte.

II. Der Standpunkt der italienischen Statuten als Grundlage für die Entwicklung der Strafrechtsdoktrin.

Einen derartigen Dualismus bei der Bewertung des deliktischen Verhaltens — einerseits nach Maßgabe der Wirkungen in der Außenwelt, was auf die Beziehung zum Schadenersatz und die Ablösung der Rache hinweist, andererseits nach Maßgabe des psychischen Zustandes, der ihm zugrunde liegt — finden wir auch im italienischen Statutarrecht des Mittelalters.

Diese Bestimmungen haben dadurch große Bedeutung erlangt, daß sie die positivrechtliche Grundlage für die Entwicklung der Lehren der Glossatoren und Postglossatoren gebildet haben. Durch diese wurde die ziemlich altertümliche Auffassung der Statuten in ein logisch durchgebildetes System gebracht, das einen entscheidenden Einfluß auf die Weiterentwicklung der Doktrin genommen hat.

Durch die Form der logischen Durcharbeitung der Bestimmungen wurde der unentwickelte Standpunkt des Inhaltes der Statuten für Jahrhunderte in der Fortbildung der strafrechtlichen Lehren bewahrt.

---

bedroht. (Siehe M. A. Sawr, Strafbuch. Frankf. a. M. 1593. Über Urfehdebruch im Recht nach der CCC. vgl. insbes. S. 8 u. 9 z. B. Säch. Ordn. von 1572, bei Rückkehr zum zweitenmal Schwertstrafe. „Bei Konkurrenz mit Urfehdebruch, welche nur zu oft in Rede steht, ist die Eruierung, ob die Schärfung wegen der unbefugten Rückkehr oder anläßlich des Rückfalls verhängt wurde, nicht minder schwierig.“ Knapp, c. l. S. 120.

So zeigen auch die italienischen Statuten die auch im älteren deutschen Recht verbreitete Atomisierung des Tatbestandes.[1])

Die einzelne Tat wird nach ihrem realen Erfolg gewertet, zu diesem Zweck dieser selbst noch in Teilerfolge zerlegt und diese gesondert bewertet. Die Bewertung des Gesamtverhaltens stellt sich dar als ein Konglomerat aus den Wertungen der einzelnen Teilerfolge.

Daneben finden sich auch in den Statuten schon zahlreiche Bestimmungen, in denen auf die Beurteilung der täterischen Psyche das Hauptgewicht gelegt wird, während das äußere Verhalten des Menschen als Indiz eines bestimmten psychischen Zustandes behandelt wird.

Nur so sind die, insbesondere beim Diebstahl sich zahlreich[2]) findenden Bestimmungen zu erklären, die die mehrfache Begehung dieses Deliktes mit derselben Strafe belegen, mögen die dem letzten vorhergehenden Fälle bestraft oder nicht bestraft sein.[3]) Nur dann läßt sich diese Gleichstellung rechtfertigen, wenn man das einzelne Handeln nicht nach dem beurteilt, was es verursacht, sondern nach dem, woraus es hervorgeht. Das wiederholte deliktische Verhalten wird als Symptom eines psychischen Zustandes behandelt, der eine beständige Gefahr für die Gesellschaft darstellt und der dadurch eine Strafe rechtfertigt, die diese Gefahr durch Unschädlichmachung des betreffenden Individuums beseitigt. So lassen auch fast alle Statutarrechte bei der zweiten oder dritten Begehung die Todesstrafe als Unschädlichmachung des betreffenden Individuums eintreten.[4])

Auch bei anderen Delikten finden wir die, in den Rückfallsbestimmungen sich aussprechende Wertung des äußeren

---

[1]) Höpfner, c. l. S. 28/29. J. Kohler, Studien aus dem Strafrecht. Mannheim 1895. III. S. 292—301.

[2]) Kohler, c. l. IV. B. S. 430—436.

[3]) Kohler, c. l. 430/4431. „Das italienische Strafrecht verlangt nämlich nicht, daß vor dem zweiten oder dritten Diebstahl eine Bestrafung erfolgt ist; es straft den Diebstahl als dritten, sobald es eben der dritte ist, vorausgesetzt, daß es sich um drei voneinander wesentlich getrennte Akte handelt.“

[4]) Kohler, c. l. S. 303 ff. § 2.

Verhaltens nach seiner symptomathischen Bedeutung. So in Bologna (1250) bei Vergehungen von Dirnen.[1]) In Florenz (1415) verliert derjenige, der wegen eines schweren Verbrechens verurteilt, dieses wiederholt, die Hand, bei nochmaliger Begehung tritt die Todesstrafe ein,[2]) bei Päderastie tritt schon beim zweitenmal die Todesstrafe ein. In Mailand (1541) erleidet der Fälscher beim drittenmal den Feuertod; den Gotteslästerer trifft hier bei der vierten Wiederholung die Todesstrafe,[3]) ebenso bei der Urkundenfälschung.[4])[5]).

III. Die Kodifikationsepoche der Karolina und ihre Nachfolgerinnen.

a) Der Fortschritt der Bewertung des äußeren deliktischen Verhaltens als Symptom eines psychischen Zustandes.

Eine weitergehende Verwertung der symptomatischen Bedeutung des täterischen Verhaltens bei der Wertung desselben in der Strafe zeigt die Kodifikationsepoche, die durch die Karolina und die sich an sie anschließende Partikulargesetzgebung gekennzeichnet ist.

Sie zeigt bereits eine Annäherung an den spätrömischen Standpunkt, der auf die Psyche des Täters bei der Wertung seines äußerlichen Verhaltens das Hauptgewicht legt.

So wird in der Karolina wohl beim mehrfachen Diebstahl, beim Stehlen, zum drittenmal (Art. 162) das Zusammentreffen mehrerer noch unbestrafter Diebstahlsfälle von dem Fall nicht unterschieden, wo der Delinquent einen Diebstahl nach vorhergehender Bestrafung wegen Diebstahls begangen hat.

Es wird also hier einem Verhalten, das in seiner realen Bedeutung infolge der bereits vollzogenen Strafe für das Strafrecht nicht mehr Bedeutung haben kann, für die Bestimmung der Strafgröße die gleiche Bedeutung beigelegt wie einem Verhalten, das noch unbestraft ist. Daraus ergibt sich, daß hier

---

[1]) Kohler, c. l. 303.

[2]) Kohler, c. l. 303.

[3]) Kohler, c. l. 304.

[4]) Kohler, c. l. 304.

[5]) Ebenso in Parma (1494). Kohler, c. l. 304.

eine Wertung stattfindet nicht nach dem, was durch das einzelne Verhalten verursacht ist, sondern nach dem psychischen Zustand, auf den es hinweist.[1]) Ebenso wird auch bei den Münzdelikten (Art. 111), bei Maß- und Gewichtfälschung (Art. 113), Kuppelei (Art. 123) nicht die einzelne Gesellschaftsschädigung, sondern das Gesamtverhalten als Ausfluß einer besonderen, gefährlichen Gesinnung, gewertet.[2])

Am deutlichsten tritt jedoch der Fortschritt der Karolina, der Bruch mit den Anschauungen des älteren deutschen Rechtes, „die das Wesen des Verbrechens in den verletzenden Wirkungen des Tuns“[3]) fanden, in Art. 176 und 178 hervor. Art. 176 handelt: „Von Straff oder versorgung der personen von denen man aus ertzeygten ursachen übels und missethatt warten muß.“ Der Bestand einer gesellschaftsschädlichen Gesinnung, von der gesagt werden kann, daß ihr „nit zu vertrawen oder zu glauben wer, daß sie die leut gewaltsamer thätlicher beschedigung und übels vertrüge, und bei recht und billicheyt bleiben ließ“ (Art. 176) wird als Grund für die Einsperrung dieser unglaubhaftig boshaften Person bezeichnet.

Im Gesetz sind lediglich gewisse Formen des äußeren Verhaltens als gesetzliche Indizien jenes psychischen Zustandes festgesetzt, wie das freventliche oder vorsätzliche Brechen der Urfehde oder die schriftliche oder mündliche Bedrohung mit Verbrechen seitens einer Person, die bereits einmal delinquiert hat.[4]) Doch erfolgt die Aufzählung dieser Indizien nur

---

[1]) Dies tritt noch deutlicher in dem, die Vorlage dieser Bestimmung bildenden Art. 188 der Bambergensis hervor, wo ausdrücklich gesagt ist: „Es möcht auch denselbigen dieb nit entschuldigen, ob er die diebstahl nit alle an einem ort gethan hette, wann die straff dits diebstals wurdet jm Rechten durch die bösen gewonheyt dermaßen beschwerdt“. (Siehe H. Zöpfl, Die peinliche Gerichtsordnung Kaiser Karls V. II. Ausgabe. Leipzig, Heidelberg 1876. (S. 142).

[2]) Höpfner, c. l. S. 25/26.

[3]) Höpfner, c. l. S. 24.

[4]) Art. 176 CCC (analog 202 Bamberg). Item so eyner eyn urphed freventlich oder fürsetzlich verbrochen, sachen halben, darumb er das leben nit verwirckt hat, Item ob eyner über vorgeübte nach gelassene und gerichte missethat mit worten oder schrifften andern dergleichen übels zuthun, doch sunst on weitther beschwerlich umbstende trohet . . . (ohne daß es zum Versuch geworden

enumerativ; neben ihnen kann auch aus „ander gnugsamen ursachen“ die böse Gesinnung erschlossen werden.

Von dem Gesichtspunkt der, den verbrecherischen Willen indizierenden Funktion werden auch die Handlungen beurteilt, „die zur volnbringung der missethat dienstlich sein mögen“,[1]) der Tatbestand des Deliktsversuchs kommt nur als erfahrungsgemäßes Symptom des verbrecherischen Willens in Betracht, dieser allein bildet als eine verbrecherische Potenz, „darauß etlich werck, als obsteht volgen“, die Grundlage für die Rechtfertigung und Bemessung der Strafe.

b) Die österreichische Gesetzgebung.

Diesen Standpunkt der ausgedehnten Verwendung der symptomatischen Bedeutung des äußeren Verhaltens finden wir auch in der österreichischen Gesetzgebung aus der Zeit der Karolina; ja er ist selbst dann nicht materiell verlassen, als bereits die italienisch-deutsche Doktrin ihren Einfluß auch in der Gesetzgebung zeigt.

Wiewohl in der älteren Strafgesetzgebung für Tirol[2]) wegen der überreichen Verwendung der Todesstrafe und der Landesverweisung schon bei Erstdelikten, die Wertung des äußeren Verhaltens als Sympton eines verbrecherischen Zustandes, die besonders bei der Behandlung der Deliktswiederholung klar hervortritt, nicht so deutlich werden kann, können

---

ist) . . . und auss jetzgemelten oder andern gungsamen ursachen, eyner person nit zu vertrawen oder zu glauben wer, daß sie die leut gewaltsamer thätlicher bechedigung und übels vertrüge, und bey recht und billicheyt bleiben liess, und sich solchs zu recht gnug erfünde . . . . (es folgt bei Nichtstellung einer Kaution Gefängnisstrafe).

[1]) Art. 178 (Bamberg 204). Straff understandener missethatt. Item so sich jemandt eyner missethatt mit etlichen scheinlichen Wercken, die zu volnbringung der missethatt dienstlichsein mögen, understeht, und doch an volnbringung derselben missethat, durch andere mittel wider seinen willen verhindert würde, solcher böser will, darauß etlich werck, als obsteht volgen, ist peinlich zu straffen . . . (Über das Verhältnis dieser Bestimmung zur Lehre der Italiener vgl. Brunnenmeister, Die Quellen der Bambergensis. Leipzig 1879. S. 174—176).

[2]) Landtsordnung der fürstlichen Graffschaft Tirol, 1526. New reformierte Landtsordnung der fürstlichen Graffschaft Tyrol, 1603.

doch Anhaltspunkte dafür in der, an Richter und Geschworenen ergehenden Anweisung für die Ausübung der Richterpflicht gesehen werden.[1])

Die Landesordnung von Steyer aus dem Jahre 1573 folgt schon ganz dem Subjektivismus der CCC, indem sie in Art. 132 und 133 des ersten Teils die bereits angeführten Bestimmungen der CCC (Art. 176 und 178) übernimmt. Neben den im Sinne der symptomatischen Auffassung des äußeren Täterverhaltens zu deutenden Bestimmungen des Art. 132, der die Bestimmung der CCC über den dritten Diebstahl reproduziert, wird in Atr. 78 bei der „Straff deren, so falsch Sigl, Brieff, urbar oder dergleichen Register machen" die doch nur aus Indizien zu erschließende Bosheit des Täters besonders hervorgehoben.

Selbst die Ferdinandea für Niederösterreich von 1656[2]) und die Leopoldina für Oberösterreich,[3]) bei denen sich in Zusätzen theoretischer Natur und in der Beifügung von Bezeichnungen aus dem römischen Rechte[4]) der Einfluß der italienisch-deutschen Doktrin zeigt, folgt doch ihrem Inhalt nach nicht den Lehren, wie sie der Bewertung des Deliktes nach seiner realen Bedeutung entsprechen.

So huldigt sie beim Zusammentreffen mehrerer Verbrechen dem Absorptionsprinzip;[5]) der auf die Doktrin weisende Satz: „wo einer mehr als ein Laster begangen hat, ist billich und nothwendig, daß jedweders, so vil sich thuen läst, abgestrafft werde" bleibt so theoretischer Aufputz.

Der subjektive Standpunkt, der in der psychischen Be-

---

1) VIII. B. Art. 81 (1526 u. 1603) „... durch den Richter auch die Rät und Geschwornen die Umbständ des Thäters, als die Jugend Ainfältigkait, Verstand, ob es gefährlicher, aufsätzlicher oder wölcher gestalt das geschehen ... auch ander Umbstännd und gelegenhait der Person und der Thäter ermessen und angesehen werden söllen".

2) Newe peinliche Landtgerichtsordnung in Österreich unter der Enns. Ferdinands III.

3) Neue Landtgerichts-Ordnung des Erzherzogthumbs Österreich ob der Enns. Leopolds. 1675.

4) Hugo Hoegel, Geschichte des österreichischen Strafrechts. 1. Heft. Wien 1904. Manz. S. 45.

5) I. Teil 46. Artikel. § 1—6.

schaffenheit des Täters die Grundlage für die Bemessung der gerechten Strafe findet, äußert sich, außer in den sich zerstreut[1]) findenden Fällen, in denen Widerholung und Rückfall mit strafmehrender Bedeutung ausgestattet ist, in der Aufzählung der Umstände, die die Strafe erschweren.[2])[3])

Stärker tritt die Bewertung des äußeren Täterverhaltens als Symptom seiner Gesinnung in der neuen peinlichen Hals-Gerichtsordnung Josefs I. für Böhmen, Mähren und Schlesien von 1708 hervor, indem das Zusammentreffen noch unbestrafter Delikte[4]) wie auch der Rückfall[5]) in demselben Artikel 18 unter der Überschrift: „Von den Umbständen, so die Straff schwerer machen" behandelt werden, so daß bei der Realkonkurrenz gar nicht der Gesichtspunkt, daß es sich um einzelne, nach ihrer realen Bedeutung gesondert zu bewertende Delikte handelt, hervortritt.

In der Theresiana von 1768 wird zwar der doktrinäre Standpunk der Ferdinandea aufgenommen und in Artikel 14 § 1 der theoretische Satz bezüglich der Konkurrenz aufgestellt: „Da einer mehr als ein Laster begangen, ist billig und nothwendig, daß jedwedes, so viel sich thun läßt, abgestrafft werde"; die materiellen Bestimmungen, die sich nach dem Wortlaut als Ausführung

---

[1]) Z. B. II. Teil Art. 59 § 10 bei der Gotteslästerung, Art. 60 § 6 bei der Zauberei, Art. 73. § 6 bei Sodomie, Art. 84 § 5 beim Diebstahl (oder der Dieb schon vorhero wegen aines kleinen Diebstalls zweymal abgestrafft worden, unnd doch sich nicht gebessert, sondern widerumb gestollen hette) usw.

[2]) I. Teil 45. Art. Als Erschwerungsumstände werden unter anderen angeführt: § 1. Des Gefangenen vorher geführt erweißlich böses liederliches Leben. § 2. Bevorab wann er hievon abzustehen gerichtlich gewahrnet: § 3. oder gar derentwegen schon ain, zwey oder mehrmalen vorhero bestrafft, oder begnadet worden. § 4. Wo auch von einem kein Verbesserung zu hoffen.

[3]) Die betreffenden Bestimmungen der Leopoldina brauchen hier nicht angeführt werden, da sie sich im wesentlichen an die Ferdinandea anschließen.

[4]) Art. 18 § 1—5 behandeln das Zusammentreffen mehrerer noch unbestraffter Delikte, für die das Absorptionsprinzip im wesentlichen gilt.

[5]) Art. 18 § 7 behandelt den Rückfall. „Wann der Gefangene wegen seines vorher geführten liederlichen Lebens, schon einmahl von Gericht auß gestraffet, oder bereits von uns einmahl Aggratijret, und ihme die verdiente Straffe gnädigst nachgesehen worden wäre und sich dannoch nicht gebessert hätte".

dieses Prinzipes darstellen sollen,[1]) sind es ihrem Inhalt nach gar nicht, indem sie im wesentlichen das Absorptionsprinzip enthalten.

Dieses Abgehen von der Bewertung der Realkonkurrenz nach der realen Bedeutung der Delikte wird dadurch selbstverständlich, daß im 4. Artikel § 2 unter den Strafzwecken an erster Stelle die Besserung des Verbrechers angeführt wird; denn von diesem Standpunkt aus entscheidet das Besserungsbedürfnis des Übeltäters, welches auf Grund seines äußeren Verhaltens festgestellt wurde, über das gerechte Strafmaß, nicht die Veränderungen der Außenwelt, die der Verbrecher verursacht hat. Dem entspricht es auch, wenn im 12. Artikel § 5 die Neubegehung eines Deliktes nach vorhergehender Strafe als Zeichen einer nicht erfolgten Besserung angesehen und daher eine erhöhte Strafe angeordnet wird.

Auch bei der, eine Form der Unschädlichmachung darstellenden Landesverweisung aus allen deutschen Erbländern tritt die Wertung des äußeren Verhaltens nach dem psychischen Zustand, aus dem es hervorgeht, zutage (Art. 6 § 12); gegen einen Delinquenten „von welchem zugleich theils wegen der in einerley Verbrechen bereits fruchtlos verhängten Bestraffung, theils wegen der durch öftere, und durch eine geraume Zeit in das Werck gesetzte Schandtaten an sich gezogenen bösen Gewohnheit eine Besserung nicht wohl zu hoffen, sondern vielmehr die wiederholende Ausübung seiner Verbrechen zu besorgen stehet," wird die Landesverweisung angeordnet, ebenso wie gegen andere „gar gefährliche Bösewichte, von denen sich in Zukunft nichts Gutes zu versehen ist," bei denen sich durch andere Symptome als durch wiederholten Rückfall die Verdorbenheit geäußert hat.

Die weitere Entwicklung der Gesetzgebung in Österreich zeigt nicht die Fortführung der, mit der Karolina einsetzenden Entwicklung der Wertung des äußeren Verhaltens als Symptom

---

[1]) In der Theresiana Art. 14 § 1 erscheinen die, das Absorptionsprinzip enthaltenden Bestimmungen wohl als Ausführungsbestimmungen des angeführten Satzes über die Realkonkurrenz durch die Worte: Wobey nachstehende Maßregeln zu beobachten: (dann folgen die näheren Bestimmungen über Realkonkurrenz.)

der täterischen Psyche; mit der Josefina (1787) dringt vielmehr in verstärktem Maß die Doktrin in die Gesetzgebung ein und mit ihr der Eklektizismus bei der Aufstellung der, die Wertung des einzelnen Verhaltens bestimmenden Elemente. So wird in § 14 der Josefina, der dann in § 36 des StGB. von 1803 (§ 43 des StGB von 1852) übergegangen ist, die Bosheit des Täters neben dem Schaden, der durch die Tat verursacht ist, und die Gefährlichkeit der Handlung als die Deliktsgröße bestimmend herangezogen.

Als Überbleibsel der, durch die Doktrin nicht gestörten Entwicklung kann § 37 (1803 StGB. = § 44 1852) herangezogen werden, wo unter den Erschwerungsgründen die Begehung verschiedener Verbrechen, die Wiederholung desselben Verbrechens, die bereits vorhergegangene Bestrafung wegen eines gleichen Verbrechens nebeneinander gestellt sind; nur vom Standpunkt der Wertung der einzelnen Verhalten als Symptom einer bestimmten psychischen Beschaffenheit rechtfertigt sich diese Zusammenfassung; vom Standpunkt einer auf der realen Bedeutung aufgebauten Doktrin erscheint hier Grundverschiedenes zusammengedrängt.

c) Die weitere deutsche Gesetzgebung bis zum Ende des 18. Jahrhunderts.

Dieser Subjektivismus, der von der CCC ausgehend sich in der österreichischen Gesetzgebung lange gegen das Eindringen der Doktrin erhalten konnte, spiegelt sich auch in der sonstigen deutschen Gesetzgebung, die an die CCC anschließt.[1])

So wiederholt die peinliche Hals Gerichtsordnung für Brandenburg vom Jahre 1582 nahezu die Bestimmungen der von 1516,

[1]) Auch die sich an die Karolina anschließende sächsische Praxis dürfte den hier dargelegten Standpunkt ursprünglich vertreten haben. Darauf weisen die Rückfallbestimmungen beim Diebstahl, Const. IV. 32, (Konstitutitonen Augusts von 1572 in Codex Augusteus. Leipzig 1724.) bei der Rückkehr des Landesverwiesenen, Const. IV. 48, und die Betonung des verbrecherischen Willens als Grundlage für die harte Bestrafung des Versuchs bei den Mordbrennern, Const. IV. 17. Bei dem Zusammentreffen mehrerer noch unbestrafter Delikte dürfte die symptomatische Wertung der einzelnen Handlungen vorgeherrscht haben, was sich aus dem, von der Praxis beobachteten Absorptionsprinzip ergibt. Siehe Wachenfeld, Theorie der Verbrecherkonkurrenz. Berlin 1893. S. 4.

die mit das Vorbild der CCC bildete, so daß auch die Bestimmungen der ersteren mit der Karolina übereinstimmen.[1])

Auch das revidierte Brandenburgische Landrecht von 1685 enthält neben zahlreichen, auf die symptomatische Wertung hindeutenden Rückfallbestimmungen,[2]) eine der CCC analoge Bestimmung über den Versuch,[3]) wenngleich sie sich schon zu Zugeständnissen an die, offenbar von der italienisch-deutschen Doktrin beeinflußte Praxis genötigt sieht.[4])

Im Verbesserten Landrecht für das Königreich Preußen (1721) zeigen sich noch Reste der Anschauung der CCC z. B. VI. B. Art. III § 3, wo die im Urfehdebruch sich zeigende vorsätzliche Kontumaz und der hierin liegende reiterierte Meineid die Todesstrafe rechtfertigen; die reiche Verwendung der lateinischen Terminologie und die gesetzliche Entscheidung von doktrinären Streitigkeiten weisen bereits auf den Einfluß der Doktrin hin, die, wie auch in Österreich, der Gesetzgebung die italienische Lehre von der realen Bedeutung der Delikte aufdrängte und dadurch zu jenem Dualismus führte — einerseits wird die Tat bewertet nach dem Hang des Verbrechers, auf den sie hinweist, andererseits versucht man die Taten nach dem einzeln abzuschätzen, was sie gewirkt haben —, der, vom Allgemeinen Landrecht angefangen, die weitere Gesetzgebung beherrscht.[5])

---

[1]) Z. B. Art. 131 die Bestimmungen über das Brechen der Urfehde; Art. 204 über die Strafe der Personen, von denen man aus erzeigten Ursachen, Übels und Missetat warten muß; Art. 206 über Versuch; Art. 190 über den Diebstahl.

[2]) Z. B. VI. Buch Tit. VII Art. 1 § 4 beim Diebstahl; VI. Buch Tit. VI Art. II § 2 bei Sittlichkeitsdelikten; VI. Buch Art. XIV § 3 wird bei der Unterschlagung einfach auf die Diebstahlsbestimmungen verwiesen; Art. XV § 1 bei der Hehlerei; Tit. VIII Art 2 § 1 bei Maß- und Gewichtsfälschung.

[3]) VI. Buch Tit. V Art. 1 § 14. „Da sol solcher blosser Will und Fürsatz, darauß etliche Werck folgen, peinlich gestrafft werden".

[4]) c. l. „Dieweil aber gemeiner Brauch, Gewohnheit und die tägliche Erfahrung an Gerichten vorgemeldete Strengigkeit (scil. die Bestrafung des verbrecherischen Willens als solchen) und unmäßige Schärffe, den fürgesetzten Willen also zustraffen allzuhart zu seyn erachtet, ist man unter andern von obgedachten alten strengen Rechten etwas abgewichen."

[5]) A. L. R. II. Teil 20. Tit., bewertet in § 52, 53 die Wiederholung gleicher Verbrechen nach dem Hang des Verbrechers, den er durch diese Taten gezeigt

§ 2. Die Lehren der Italiener.

I. Allgemeines.

Der Fortschritt der Karolina und der sich an sie anschließenden Gesetzgebungen zu einem Subjektivismus, der in der Beschaffenheit des verbrecherischen Willens die Grundlage für die Strafe und ihr Maß findet, drang nicht unmittelbar in der Praxis und in der positivrechtlichen Doktrin durch.

Der Grund dafür ist in dem Eindringen der Lehren der italienischen Juristen zu suchen, die in logisch durchgearbeiteter Form größtenteils den veralteten Standpunkt ihrer Statuten überlieferten. Der Entwicklungsstandpunkt des italienischen Statutarrechtes, der in Deutschland sich in der Zeit der Volksrechte und der anderen mittelalterlichen Strafrechtsaufzeichnungen findet, war zur Zeit der Karolina in Deutschland im Recht bereits überwunden. Die deutsche Lehre dieser Zeit wurde durch die italienischen Juristen auf einen Rechtsstandpunkt zurückgeworfen, der hinter dem geltenden Rechte als bereits überwundene Entwicklungsstufe zurücklag.

Diese Kraft der italienischen Lehre beruhte auf ihrer logischen Durchbildung.

Die italienischen Juristen hatten es geschickt verstanden, die sich in ihrem Recht findende Wertung des täterischen Verhaltens nach dem durch dasselbe verursachten Schaden, die auf das Prinzip des Schadenersatzes und der Racheablösung hinweist, mit den privatrechtlichen Lehren des römischen Rechtes über die Deliktsobligationen, insbesondere mit der römischen Diebstahlslehre in Verbindung zu bringen, bei der die Wertung nach dem realen Erfolg, die dem Standpunkt der Interessevergütung entspricht, nie völlig verschwunden ist.

---

hat; in § 54 ff., in der Lehre von der Kumulation mehrerer Verbrechen, werden die einzelnen Taten gesondert gewertet, so § 54, wenn mehrere Geldstrafen verhängt sind, oder § 55 Geldstrafen mit Lebens-, Leibes- oder Ehrenstrafen konkurrieren.

Der durchgebildete Standpunkt des römischen Privatrechtes in der Lehre von den Deliktsobligationen bildete die willkommene Grundlage, die unentwickelten strafrechtlichen Bestimmungen der italienischen Statutarrechte, insbesondere bei der Realkonkurrenz, auf römische Prinzipien zurückzuführen.

Der Standpunkt der römischen Lehre von den Deliktsobligationen in seiner logischen Durchbildung mußte auch der ganzen scholastischen Richtung der italienischen Doktrin weit besser passen als der des entwickelten römischen Strafrechts.

Hier bildete die voluntas des Verbrechers und deren Erforschung die Grundlage der strafrechtlichen Erörterungen; diese vorwiegend psychologischen Fragen waren für die rein formalistisch-logische Methode der italienischen Wissenschaft nicht gut zur Diskussion geeignet.

Da sich jedoch mit der Logik der Lehre von den einzelnen Deliktsobligationen, die durch die deliktischen Verhalten entstanden und durch den realen Erfolg des Verhaltens ihren Wertinhalt erhielten, nicht alle strafrechtlichen Wertungen des Statutarrechtes erklären ließen, besonders die nicht, bei denen Handlungen herangezogen wurden, bei denen die aus ihnen entstehenden Obligationen zur Strafe durch Abbüßung derselben konsumiert waren, sahen sich die italienischen Juristen gezwungen, auch den psychologischen Standpunkt der römischen Quellen heranzuziehen; nur dadurch, daß hier die verbrecherische Gesinnung als maßgebend für die Strafe betrachtet wurde, zu deren Erforschung das gesamte Vorleben herangezogen werden konnte, war man in der Lage, den Rückfallsbestimmungen der Statuten gemäß, bereits abgestrafte Vordelikte in den Kreis der bei der Bestimmung der Strafgröße maßgebenden Faktoren aufzunehmen.

So entwickelt sich eine dualistische Wertung des täterischen Verhaltens; einmal wird es gewertet nach der durch den Erfolg bestimmten realen Bedeutung, das andere Mal als Symptom einer verbrecherischen Gesinnung.

In ziemlich willkürlicher Weise wurden beide Wertungen nebeneinander gehandhabt und miteinander vertauscht, um die eine oder andere Wertung im positiven Recht zu erklären.

Diese Lehren der Italiener vermochten auch auf die deutsche Praxis und die an sie anknüpfende Literatur mehr Einfluß auszüben als die Bestimmungen der Karolina.

Die deutsche Doktrin verfiel dadurch, wenigstens soweit sie sich an das positive Recht anschloß, in eine, wenig Neues bietende Reproduktion des italienischen Dualismus.

Ein neuer Zug kam erst in diese Lehren durch das Eindringen der aristotelischen Philosophie in die Erörterung strafrechtlicher Probleme; doch drangen auch nur hier zu bald die italienischen Lehren der Praxis mit ihrem Eklektizismus ein; erst an der Wende des 19. Jahrhunderts kam es zu einer konsequenten Erfassung der Frage nach den Wertungsfaktoren menschlichen Handelns.

II. Die Lehren der älteren italienischen Schriftsteller.

a) Bartolus.

Bereits Bartolus hatte die Bestimmungen der italienischen Statuten, die aus historisch erklärlichen Gründen[1]) noch vielfach der Bewertung des menschlichen Handelns nach seinem realen Erfolge huldigen, durch ihre Verknüpfung mit dem römischen System der Deliktsobligationen in ein logisch durchgebildetes System gebracht.

Aus jeder einzelnen Handlung des Delinquenten entstand die actio, deren Inhalt der, durch den Erfolg bestimmte Strafanspruch bildete. Waren mehrere Delikte begangen, so trafen die entsprechenden Strafansprüche zusammen und jedes Delikt sollte mit der ihm entsprechenden Strafe belegt werden.[2]) Die Atomisierung des Tatbestandes des italienischen Statutarrechtes bei einem zusammengesetzten, jedoch aus einer Tätigkeit her-

---

[1]) Siehe oben S. 24.

[2]) Bartolus zu l. 9. C. 9. 2, zu l. 2. D. de priv. del. 47. 1. (Bart de Saxoferralo Commentarii in Digestum novum. Lugdunum 1552. Commentarii in primam et secundam codicis partem. Lugd. 1550). Si ... cum ex uno facto sequuntur plura delicta, punitur ex quolibet, multo magis si ex pluribus factis sequuntur plura delicta. Siehe Höpfner, c. l. S. 37. Gegen die von der Glosse bei mehrfacher Percussio befürwortete einheitliche Strafe wendet er sich mit den Worten: „Sola glossa, si esset vera, destrueret totum mundum."

vorgehenden Erfolges löste er ebenfalls in eine Mehrheit von Delikten auf.[1])

Diese Behandlung des deliktischen Verhaltens nach seiner realen Bedeutung kann als Regel in der Lehre des Bartolus festgehalten werden, wenngleich er, offenbar durch Gesetz und Praxis bestimmt, Ausnahmefälle von seinem logisch durchgeführten Prinzip konstatieren muß, indem er bisweilen, trotz Konstatierung einer Deliktsmehrheit, nur für eine Strafe eintritt.[2]) Zeigt sich Bartolus Lehre' soweit durchgebildet, als er die bestehenden Strafbestimmungen des italienischen Rechtes mit Hilfe der römischen privatrechtlichen Lehre von den einzelnen Deliktsobligationen erklären kann, so tritt doch seine Unbeholfenheit dort deutlich zutage, wo die logische Methode des römischen Privatrechts bei der Rechtfertigung der angedrohten Strafgrößen versagt, wo sich ein rein psychologischer Gesichtspunkt in den Quellen zeigt.

Dies äußert sich vor allem bei der Behandlung der die schwersten Strafen androhenden Bestimmungen beim Rückfallsdiebstahl.

Gerade bei den Diebstahlsbestimmungen des italienischen Rechtes war der Standpunkt, der das Hauptgewicht auf die psychische Beschaffenheit des Täters legt, am weitesten entwickelt. Gerade aber bei der Diebstahlslehre des römischen Rechts finden sich, da sie hier niemals ihren privatrechtlichen Charakter abgestreift hat, keine Anhaltspunkte, die die auf der erkannten Unverbesserlichkeit basierenden italienischen Strafen der Unschädlichmachung rechtfertigen konnten.[3])

---

1) Ad l. 10. D. 47. 7. Venio ad tractandum materiam nostram quando ex parte inferentis est unus actus, ex parte recipientis resultant plures ...; exemplum: aliquis percussit te cum bidente vel forcipe ... Ego puto quod puniatur pro pluribus, quia cum lex puniat actum, qui infertur in alterum, non potest considerari ex parte agentis. Siehe Höpfner, c. l. S. 35.

2) Ad l. 2. D. 47. 1. (5—10). Quando plura delicta committuntur ab eodem contra eundem in persona, dixi quod si tendunt ad eundem effectum, una poena tantum imponitur. Siehe Höpfner, c. l. S. 37/38.

3) Nov. 134 cap. XIII. 1. Pro furto vero nolumus omnino quodlibet membrum abscidi aut mori, sed aliter eum castigari. Fures autem voccamus, qui oculte et sine armis huius modi delinquunt.

Zur Rechtfertigung dieser Bestimmungen des Statutarrechtes benutzt Bartolus offenbar ein, für den Italiener naheliegendes Wortspiel. Der Dieb, der ladro, wird einfach mit dem römischen latro identifiziert.[1]) War der Dieb verschrien, so war er ein famosus ladro; damit war, da diese Eigenschaft gewöhnlich beim Rückfallsdieb eintrat,[2]) die Subsumtion unter den famosus latro der römischen Quellen[3]) ermöglicht, und dadurch die sich als Unschädlichmachung darstellende Todesstrafe der einheimischen Quellen nach römischem Recht gerechtfertigt, ohne daß man auf die psychologische Grundlage dieser Bestimmungen einzugehen brauchte.

Die dadurch gerechtfertigten Diebstahlsbestimmungen des heimischen Rechtes und ihre Anwendung in der Praxis bildeten dann die weitere Grundlage für die Ableitung des Satzes, daß auch außerhalb des Kompetensgebietes begangene Delikte für die Straferhöhung herangezogen werden können; als Grund für diesen Satz verweist Bartolus nur auf das positive Recht,[4])

---

[1]) Zu § famosos latrones D. 48. 19 l. 28 § 15 bemerkt er: § noster intellegitur duobus modis; uno modo intellegitur, ut latro dicatur fur, qui clam furatur, alio modo intellegitur de latronibus. Werde der ersten Auslegung die Nov. 134 entgegengehalten, so findet er als solutio: Aut est fur famosus et suspenditur ut hic, aut non est famosus, et non suspenditur, die noch härteren Bestimmungen der Landfrieden, die schon bei Diebstahl über 5 Solidi die Todesstrafe kennen, zurückweisend: et per hoc est recessum a legibus antiquis.

[2]) Quis dicatur famosus latro vel fur? Dicunt quidam, qui hoc saepius fecerunt Ita dicit glossa in auth. sed novo iure de servo fugitivo. Quod puto verum, si contra eos de hoc fama publica laborat, ut colligitur ex hac litera dum dicit famosos.

[3]) D. 48. 19. l. 28. § 15.

[4]) Bartolus D. 48. 2. l. 7 § 5. Ommisi hic unam quaestionem, quam format Dynus (Ende des 13. Jahrh.) Quaero si unus fecit unum maleficium in civitate ista et alibi plura maleficia commisit, utrumque in civitate ista hic possit puniri de maleficiis alibi commissis. Videtur quod non per istum textum et ita tenet Dynus. Istud dictum Dyni intelligo esse verum, nisi in cive istius civitatis, qui ratione originis hic potest puniri de delicto commisso alibi ut l. 1 C. ubi de crimine agi oportet. Item dictum Dyni intelligo quod delictum alibi commissum non potest puniri principaliter hic, sed potest poenam delicti hic commiss aggravare; nam fures publici et famosi suspenduntur ut l. capit. § famosos (D. 48. 19). Si aliquis alibi fecit plura furta et hic unum tantum, tum propter furta alibi commissa hic acrius punitur, quia suspenditur ut l. 3 circa fin. C. de ep. aud etc.

ohne auf den tieferen psychologischen Grund einer derartigen scheinbaren Ausnahme vom Territorialitätsprinzipe einzugehen.

b) Baldus.

Baldus huldigt zwar auch dort, wo es sich um das Zusammentreffen verschiedener noch unbestrafter Delikte handelt, der selbständigen realen Wertung eines jeden einzelnen[1]) deliktischen Handelns.

Wo es sich aber um die Erläuterung jener Bestimmungen handelt, in denen das äußere Verhalten nur als Indiz eines psychischen Zustandes in Betracht kommt, — um die Rückfallsbestimmungen, — zeigt er einen Fortschritt gegenüber Bartolus durch eine psychologisch tiefere Erfassung derselben. Die Todesstrafe erscheint hier gerechtfertigt durch den besonderen psychischen Zustand der Verbrecher, durch ihre verbrecherische Gewohnheit, als deren Symptom die im Gesetz vorgesehene Deliktswiederholung erscheint.[2])

Die weitere Rechtfertigung, daß nach altem Volksbrauch der Gewohnheitsdieb auch als Grassator angesehen wird, dient nur dazu, um den äußerlichen Anschluß an die römischen Bestimmungen zu finden. Als Symptome der Gewohnheit müssen daher die einzelnen, hier zu beachtenden Akte eine gewisse

---

[1]) Baldus de Ubaldis, Commentarii in totum codicem Lugd. 1585. Baldus ad l. 4. C. de serv. fug. 6. 1 N. 6. Mox Titius vulneravit Sejum in platea et fugatum extraplateam occidit, quaeritur, nunquid possit puniri poena manus; et videtur, quod sic, quia absurdum est. quod poena minuitur eo, quod plus deliquit. Siehe Höpfner, c. l. S. 39 Anm. 28, Baldus, c. l. N. 7. Et ideo fuit consultum, quod projiciens aquam putridam simul in gulam et faciem puniatur poena faciei, et poena gulae, considerato duplice loco corporis, sive partibus, in quas deliquit, et sic una persona, unus locus, et unum tempus et unus motus non concludunt unitatem delicti, si effectus fuerunt plures . . . Ubi ergo plures fines, ibi plura delicta. Siehe Höpfner, c. l. S. 35/36 Anm. 18.

[2]) Ad. C. 6. 1. l. 3. N. 5. Tertio nota de poena furis et dic, quod pro primo et pro secundo furto quis ad furcas non suspenditur, sed pro tertio furto, quia qui delictum in consuetudinem deducit ad furcas suspenditur ex generali consuetudine, quae eo ipso reputat publicum et famosum furem, quod fecit tot et tanta furta vel saltem reputat eum grassatorem.

zeitliche und räumliche Getrenntheit aufweisen, da sonst dem „mens statuti“ nicht Genüge geleistet wird.[1])

Es tritt schon bei Baldus der Gegensatz hervor, der sich, durch die Aufnahme der Bewertung des deliktischen Handelns nach seiner symptomatischen Bedeutung, gegenüber der römisch-privatrechtlichen Aktionen Lehre, die auf der realen Bedeutung des Handelns vornehmlich aufbaut, ergeben mußte. Beim Rückfall werden ja Handlungen berücksichtigt, bei denen der sich aus ihnen ergebende Strafanspruch durch die Abbüßung der Strafe konsumiert war. Um den Rückfallsbestimmungen auch theoretisch gerecht zu werden, wurde neben der realen Bedeutung des Handelns die Bedeutung desselben „per concomitantiam“ berücksichtigt.[2])

Daß es sich hier um zwei vollkommen verschiedene Bewertungsmaßstäbe handelt, die nicht unmittelbar nebeneinander bestehen können, soll nicht die gesamte Bewertungslehre zu einem prinzipienlosen Eklektizismus werden, dies kam der damaligen Lehre nicht zum Bewußtsein.

Am deutlichsten zeigt sich dies dadurch, daß beide Wertungen menschlichen Handelns, das eine mal auf Grund des verursachten Schadens, das andere Mal als Symptom eines bestimmten psychischen Zustandes, willkürlich einander substituiert wurden. Dies erhellt aus der Folgerung, daß ein großer Diebstahl wohl auch mit dem Tode bestraft werden

---

[1]) c. l. N. 8. Ulterius quaero, numquid plura furta facta eodem tempore et loco dinumerentur plura. v. g. dicit statutum, quod pro tertio furto quis suspendatur et dic, quod non, quia mens statuti intendit gravius punire propter consuetudinem delinquendi, in qua consuetudine requiritur temporis intervallum . . . idem si unam rem contrectavit.

[2]) c. l. N. 6. Sed dubitant, numquid furta de quibus non potest cognosci propter praescriptionem temporis, ut quae extra territorium sint commissa, aggravent furtum, quod de novo committitur et connumerentur in numero furtorum et videtur quod non, quia paria sunt commissa non esse et de commissis ita cognosci non posse. Nam si non potest cognosci, ergo non potest constare iudici . . . c. l. N. 7. Item delictum tempore aboletur . . . Item si quis pro praeteritis furtis solvisset condemnationem, quia pro absoluto debet haberi ex quo solvit . . . . In contrariam videtur, quia ratione aliorum remanet infamia et de eo, de quo non potest principaliter cognosci, cognoscitur per consequentiam seu per concomitantiam.

könne,[1]) da er doch auch drei kleinen entspreche; bei drei kleinen könne aber nach dem Gesetz die Todesstrafe eintreten. Daß aber die Äquivalenz der drei kleinen Diebstähle mit einem großen nur für den Fall gilt, daß diese nach Maßgabe des verursachten Schadens gewertet werden, nicht aber auch für den, wo sie als Symptome der Gewohnheit oder Unverbesserlichkeit gefaßt werden, wurde gar nicht beachtet.

c) Aretinus.

Angelus Aretinus führt diese Vermengung der realen mit der symptomatischen Bedeutung des menschlichen Handelns noch weiter;[2]) wo es sich um Delikte handelt, die, im Ausland begangen, deswegen nur als Beweismittel für die besondere Gefährlichkeit des Täters herangezogen werden könnten, will er auch diese in ihrer realen Bedeutung beim inländischen Gericht gewertet wissen, indem sie in die Zahl der Diebstähle eingerechnet werden, und nicht bloß als Erschwerungsumstand beim letzten, im Inland begangenen Delikt gewertet werden sollen.[3])

Gegenüber diesen Verwechslungen trat ein Rückschlag ein; Augustinus Ariminiensis kehrt sich in seinen Zusätzen zu Aretinus gegen die auch von diesem vorgetragene Lehre des

---

[1]) c. l. ego dico, quod pro uno furto multum enorme quis potest suspendi, quia saepe unum magnum aequivalet tribus parvis . . . et quia propter enormitatem delicti permissum est leges transgredi.

[2]) Angeli Aretini de Maleficiis tractatus, de inquirendis animadvertendisque criminibus (mit Zusätzen von Augustinus de Arimino). Venetiis 1578. Vestem coelestem N. 13. „Juridice tamen pro uno magno (sc. furto) poterit suspendi" . . . quia ita semel practicavi Perusii, dum ibi assiderem. Bemerkenswert erscheint es, daß er bei der Wiederbegehung nach erfolgter Begnadigung nicht bloß die Gewohnheit als Grund höherer Bestrafung hervorhebt, sondern auch der Überwindung der, durch die Begnadigung geschaffenen hemmenden Vorstellung besondere Bedeutung beilegt. c. l. N. 14. „Idem (nämlich die Rechtfertigung der Todesstrafe) credo, si de dictis primo et secundo furto habuerit grattam a domino loci, quia privilegium non meretur, quia concessa sibi abutitur potestate."

[3]) c. l. 24. Quinimo fortius dicit Salicetus . . . quod unum furtum alibi commissum non tantum facit, quod aggravet furtum hic commissum, sed facit, quod illud furtum in numero furtorum connumeratur. Unde si non posset mori nisi ex tribus furtis, illud furtum alibi commissum computatur in numero furtorum.

Baldus von der Gleichstellung dreier Diebstähle mit einem großen. Dadurch werde die ratio legis verletzt, da diese die einzelnen Delikte nicht als reale Größen ihrer Quantitas nach, sondern als Indizien einer besonders gefährlichen Gesinnung gewertet wissen will; in dieser Eigenschaft ist aber eine derartige Gleichstellung nicht zulässig.[1])

Die zweite, von Aretin insbesonders vorgetragene Verwechslung fand ebenfalls in der Doktrin eine scharfe Kritik, die sich besonders auf Alb. Gandinus stützte. Alb. Gandinus hatte bereits darauf verwiesen, daß man damit dem Grundsatz des Placentinus, „ubi te invenero, ibi te iudicabo" verfallen sei, der allerdings von einzelnen „Potestates feroces" angenommen ist.[2])

II. Weitere Fortschritte in der Wertung des äußeren Verhaltens als Symptom.

a) Vertiefung und Verallgemeinerung dieser Auffassung.

Auch sonst läßt sich hier eine gewisse Verfeinerung dieses Wertungsstandpunktes konstatieren. Bei Aegidius Bossius erscheint die erhöhte Strafe beim Rückfall bereits als eine der erhöhten Verschuldung entsprechende.[3])

---

[1]) Aug. Ariminiensis ad N. 13 vestem Coelestem. (Aretinus) . . . Ista sententia Baldi mihi non placet et si recte considerantur omnia iura quae dicunt quod fur furca debet suspendi, non habent respectum ad quantitatem furatam et sic ad ipsum furtum . . . . et sic Doctores non habent respectum ad quantitatem, sed ad aninum delinquentis.

[2]) Alb. Gandinus, Tractatus de maleficiis (vereinigt mit der Aretinus-Ausgabe). De furibus et latronibus N. 5 u. 6. Reprobata autem opinio Placentini, qui dicebat, ubi te invenero ibi te iudicabo, quia eadem opinio locum habeat in vagabundis. . . . Sed tamen Potestates feroces saepe fures et latrones puniunt, etiam de furtis et robariis alibi per eos commissis, qui putant adiuvari tali ratione, quia per talem consequentiam competat executio criminis alibi commissi Potestati et rectori, qui cognoscit de furtis et aliis criminibus commissis in suo territorio.

[3]) Aegidii Bossii Tractatus varii (Venetiis 1514) Tit. de furtis N. 15 S. 165) Talis debet legitima poena puniri propter ultimum delictum, ergo non gravatur propter praecedentia delicta, quia si conceditur delictum gravatum, licet imponatur gravior poena, tamen illa censetur legitima, quia nihil est quod repugnet, cum delictum etiam sit gravatum. Ähnlich bereits Alb. Gandinus, Tractatus de maleficiis. De

Das in der Wiederholung eines deliktischen Verhaltens liegende Indiz für die Gewohnheit wurde nicht nur beim Diebstahl, sondern auch bei den anderen Delikten Gegenstand der Würdigung durch die entsprechenden Strafen.[1]) Die Wiederholung als solche wird hier in der Regel herangezogen; nur mit Rücksicht auf die aus dem Gebiet der Deliktsobligationen entlehnte Lehre von den einzelnen Strafansprüchen und ihrer Konsumtion durch die Strafverbüßung sehen sich die einzelnen Juristen gezwungen, die Bedenken zu zerstören, die gegen die Heranziehung bereits gestrafter Delikte in den gesetzlich bestimmten Wiederholungsfällen sprechen, und so den Rückfall im technischen Sinn besonders hervorzuheben.

Durch den allgemeinen Satz: „consuetudo aggravat delictum", wobei es zu dem Beweis der Gewohnheit auf die Gestraftheit oder Ungestraftheit der einzelnen Fälle nicht ankommt, suchen sie das Verlassen der Bewertung der Delikte nach ihrer realen Bedeutung zu rechtfertigen.

b) Die Wertung als Symptom und die Todesstrafe.

Mit der Ausdehnung der Beachtung des in der Wiederholung liegenden Indizes auf alle Delikte geht jedoch das Bestreben parallel, die sich auf der präsumierten Unverbesserlichkeit, die mit der Gewohnheitsmäßigkeit indentifiziert wurde, gründende Todesstrafe möglichst einzuschränken. Dieses Bestrafungsmittel der deliktischen Gewohnheit wurde offenbar als zu hart erkannt. Da in diesen Fällen die Grundlage für die Bewertung immer durch einen bestimmten Zustand der täterischen Psyche geschaffen wird, der nur auf Grund von Indizien erkannt werden kann, über den aber ein abschließendes Urteil auf Grund der im Zeitpunkt der Aburteilung vorliegenden Taten nicht gegeben werden kann, so erscheint der Kampf gegen die, eine spätere Korrektur

---

furibus et latronibus. 4. Sed videtur, quod debeat suspendi, quia cum perseveraverit in crimine, magis delinquit et maior imponitur poena.

[1]) z. B. Carrerius, Practica causarum criminalium, Frankf. 1550, S. 194 n. 34 ganz allgemein: Et ideo, si quis veniret puniendus ex delicto poena pecuniaria tamen ex iteratione punitur poena corporali. Bei ihm spielt die consuetudo noch eine andere Rolle: Probatur etiam animus occidendi ex consuetudine delinquendi.

des Strafurteils nicht zulassende Todesstrafe, die außerdem eine, der verschiedenen Bedeutung der Wiederholung bei den verschiedenen Deliktsarten entsprechende Individualisierung ausschloß, erklärlich.

So wird auf verschiedenem Wege die Todesstrafe einzuschränken versucht.

Caepolla weist nach, daß die Begründung der Todesstrafe bei wiederholtem Diebstahl mit den Bestimmungen des römischen Rechtes, auf einer Erschleichung beruhe und tritt höchstens für andere Mittel der Unschädlichmachung, Landesverweisung und Zwangsarbeit ein.[1]) Bonifaz de Vitalinis macht die Bedenken des ne bis in idem geltend gegenüber der Verwendung des Todesstrafe beim dritten Diebstahl nach vorhergehender zweifacher Bestrafung.[2])

Carrerius kehrt sich gegen die Verwendung der Todesstrafe bei der Wiederholung an sich kleiner Delikte; so soll die Wiederholung kleiner Diebstähle nur dann die Todesstrafe treffen, wenn der Diebstahl mit Waffen geschehen.[3]) Und

---

[1]) Barth. Caepolla, Rep. in C. de servis fugitivis (11. II. 1457). Lugd. 1553. Fur famosus dicitur ille, qui consuevit furari bis vel ter, der römische latro dagegen ist durch die gewaltsame Begehung charakterisiert. Unde fur occultus numquam potest dici latro etiam si consuevit furari, sed bene dici potest famosus fur. Als Hauptargument gegen die Zulässigkeit der Todesstrafe nach römischem Recht führt er D. 47. 11. l. 7 an, wo es heißt, daß die Saccularii plus quam fures puniendi sunt und trotzdem nicht die Todesstrafe erleiden, sondern höchstens ad tempus in opus dantur publicum, aut fustibus castigantur et dimittuntur aut ad tempus relegantur. Daher gestattet er auch für Diebe nach römischem Recht höchstens diese Strafen.

[2]) Bonifacius de Vitalinis. Tractatus super maleficiis (vereinigt mit der Aretinus-Ausgabe). De furibus et robatoribus 3: Sed alii dicunt contra (mit Rücksicht auf die vielerörterte Frage, ob bereits abgestrafte Diebstähle in Betracht gezogen werden können)... quod debet puniri pro uno furto solo, quia alias punitus est de aliis, unde de isto solo debet puniri et non ad mortem, sed fustigari..., quia non debet addi afflictio afflicto ... et non debet quis de eodem delicto bis puniri, ne duabus legibus ... et hoc verius videtur.

[3]) Carrerius, c. l. S. 561, 170 stimmt der Ansicht des Marsilius zu, daß die Todesstrafe nicht bei Wiederholung der geringsten Delikte verhängt werden solle, ubi sentit minorem ex reiteratione minimorum non puniri poena corporali, ebensowohl beistimmend der Ansicht, quod pro tribus furtis minimis non punitur capite, nisi cum armis sit furatum.

Grammaticus bestätigt, daß die Todesstrafe bei der Wiederholung auch in der Praxis nicht allgemeine Anerkennung finde.[1])

Anstatt gegen das Mittel der Unschädlichmachung anzukämpfen und auf die Notwendigkeit einer genaueren Würdigung der Symptome im einzelnen Fall zu verweisen, wegen der Gefahren, die notwendigerweise mit einer schematischen Verwertung derselben verknüft sind, blieb man auf dem unvollkommenen Standpunkt, der aus Indizien Präsumtionen macht, stehen, begnügte sich jedoch damit, der Wiederholung im allgemeinen nur Bedeutung für eine Straferhöhung oder eine poena extraordinaria beizulegen, die aber nie zur Todesstrafe führen sollte, wenn nicht das Einzeldelikt bereits mit der Todesstrafe bedroht war.

Als Vertreter dieser milderen Richtung erscheint besonders Clarus;[2]) er sucht auch durch genaue Interpretation des Wortlautes der Statuten die Fälle möglichst einzuschränken, in denen außerhalb des Landes begangene Diebstähle die auf dreifachen Diebstahl gesetzte Todesstrafe herbeiführen können.[3])

Eine weitere Einschränkung der Todesstrafe bei Wiederholungsfällen ergab sich durch die Aufnahme des technischen

---

[1]) Thomae grammatici Decisiones sacri regii consilii Neapolitani. Frankfurt 1600. Decisio. 16 . . . N. 6 et pariter ego, qui per annos fere 27. iudicavi in magna curia Vic. licet pluries ac multoties per advocatos Regii fisci, nec non et partium quaerelantium esset institum, respectu reiterationis et consuetudinis delinquendi, inquisitos esse capitaliter plectendos, nihilominus nunquam fuit obtentum, sed processum ad poenam ordinariam.

[2]) Jul. Clarus. Sententiae receptae, Venedig 1607, lib V. Quaest. 84 N. 6 . . . quicquid sit in puncto iuris, hoc in practica non recipitur, ut scilicet propter consuetudinem delinquendi poena ordinaria augeatur. Et haec opinio mitior est et illam sequi solet senatus, qui nunquam in delictis non capitalibus propter quamcumque reiterationem, solet poenam mortis imponere, sed tantummodo vel torturam atrocius inferre, vel ad extraordinarie puniendum gravius arbitrari.

[3]) c. l. § furtum N. 11. Sed distinguerem, quod aut statutum dicit pro tribus furtis et tunc non facerem illum suspendi, quia non potest dici commisisset tria furta, ex quo illa duo fuerunt extra territorium commissa, pro quibus non potest hic puniri. Aut vero statutum dicit pro tertio furto et hoc casu, quum statutum puniat tertium furtum et istud commissum in territorio sit procul dubio tertium transirem cum opinine praedicta (hier soll die Todesstrafe eintreten).

Begriffs der incorrigibilitas als Grundlage für die zulässige Unschädlichmachung. Dieser auf Grund des kanonischen Rechts[1]) entstandene Begriff setzt den Versuch einer Correctio voraus, so daß aus ihm die Fälle reiner Wiederholung herausfallen.[2])

c) **Die Strafbarkeit des Versuchs.**

Ein Vordringen der Bewertung des äußeren Verhaltens als Folge eines psychischen Zustandes zeigt auch das Aufkommen der Strafbarkeit des Versuchs als solchen.

Charakteristisch erscheint es, daß man diesen zuerst in delictis atrocissimis[3]) besonders gewertet hat; bei diesen Delikten mußte sich ja das Unzureichende der alten Wertung des deliktischen Handelns nach seiner realen Bedeutung für ein erstarktes staatliches Strafrecht zuerst fühlbar machen und die Abkehr von diesem Bewertungsmaßstab veranlassen.

d) **Zersetzung der Lehre von der Konkurrenz.**

Daneben findet sich in den Konkurrenzfällen die auf dem alten Statutarrecht ruhende Wertung des einzelnen deliktischen Verhaltens nach seinem realen Erfolge; je mehr man sich aber dem, diesen Bestimmungen zugrunde liegenden Gedanken im Laufe der Zeit entfremdete, um so größer wurde die Willkür, mit der man hier Ausnahmen und Unterschiede schuf.[4])

---

[1]) Mit Rücksicht auf die Rückfallsbestimmungen z. B. C. 2. X. 5. 27, c. 4. VI. 5. 2, c. 9. X. 5. 7 siehe z. B. Covarruvias Quaestiones practicae 1579 coloniae Allobrogum cap. XXXII. 2. Über Rückfall im kanonischen Recht, wo sich zuerst der Terminus recidivitas wohl findet, vgl. Hinschius, System des katholischen Kirchenrechtes. Berlin 1895. V. Bd. S. 948.

[2]) Gomez (ein Spanier) 1579. Variae resulutiones. De delictis, de furto. Animadvertendum, quod ad hoc . . . ut possit latro condemnari ad mortem . . ., videtur requiri, quod primo et secundo fuerit iam condemnatus et punitus, qui alias non dicitur incorrigibilis. Doch entgeht er selbst dieser Folgerung, da er die frequentia und reiteratio delictorum für genügend zur Strafschärfung erachtet.

[3]) Clarus, c. l. quaest. 92. 2. Scias tamen quod haec conclusio, quod conatus non puniatur nisi sequuto effectu, locum non habet in delictis atrocissimis; nam in illis punitur affectus etiam quod effectus non sequatur.

[4]) z. B. Clarus c. l. Quaest. 84. 3. Wenn mehrere gleichartige Verletzungen aus einem oder mehreren Schlägen erfolgt sind, tritt Clarus für den Satz ein: semper puniatur delinquens secundum numerum percussionum, vel vulnerum. Et hoc sive

III. Farinaz.

a) Sein Abgehen von der Bewertung der Delikte nach ihrer realen Bedeutung bei der Konkurrenz.

Die fortschreitende Zersetzung der alten Lehre von der Wertung des deliktischen Verhaltens nach Maßgabe des verursachten Schadens, durch das Weitergreifen des Subjektivismus in der strafrechtlichen Doktrin zeigt sich in den Lehren des Farinacius.[1])

In der Lehre von der Konkurrenz mehrerer Delikte stellt er zwar an die Spitze: „Regula sit, quod plura delicta non unica, sed plurimis poenis plecti debent",[2]) sich stützend auf die vielerörterte Stelle D. 47. I. de priv. del. 2. Doch zeigt sich in den zahlreichen Ausnahmen, die gegenüber dem Satze gemacht wurden, daß die Delikte nach ihren realen Erfolgen unterschieden und nach ihnen gewertet werden, daß man bloß an der Äußerlichkeit der überlieferten Deliktslehre festhielt.

So hat bereits Farinaz den, auf das alte Kompositionensystem weisenden Standpunkt der strafrechtlichen Wertung mehrfacher Körperverletzung, der, durch die Autorität eines Bartolus gestützt, sich lange auch in der Doktrin erhalten hat, bereits verlassen. Bei der reiteratio percussionum vel vulnerum soll nicht mehr jede Wunde einzeln gewertet werden, sondern nur nach dem Prinzip, daß bei reiteratio, offenbar als Zeichen einer höheren Verschuldung, die Strafe erhöht werden müsse, eine einheitliche höhere Strafe ausgemessen werden.[3]) Ebenso tritt er gegen die früher geübte Atomisierung des Tatbestandes

---

illata sint eodem ictu, sive pluribus. 4. Wenn jedoch die delicta sunt „diversi generis", aber „facta sunt eodem tempore et ad eundem finem tendat, punitur delinquens solummodo poena maioris delicti". Der Grund, warum diese gleich liegenden Fälle verschieden gewertet werden, das eine Mal jedes Delikt gesondert, das andere Mal nur das schwerste, ist nicht einzusehen. Siehe auch Höpfner, c. l. S. 42.

[1]) Prosper Farinacius, Praxis et Theoricae criminalis libri duo. Frankfurt 1597.

[2]) c. l. lib. I. Tit. II. Quaestio 22. 1.

[3]) c. l. N. 7. Contrarium quod imo isto casu unicum tantum crimen censendum sit et non plura, saltem quoad publicam vindictam et punitionem: licet propter reiterationem percussionum aut vulnerum gravior poena imponi debet . . . et sic non plures poenae erunt imponendae pro quantitate vulnerum et percussionum . . . sed unica tantum licet ob reiterationem gravior.

bei einer mehrfachen, aus einer Tätigkeit entspringenden Verletzung auf.[1])

Bei Farinaz zeigt sich wohl zum erstenmal das Durchdringen der Erkenntnis, daß die alte Wertung des deliktischen Verhaltens nach seiner realen Bedeutung auf einer Vermengung privatrechtlicher Lehren mit den Forderungen des staatlichen Strafrechtes beruhe. So betont er es wiederholt, daß diese Lehre, „saltem quoad publicam vindictam et punitionem," keine Berechtigung habe.[2])

Auf dieses Abgehen von der realen Bedeutung der Delikte sind wohl auch seine sonstigen Ausnahmen von der Regel „quot delicta tot poenae" zurückzuführen.

So soll bei delicta successiva ex intervallo commissa et eiusdem generis nur eine Strafe eintreten.[3])

Ebenso bei mehreren delicta diversi generis eodem tempore commissa[4]) ad unum et eundem finem et effectum.

Mehrere Fälschungen, die zur selben oder zu verschiedenen Zeiten geschehen, sollen, wenn sie ad eundem finem et effectum vollführt sind, bloß mit einer Strafe belegt werden,[5]) ebenso wenn das eine Delikt als notwendiges Mittel zur Begehung eines anderen erscheint.[6])

---

[1]) c. l. N. 16. Propositam regulam (siehe Anm. 2) non procedere in pluribus vulneribus unico ictu illatis . . ., tunc enim licet plura sint vulnera unicum tamen reputatur crimen et pro unico crimine et vulnere imponitur poena.

[2]) Siehe Anm. 3 vor. S. und c. l. N. 15. Et tunc sine aliquo dubio teneas praecedentem opinionem, quod scilicet ex pluribus percussionibus, vulneribus seu alapis in continenti et eodem impetu inflictis, licet plura forsan dicantur resultare delicta, tamen quoad publicam vindictam et punitionem non nisi unicum oritur crimen: unica tantum poena puniendum, sed graviori propter reiterationem.

[3]) c. l. N. 17.

[4]) c. l. N. 19.

[5]) c. l. N. 26. Regulam (siehe vor. S. Anm. 2) non procedere in pluribus falsitatibus commissis ab aliquo ad eundem finem et effectum . . . Is inquam sive in continenti et eodem tempore sive etiam ex intervallo talia perpetraverit, licet re vera plura dicatur commisisse delicta, falsitates et subornationes, unica tamen poena et non pluribus afficiendus est.

[6]) c. l. N. 22. . . . quandove illud principale et maius delictum non poterat sine aliis committi.

Hier überall dringt der Gesichtspunkt durch, daß die verschiedenen Einzelhandlungen als Symptome einer bestimmten verbrecherischen Gesinnung betrachtet werden, der eine zersplitterte Wertung der einzelnen Akte nicht verträgt.

So findet Farinaz auch die, der älteren Auffassung der Wertung der Delikte entsprechende Möglichkeit einer Kumulation von Geld- und Leibesstrafen mit der Todesstrafe tadelnswert und lächerlich.[1])

b) Der Fortschritt in der Lehre von der Wiederholung der Delikte.

Einen weiteren Fortschritt zeigt auch seine Lehre von der Wiederholung der Delikte;[2]) die Lehre, die im einzelnen deliktischen Handeln ein Sympton einer bestimmten Gesinnung erblickt, hat bei der Deliktswiederholung nicht nur Anerkennung bei allen Delikten,[3]) sondern auch eine feinere Durchbildung erfahren. Farinaz betont bereits den verschiedenen Wert der einzelnen Indizien, nachdem er an die Stelle der Behandlung derselben als Präsumtionen deren Würdigung durch das richterliche Ermessen setzt.[4])

Ein Fortschritt im Sinne einer tieferen psychologischen Würdigung der Symptome zeigt sich auch darin, daß aus der Gruppe der Delikte, die wegen der Konsumtion des, durch sie erzeugten Strafanspruches nur als Symptome der verbrecherischen Gesinnung gewertet werden können, die verjährten Delikte ausgeschieden werden; dies beruht auf der richtigen Erkenntnis, daß sie, trotz ihrer mit den abgestraften und begnadigten Delikten formal gleichen Stellung als bereits getilgte Delikte, doch als Symptome

---

[1]) c. l. N. 31. . . . et valde reprehendendus ac etiam deridendus esset his temporibus iudex, qui prius aliquem pecuniariter mulctari aut fustigari vel ad triremes ad tempus transmitti mandaret et deinde illum morti traderet.

[2]) c. l. Quaest. 23.

[3]) c. l. N. 1. Regulam posse constitui affirmativam, quod scilicet delinquendi consuetudo facit ut reus gravius puniatur.

[4]) c. l. N. 5. Et sic non erit isto casu iudex a lege adstrictus poenam mortis et capitis imponere in delictis non capitalibus quantumvis iteratis: sed bene poterit sic capitaliter punire, si ita arbitratus fuerit.

der verbrecherischen Gesinnung einer ganz anderen Würdigung bedürfen als diese.[1])

Das Zurücktreten der realen Bedeutung der Delikte läßt sich auch daraus erkennen, daß die Frage erörtert wird, ob die Strafschärfung wegen Gewohnheit auch dann eintreten könne, wenn die als Gewohnheitsindizien herangezogenen Vordelikte nicht bereits abgestraft sind.[2]) Hatte man früher immer, beeinflußt durch die alte Wertung menschlichen Verhaltens nach Maßgabe des realen Schadens, der durch die Verbüßung der Strafe die Wertungsgrundlage entzogen wurde, es für notwendig befunden, sich zu entschuldigen, daß auch bereits abgestraften Delikten ein Einfluß auf die Strafgröße eingeräumt wird, so zeigt sich in jener Fragestellung der Durchbruch des Subjektivismus; das Eindringen der incorrigibilitas aus dem kanonischen Recht als Grundlage für das Strafurteil mußte diese Umkehrung der Fragestellung bewirken.[3])

§ 3. Die Weiterentwicklung der Lehre von den Wertungsfaktoren des deliktischen Verhaltens in Deutschland bis zum Eindringen des Naturrechts.

I. Allgemeine Charakteristik der Doktrin.

Die Lehre von den Faktoren, die dem deliktischen Handeln einen bestimmten strafrechtlich relevanten, in der Strafgröße

---

[1]) c. l. Quaest. 23 N. 12. Ut autem poena augeatur etiam propter antiqua delicta praescripta . . . de qua etiam testatur Nellius . . . dicens, quod ita communiter servatur per assessores, licet in perniciem animarum suarum, quia id de iure fieri non potest.

[2]) c. l. N. 9. . . . ut imo poena non possit augeri propter delinquendi consuetudinem, nisi quis de primis delictis fuerit condemnatus et punitus, cum alias sine tali punitione reiterando delictum non possit dici incorrigibilis.

[3]) In viel feinerer Weise als im materiellen Recht wurde im Prozeß die in der Wiederholung liegende Symptomatik ausgebildet. Hier wurden nicht nur dieselben Delikte, sondern auch gleichartige Delikte herangezogen (z. B. Farinaz, c. l. Quaest. 23 N. 32). Der Einfluß der Zeit auf die symptomatische Bedeutung der Vordelikte wird in folgendem Satz ausgedrückt: c. l. N. 27. quod si inquisitus, qui alias fuerit malae famae, probaverit per triennium, se bene vixisse, fuisseque bonae vocis, conversationis et famae; illa fama contra eum probata nihil ei

sich ausprägenden Wert verleihen, erscheint in der sich an die Karolina anschließenden Doktrin gegenüber den dargelegten Lehren der Italiener wenig gefördert.

Die in Deutschland im 16. und 17. Jahrhundert erstehende Doktrin stand einer Gesetzgebung und einem, auf ihr basierenden Gerichtsgebrauch gegenüber, die den Standpunkt der italienischen Statuten mit ihrer noch weitgehenden Wertung des deliktischen Verhaltens nach seinem realen Erfolg zugunsten eines weitergehenden Subjektivismus überwunden hatten.

Die deutsche Wissenschaft dieser Zeit fand andererseits die strafrechtlichen Probleme auf dieser italienisch-statutarrechtlichen Basis entwickelt, deren Wertungsstandpunkt durch die Verknüpfung mit der römischen privatrechtlichen Deliktslehre logisch ausgebildet war. War auch bereits zur Zeit eines Farinaz dieses logische Gebäude durch den langsam sich hervordrängenden Subjektivismus stark im Zersetzungsprozesse begriffen, so genügte selbst in dieser Form die italienische Lehre vielfach nicht mehr dem Standpunkt der deutschen Gesetzgebung und Praxis.

Zu einer neuen, selbständigen Ausbildung der Lehre von den, das deliktische Handeln in ihrem straftrechtlichen Wert bestimmenden Faktoren auf Grund des vorhandenen gesetzlichen Materials fehlte den deutschen, positivrechtlichen Juristen die Kraft, die sich nach dem Muster der Italiener im Reflektieren und Kompilieren erschöpften und über eine kasuistische Erörterung der einzelnen Fragen nicht hinauskamen.

Es finden sich wohl auch bei ihnen Ansätze zu sog. „Strafrechtstheorien“, zu allgemeinen Lehren über Grund und Zweck der Strafe;[1]) aus einer konsequenten Durchführung derselben müßte sich auch der jeweilige Standpunkt ergeben, der für die Bewertung des deliktischen Handelns maßgebend ist. Doch sind diese Theorien noch so rudimentär und so wenig bei der, im einzelnen Fall als gerecht angenommenen

---

noceret, quia censetur in totum purgata. Der Nachweis der magna poenitentia in monasterio und der Nachweis „se abstinuisse ab illo delicto, quando sibi occasio venit“ (c. l. N. 29) ist nicht notwendig (Ursprung der Rehabilitation!?).

[1]) Siehe L. Günther, Die Idee der Wiedervergeltung. II. Bd. S. 88ff.

Bewertung durch die Strafe durchgeführt, daß man aus ihnen auf die tatsächlich angewandten Wertungsmaßstäbe keinen Schluß ziehen kann. Auch bei diesen Schriftstellern ist man daher zur Erforschung ihrer Stellung zu den hier interessierenden Fragen auf zerstreut sich findende Äußerungen, insbesondere über Realkonkurrenz, Rückfall und Versuch, angewiesen. Bei der Behandlung dieser Literaturepoche, die sich größtenteils in einer Nebeneinanderstellung von gesetzlichen Bestimmungen, Gerichtsgebrauch und italienischen Lehren erschöpft, ohne daß diese mit jenen in eine innere Verbindung gebracht werden,[1] kann die Darstellung auf die Lehren der bedeutendsten Vertreter dieses Zeitabschnittes beschränkt werden.

II. Matthias Berlich.

Matthias Berlich,[2] wohl der bedeutendste deutsche Rechtslehrer vor Carpzov, bietet für die hier interessierende Frage wenig Neues. Die Rückfallbestimmungen beim Diebstahl und beim Bruch der Urfehde bieten ihm die Gelegenheit, das deliktische Verhalten als Indiz für den psychischen Zustand, der durch „Gewohnheit“[3] oder durch „contumacia“[4] des nähern bezeichnet wird und die Grundlage für die Strafausmessung bildet, zu betrachten.

Während sich in der Heranziehung verjährter Delikte[5] als Symptome — neben den abgestraften und begnadigten — noch ein unentwickelter Formalismus zeigt, der für die Unterschiede zwischen den beiden Gruppen vom psychologischen

[1]) Siehe Bar, Handbuch des deutschen Strafrechts. Berlin 1882. 1 Bd. S. 132. „Mehr oder weniger gilt von allen Werken dieser Art, was Wächter . . . von . . . dem Buche des Ludw. Gilhausen: Arbor judiciaria criminalis (Frankf. 1603) sagt: die Artikel der P. G. O. erscheinen sozusagen wie große unvermittelte Klöße, die in einer aus dem römischen Rechte und italienischen Autoritäten gebrauten Brühe schwimmen.“

[2]) 1586—1638. Matthiae Berlichii conclusiones practicabiles. Lipsiae 1693.

[3]) Pars V conclusio 45 de furtis et eorum poenis z. B. N. 111.

[4]) Pars V conclusio 72 N. 34. Quod habet etiam rationem, quia hoc in casu propter iterationem ideo maior poena solet imponi, quoniam contumacia poenam cumulat et auget.

[5]) c. l. 43 N. 110.

Standpunkt, als Indizien höherer Verschuldung, keinen Sinn hat, zeigt sich ein gewisser Fortschritt darin, daß neben den gleichen auch gewisse gleichartige Vordelikte in ihrer, erhöhte Verschuldung indizierenden Bedeutung herangezogen werden.[1])

III. Benedict Carpzov.

Benedict Carpzov[2]) folgt in der Lehre von dem, in der Wiederholung liegenden Schuldindiz Berlich.[3]) Wo es sich um das sonstige Zusammentreffen mehrerer noch unbestrafter Delikte handelt, schreibt er die Lehren des Farinaz, mit ihrem, auf der alten Wertung des deliktischen Verhaltens nach seinem realen Erfolg beruhenden „quot delicta tot poenae" ab.[4]) Trotzdem bereits bei Farinaz die konsequente Durchführung dieses Satzes durch die zahlreichen Ausnahmen,[5]) die von einer subjektiven Verbrechensauffassung diktiert waren, stark zurückgedrängt war, genügte immer noch nicht Farinaz' Lehre dem Standpunkt der Karolina, der sächsischen Konstitutionen und der an sie anschließenden Praxis; diese hat, offenbar davon ausgehend. daß der verbrecherische Wille als solcher für die Wertung in der Strafe das Maßgebende sei, auch die als konkurierrend sich darstellenden Delikte als Ausfluß der verbrecherischen Gesinnung einheitlich bewertet und mit einer Strafe belegt.

Auch Carpzov reproduziert neben den Lehren des Farinaz die Lehre von der einheitlichen Bestrafung der Realkonkurrenz

---

[1]) c. l. concl. 43 N. 113. Sed quid an haec, quae hactenus dicta sunt, extendantur etiam ad furta impropria, puta ad actionem rerum amotarum, crimen expilatae hereditatis, ita, ut quis, si ter res alicuius amovit, vel hereditatem expilavit et tertio demum furtum proprie ita dictum commisit, laqueo puniri possit? Er bejaht diese Frage.

[2]) 1595—1666. Benedict Carpzov, Practica nova imperialis Saxonica Rerum criminalium. Wittenbergae 1677.

[3]) z. B. Pars I Quaest. 45 N. 37.

[4]) c. l. Pars III Quaest. 132 N. 7. Etenim in iure certissima extat Regula, ab omnibus fere probata, quod plura delicta non unica, sed pluribus poenis plecti debeant . . .; siehe Höpfner, c. l. S. 53.

[5]) Siehe oben S. 47.

als für die Praxis richtigen Standpunkt,[1]) wenn auch mit einem gewissen Widerstreben;[2]) dem Unterschiede dieses hier zutage tretenden Wertungsstandpunktes von demjenigen, der die vorgetragene Lehre des Farinaz charakterisiert, wird er nicht gerecht, sucht vielmehr den Vorzug des in der Praxis sich aussprechenden Gesichtspunktes lediglich durch seine Brauchbarkeit in der Praxis darzutun.[3])

Der Einfluß der, durch die Italiener überlieferten, realen Wertung des deliktischen Handelns zeigt sich in Carpzovs Versuchslehre darin, daß er denjenigen, der in Tötungsabsicht einem andern Wunden beigebracht hat, nur wegen dieser gestraft wissen will.[4])

Die Prinzipienlosigkeit dieses Zeitalters zeigt sich jedoch darin, daß Carpzov es nicht wagt, diesen Wertungsmaßstab auch bei dem Versuch der Majestätsbeleidigung durchzuführen, vielmehr hier den Satz aufstellt „Punitur quoque in hoc crimine affectus et conatus, licet non sequatur effectus.“[5])

Diesen Eklektizismus in der Wertung deliktischen Verhaltens zeigt auch seine „Strafrechtstheorie“, in der die Rechtsmachtbewährung, Besserung des Delinquenten neben Besänftigung der Gottheit und der Abschreckung der anderen Bürger als Strafzwecke angeführt werden, ohne daß aus ihnen bestimmte Prinzipien über das gerechte Strafmaß abgeleitet werden.[6])

---

[1]) Über seine fünf Regeln, die er für die Praxis, für die Verhängung einer einheitlichen Strafe bei Deliktskonkurrenz aufstellt, vgl. c. l. Pars III Quaest. 132 N. 19ff. und Höpfner, c. l. S. 57.

[2]) c. l. N. 78ff. Fateor equidem Regulam in iure fundatam esse, quod poena una alteram non tollat nec consumat ... Unde sequi videtur, diversis delictis existentibus, quarum poena arbitraria est Carceris, Relegationis, aut mulcta pecuniaria, Reum pro ratione variorum criminum perpetratorum, conjunctim ac simul hisce poenis affici posse ... Sed usu aliud hodie obtinet, teste practica quotidiana.

[3]) c. l. N. 18. Quae certe (nämlich die Unterscheidungen des Farinaz) ut et aliae Interpretum distinctiones, rem magis confundere, quam explicare videntur.

[4]) c. l. Pars I Quaest. II N. 54. Et ideo inferens vulnera etiam animo deliberato occidendi, non punitur poena homicidii ordinaria, sed tantum de vulneribus (mit Berufung auf Clarus, Bossius, Gomez und Aretin).

[5]) Pars I Quaest. 41 N. 4.

[6]) Pars III Quaest. 101 N. 11ff.; siehe Günther, c. l. S. 98ff.

IV. Anton Matthäus.

Einen Fortschritt in der subjektiven Wertung der Delikte zeigt Carpzovs Zeitgenosse Anton Matthäus.[1])

So tritt er bei der Wertung des in der Wiederholung liegenden Schuldindizes dafür ein, daß der, die Grundlage für die Bewertung in der Strafe bildende, psychische Zustand als solcher genauer erforscht werde und daß nicht bloß auf Grund schematisch behandelter Präsumtionen das Strafurteil gefällt werde.[2])

Auch in seinen allgemeinen, bereits von Aristotelischen Ideen durchzogenen Lehren kehrt er sich gegen eine Wertung der menschlichen Handlungen lediglich nach ihrem realen Erfolge, wenn er auch gewisse äußere Handlungen als Erkenntnismittel der verbrecherischen Gesinnung fordert.[3]) Beim Versuch jedoch unterliegt auch er dem alten Bewertungsmaßstab, der auf das Verursachte das Hauptgewicht legt.[4])

V. Augustin von Leyser.

Als letzter aus dem Kreise der positivrechtlichen Juristen soll hier Augustin von Leyser[5]) angeführt werden, der wohl auch in Beziehung auf seine Lehre von den Wertmaßstäben

---

1) 1601—1654. Antonii Matthaei, Commentarius de criminibus, Ed. quarta. Vesaliae 1702.

2) Zu D. lib. 48. Tit. 18 de poenis S. 807. Considerat medicus morbum ipsum, vires aegri, aetatem, diaetam: hunc imitatus iudex, non numeret dumtaxat delicta, sed et qualitatem admissi, et animum, aetatem consuetudinemque rei exploret; ut omnibus collatis judicari possit, ecquid spei reliquum sit.

3) Zu D. 47. Tit 4 de inuiriis S. 162. Secundum est, quod imprimis Aristoteles urget, justitia poenas atque praemia distribuens, non solum facti, sed et personarum rationem haberi iubet. Prolegomena cap. I. Quod sit crimen N. 5. Quanquam enim furem, latronem, adulterum aliqua significatione, ex animi propositione sola quis dicere possit, tamen oportet crimina assumto actu intellegi.

4) z. B. ad D. 48. Tit. 5 de siccariis S. 491. Haec cum ita sint, tamen a iure non modo communis schola, verum etiam usus fori recessit, atque in toto fere orbe conatus caedis non ultimo supplicio, sed extra ordinem mitius punitur . . .

5) 1683—1752. Augustini Leyseri, Meditationes ad Pandectas. Lipsiae et Guelpherbyti 1746.

deliktischen Handelns, als Musterbeispiel für die communis opinio der gelehrten, aber nicht philosophisch gebildeten Juristen der damaligen Zeit[1]) angesehen werden kann.

Gleichwie Matthäus tritt auch er für eine genauere Erforschung der täterischen Psyche bei der Fällung des, die Gewohnheitsmäßigkeit und Unverbesserlichkeit aussprechenden Urteils ein, indem nicht bloß nach bestimmten Indizien gerichtet werden soll;[2]) ebenso tritt ein Fortschritt zum Sujektivismus auch beim Versuch ein, indem wenigstens in gewissen schweren Fällen, wie beim Mord prinzipiell, der verbrecherische Wille als Grundlage für das Schuldurteil erklärt wird, der auch beim Versuch festgestellt werden kann.[3])

Zu einer einheitlichen Zusammenfassung dieser hier angewandten Wertmaßstäbe zu einer allgemeinen Lehre konnte auch er sich nicht aufschwingen.

Denn seine Strafrechtstheorie weißt nicht weniger als sechs Strafzwecke auf[4]); je nachdem man den einen oder anderen in den Vordergrund stellt, verändert sich der Gesichtspunkt, nach dem die einzelne Tat gewertet und das entsprechende gerechte Strafmaß gefunden werden soll. Denn während die satisfactio laesi, die pensatio mali cum malo[5]) die Bewertung des Handelns nach Maßgabe des verursachten Schadens fordern, erheischt die emendatio malefici[6]) als prinzipieller Strafzweck die Wertung des einzelnen Verhaltens als Symptom eines gefährlichen Zustandes, da dem aus der einzelnen Tat ersichtlich gewordenen Motivationsbedürfnis abgeholfen werden soll.

---

[1]) Günther, c. l. II. S. 133.

[2]) c. l. B. VIII. S. 72 Sp. 535. At enim vero ratio legis haec est sine dubio, quod homo decies furatus habitum furandi quodam modo contrahat et ncorrigibilis efficiatur, certumque ab eo si dimittatur, periculum aliis impendeat. Et hoc prudenti iudici apparebit facile ex circumstantiis, licet binae poenae non antecesserint.

[3]) B. IX S. 113 Sp. 602. Dolus indubius est. Atque hunc solum, non exitum, in homicidio spectari iubet Adrianus . . . cui adsentire videtur Carolus V. in articulo 146 verbis: waß arglistig und mit Willen geschiehet.

[4]) Siehe c. l. B. X Sp. 649 S. 368 und Günther, c. l. S. 132 n. ibid. Anm. 227.

[5]) Leyser c. l. S. 368 N. 1 u. 2 der Strafzwecke.

[6]) c. l. N. 3 der Strafzwecke.

So zeigt uns diese Richtung der Wissenschaft in der Frage welche Faktoren bestimmend sein sollen bei der Wertung des deliktischen Verhaltens nur geringe Fortschritte, bei einem gänzlichen Mangel einer einheitlichen Zusammenfassung ihrer Ergebnisse.

Ein neuer Geist dringt in diese Lehren im Strafrecht erst ein mit der Aufnahme philosophischer Ideen im Strafrecht, die die zerstreut sich findenden Äußerungen zu einem einheitlichen Lehrgebäude zusammenschlossen.

II. Buch.

Die strafrechtliche Bewertungslehre unter dem Einflusse des Naturrechts und der Aufklärungszeit.

I. Kapitel.

Das Naturrecht.

§ 1. Die Vorläufer des Naturrechts.

I. Bodinus.

Neues Leben kam in die strafrechtliche Lehre von den Bewertungsfaktoren des deliktischen Handelns durch das Eindringen der aristotelischen Philosophie in strafrechtliche Erörterungen. Aristoteles' Lehre von der Gerechtigkeit[1]) gab Gelegenheit, Stellung zu nehmen zum Prinzip des gerechten Strafmaßes, in dem bereits die Frage beantwortet sein muß welches die Faktoren sind, wonach das als Delikt erscheinende Verhalten beurteilt werden soll.

Die ersten Vertreter dieser philosophischen Richtung zeigen gerade in diesem Problem noch eine gewisse Unbeholfenheit, die offenbar auf den Einfluß des positiven Rechtes und der italienischen Lehren zurückgeht.

So sucht Bodinus in seinen sechs Büchern über den Staat[2]) die, in der aristotelischen Lehre sich findenden beiden Wertungsmaßstäbe, die auf der geometrischen und arithmetischen Proportion beruhen, durch die Aufstellung der harmonischen Proportion, als wahrem Prinzip der Gerechtigkeit, zu verbinden.

---

[1]) Siehe oben S. 9.

[2]) Les six livres de la republique de Bodin Augenin. Lyon 1579.

Während die geometrische Proportion auf Grund der Erwägung aller Umstände des einzelnen Falles ihre Werte findet, nimmt die arithmetische Proportion darauf keine Rücksicht, indem sie alles gleich behandelt. Die harmonische Proportion erscheint als ein Kompositum aus Elementen beider Prinzipien.[1])

Auf die strafrechtliche Wertung übertragen bedeutet dies soviel, daß einerseits dem Erfolg — Prinzip der arithmetischen Proportion — eine selbständige, in der Strafe sich ausdrückende Bedeutung beigelegt ist, andererseits, und vielleicht vor allem, auf die individuelle Bosheit — Prinzip der geometrischen Proportion — Rücksicht genommen werden muß.[2]) So weist er einerseits eine rein subjektive Auffassung zurück,[3]) tritt aber andererseits für eine weitgehende Berücksichtigung der Innerlichkeit des Menschen ein, die sogar bei äußerlich geringem Erfolg die Todesstrafe rechtfertigen kann.[4]) Dieser Dualismus in der Bewertung des deliktischen Handelns entspricht der harmonischen Proportion; sie repräsentiert jene Form der Gerechtigkeit, die einem Staatswesen entspricht, das, ein Gemisch aus aristokratischen und demokratischen Elementen darstellend, als idealer Staatstypus erscheint.

Bei Bodinus tritt hier deutlich die Vermengung zweier Fragen hervor, die ihm den, wohl angestrebten Subjektivismus bei der Bewertung nicht konsequent durchführen ließ, vielmehr zu jenem Dualismus führte. Die Frage nach den Grenzen des

---

[1]) VI. B. S. 708. La proportion geometrique est celle qui a ses raisons semblables et la proportion arithmetique, qui a tousiours mesmes raisons: la proportion harmonique est composee des deux et neanmoins differente de l'une et de l'autre, la premiere est semblable: la seconde est egale: la troisieme est partie egale et semblable.

[2]) c. l. S. 726. Or quand la volonté est iointe à l'effect, il ne faut pas avoir esgard a la iustice Arithmetique.

[3]) c. l. S. 726. En quoy s'abusoit Thomas le More, Chancellier d'Angleterre, qui egaloit l'effort à l'effect, et la volonte à l'exploit d'icelle.

[4]) c. l. S. 729. Encores est plus estrange ce qu' Aristote dit, qu'il ne faut avoir esgard en punissant les fautes, si l' accuse est bon ou meschant, veu que c'est le premier poinct auquel tous Juges doyvent prendre garde. eod. loc. . . . Et pour mesme cause le larron surpris au troisieme larcin, est condamne à mort ordinairement, iacoit que le troisieme larcin est beaucoup moindre que le premier.

richterlichen Ermessens wird mit der Frage nach dem Prinzip des gerechten Strafmaßes vermengt. Ein konsequenter Subjektivismus, der in der im konkreten Fall festgestellten Schlechtigkeit das Strafmaß sucht, läßt sich nur dann durchführen, wenn dem richterlichen Ermessen der weiteste Spielraum gelassen wird. Denn die Formen und Grade der menschlichen Schlechtigkeit lassen sich nicht untrüglich im Gesetz durch bestimmte Strafdrohungen werten. So wird auch die geometrische Proportion, die ihre Wertungsgrundlage nach genauer Erforschung des Einzelfalles bestimmt, geradezu durch das Ermessen des Richters charakterisiert, das bei Bestimmung der Strafgrößen obwaltet.[1])

Da bei einem weitgehenden richterlichen Ermessen, speziell in der damaligen Zeit, die Gefahr einer Ausartung desselben in Willkürjustiz gegeben ist, wenn keine gesetzlichen Garantien für die bürgerliche Freiheit gegen Übergriffe der richterlichen Organe gegeben sind, wird die Bezeichnung des Prinzipes der geometrischen Proportion als Prinzip der aristokratischen Staatsform erklärlich.[2])

Die arithmetische Proportion, die am Äußerlichen des einzelnen Falles festhält, läßt schon an und für sich eine genaue Straffixierung im Gesetz zu, wodurch sie, infolge der dadurch gebotenen Freiheitsgarantien, als demokratisches Prinzip in Anspruch genommen wird.

Bei der sich als Vereinigung beider Theorien darstellenden harmonischen Proportion ist die Möglichkeit gegeben, da dem Erfolg prinzipielle Bedeutung bei der Bestimmung des Strafmaßes beigelegt wird, fest bestimmte Strafrahmen, als schon durch das Gerechtigkeitsprinzip geboten, zu fordern, die doch nur wegen der, in ihnen liegenden Freiheitsgarantie angestrebt werden; nur innerhalb dieser Rahmen soll dann das, den Umständen des einzelnen Falles gerecht werdende richterliche Ermessen sich bewegen können.[3])

---

[1]) c. l. S. 718.

[2]) Vgl. Überschrift zu cap. 6 liv. VI. De la iustice distributive, commutative et harmonique et quelle proportion il y a d'icelles à l'estat Royal, Aristocratique et populaire; vgl. auch S. 708 ff.

[3]) Siehe z. B. c. l. S. 725.

Freiheitsinteresse und Gerechtigkeitsidee werden hier miteinander vermengt.

Bodinus schreckt offenbar davor zurück, eine, der inneren Schlechtigkeit angemessene Strafe als dem Prinzip der Gerechtigkeit entsprechend zu bezeichnen, da er wohl befürchtet, der richterlichen Willkür dadurch das Wort zu reden; er unterscheidet nicht die Frage nach dem Prinzip des gerechten Strafmaßes von der anderen, die dahin geht, welche Einschränkungen die Durchführung dieses Prinzipes durch die in praxi kollidierenden Freiheitsinteressen erleiden müsse; bei einer getrennten Würdigung der Probleme kann einem prinzipiellen Subjektivismus bei der Wertung des deliktischen Verhaltens gehuldigt werden, ohne die bürgerliche Freiheit einer etwa befürchteten Willkür der Richter preiszugeben.

Für die Zeit des Bodinus, die kein Verständnis für die selbständige Geltendmachung der durch das Freiheitsinteresse gegebenen Postulate gehabt, ist die Erschleichung ihrer Durchsetzung auf dem Wege des Gerechtigkeitsgedankens erklärlich. Trotzdem hat sie bis in die neueste Zeit sich erhalten und zu einer Verschleierung des Streitpunktes im Kampf der modernen Strafrechtsschulen beigetragen.

II. Althusius.

Auch bei dem, bereits Aristotelische Ideen verwendenden Althusius ist die Lehre von den Faktoren, die die Bewertung des deliktischen Verhaltens bestimmen, noch nicht völlig geklärt.

Johannes Althusius,[1]) der auf dem Gebiete der Staatsrechtstheorien als der Vorläufer des späteren Naturrechtes bezeichnet werden kann,[2]) zeigt auf strafrechtlichem Gebiete, insbesondere in der Lehre vom Wesen des Delikts und den, die Wertung desselben beeinflussenden Faktoren, noch mehr Ähnlichkeit mit den italienischen Juristen, Farinaz usw. als mit den späteren Naturrechtlern, insbesondere dem, in dieser Lehre

[1]) Joh. Althusius, Dicaelogicae libri tres (Herbornae Nassoviorum 1617).

[2]) Otto Gierke, Johannes Althusius, II. Aufl., S. 41.

völlig geklärten H. Grotius. Trotzdem er in lib. 1 cap. 98. 99. 100 der Dicaelogicae eine Zusammenstellung einzelner wichtiger Lehren des heute als allgemeiner Teil bezeichneten Gebietes des Strafrechtes zu geben versucht, vermissen wir bei ihm noch eine, das Wesen des Verbrechens näher charakterisierende Deliktsdefinition. Denn seine Definition: „Delictum est factum illicitum et prohibitum, quo adquiritur obligatio ad poenam“,[1]) setzt bereits ein Strafgesetz mit bestimmtem Tatbestand und Strafe voraus. Das einzelne Geschehen in der Außenwelt wird nur von der Seite seiner Subsumtionsfähigkeit unter einen bestimmten Tatbestand betrachtet, bei deren Vorhandensein gleichwie im Privatrecht, bei Eintritt der causa für die obligatio, die Strafe eintritt.

Mehr, wenn auch auf einem Umwege, läßt sich aus seiner Strafdefinition über den inneren Charakter des Deliktes entnehmen. „Poena maleficii est eiusdem meritum debitum vel illius aestimatio ad tempus commissi maleficii relata vel commensuratio fraudis, noxae aut vindictae vel est debitum ex delicto proveniens“.[2])

Aus dem ergibt sich, daß also die Strafe eine Schätzung des Deliktes darstellen soll; somit muß überall da, wo eine Modifikation der Strafe, eine Erhöhung oder Verringerung befürwortet wird, eine Änderung in den Bestandteilen des zu Schätzenden, des Deliktes angenommen sein. Aus der Nebeneinanderstellung des meritum mit der noxa in der angegebenen Definition könnte vielleicht der Anschein entstehen, daß das meritum in seiner Größe durch den verursachten Schaden bestimmt werde, daß er also der Lehre von der realen Bedeutung der Delikte huldigt.

Dagegen spricht jedoch, daß Althusius den Satz aufstellt, daß auf Grund einer rein internen Beschaffenheit des Delinquenten die Strafe verändert werden soll; daraus ergibt sich — zusammengehalten mit seinem in der Strafdefinition ausgesprochenen Prinzip —, daß das meritum nicht lediglich durch das, vom Täter in der Außenwelt Verursachte bestimmt werden kann.

[1]) c. l. lib. I cap. 98 S. 351.

[2]) c. l. lib. I cap. 98 S. 351.

So berücksichtigt er unter dem Gesichtspunkt der causa finalis (c. l. cap. 99 N. 35) das Motivleben des Täters[1]) neben der voluntas als causa efficiens (c. l. cap. 99 N. 8). Ebenso wird der integritas vitae ante actae (c. l. cap. 99 N. 38) mit den beiden anderen psychischen Faktoren unter dem Gesichtspunkt der „circumstantiae, quae versantur circa personas" ein Einfluß auf die Strafgröße gewährt. Ebenso wird dem Rückfall nach dem Erleiden der, für das frühere Delikt verdienten Strafe derartige Bedeutung beigelegt — eigentümlicherweise getrennt von der Beachtung des sonstigen Vorlebens, unter der Rubrik de circumstantiis delicti in poenis (c. l. cap. 100) —, daß ein, bei dem ersten Male nicht todeswürdiges Verbrechen mit der Todesstrafe belegt werden kann.[2])

Deuten diese Ausführungen auf eine Wertung des einzelnen Deliktes nach dem psychischen Zustand, der dadurch im Täter enthüllt ist, so findet andererseits eine selbständige Bewertung des effectus delinquendi statt, während der homo laedens et perpetrans maleficium als die causa efficiens delicti in Betracht gezogen wird (c. l. lib. 1 cap. 99); damit wird die zur Wertung der Delikte nach ihrer realen Bedeutung führende, später namentlich unter Puffendorf weiter ausgebildete Imputationslehre vorbereitet.

§ 2. Die Symptomatiker unter den Naturrechtslehrern.

I. Grotius.

Gegenüber der, in der Darlegung der Wertungsfaktoren eines Deliktes noch unklaren Lehre des Althusius erscheint die

[1]) So sagt er cap. 99 n. 35: Causa finalis delinquentium est causa προκαλαρλική, impellens et movens ad delinquendum. Ex hac maleficia libidinis implendae causa fieri dicuntur aut nocendi et laedendi animo, in gratiam amici, inopiae sublevandae causa et ex similibus, quibus pro ratione finis delinquentis, maleficia modo atrociora, modo leviora esse aestimantur.

[2]) Cap. 100 N. 38. Exasperatur et augetur poena, ut, licet maleficium perpetratum non sit capitale, tamen capitali poena afficiatur (unter Berufung auf Farinaz q. 23 n. 2. 8; Covarrur. Gomez. de delict. cap. de furt. n. 9) licet proxima vel secunda vice delinquens punitus fuerit **merita** (also die frühere Strafe war doch gerecht) poena aut in diversis territoriis peccaverit (unter Anführung der beschränkenden Meinung von Covarruvias und Farinaz c. l. Clarus c. l. in furtum, die die Rückfallsverjährung kennen und die Gleichartigkeit für Vordelikte fordern).

Lehre des wenige Jahre später schreibenden Hugo Grotius[1]) durch ihre Konsequenz als ein wesentlicher Fortschritt; so gebührt H. Grotius das Verdienst, als erster in philosophisch konsequenter Weise diese strafrechtlichen Probleme behandelt zu haben.[2]) Die Grundlage für die Bewertung im Strafrecht bildet nach H. Grotius das meritum. „Puniendus est nemo ultra meritum.“[3])

Vielfach wird er deswegen heute von den Vertretern der „klassischen Schule“ als Vertreter ihrer „Vergeltungsstrafe“ in Anspruch genommen.

Wie wenig aber seine Lehre in der Frage nach den, die Deliktsgröße bestimmenden Faktoren mit der heutigen Vergeltungsstrafe gemein hat, ergibt sich aus der Analyse dieses meritum, seines Schuldbegriffes. Die Schuldgröße ist bei Grotius folgendermaßen bestimmt: „In merito examinanda veniunt causa, quae impulit, causa, quae retrahere debuit et personae idoneitas ad utrumque.“[4]) Die Grundlage für Grotius' Strafurteil bildet somit ein, auf Grund der Tat festgestellter psychischer Zustand.

Bereits Grotius kehrt sich hierbei gegen den Vorwurf einer Gewissensrichterei,[5]) gegen den Vorwurf, daß aus „actus mere interni“ niemals ein ius oder eine obligatio entstehen könne: „Id tamen non obstat, quo minus actus interni in externos influunt, in aestimationem veniant, non sui proprie, sed actuum externorum, qui inde meriti sui accipiunt qualitatem.[6])

Die Schuldgröße im Zeitpunkt der Tat bestimmt sich nicht primär nach dem, durch den Täter verursachten Schaden; dieser kommt nur als Erkenntnismittel der Schuld in Betracht. Am deutlichsten kommt dies wohl in seiner Polemik gegen Saturninus,[7]) der sieben Faktoren bei der Bestimmung der Straf-

---

[1]) Hugo Grotius, De iure belli ex pacis. (Cocceji, Grotius illustratus Lausannae 1752.)

[2]) Günther, c. l. II S. 101.

[3]) Grotius, c. l. lib. II cap. XX S. 291 § 29.

[4]) c. l. S. 291 § 29.

[5]) c. l. § 18 S. 285.

[6]) c. l.

[7]) in der bereits oben S. 8 zitierten Pandektenstelle.

größe in Betracht zieht, zur Geltung; alle diese sucht Grotius als bereits in dem, die Schuldgrundlage bildenden psychischen Zustand berücksichtigt zu erweisen. So kommt die Person des Angegriffenen, der größere oder geringere Zeitraum — mit Rücksicht auf die libertas iudicandi — als Erkennungsmittel besonderer Schuldgrade in Betracht. Der eventus wird dadurch gewertet, daß er unter dem Gesichtspunkt der causae abstrahentes die Schuld modifiziert. Denn unter den causae abstrahentes nimmt bei Grotius die iniustitia den ersten Platz ein,[1]) die „iniustitia eo est maior, quo maius alteri damnum infertur"; für das damnum ist die soziale Bedeutung der Rechtsgüterverletzung entscheidend, deren Verachtung durch den Täter seine Schuld offenbart.[2])

Bei den Gefährdungsdelikten kommt deswegen vor allem die Voraussicht der Verletzung in Betracht, indem[3]) inter causas abstrahentes nicht nur die „qualitas eius, quod directe fit, sed et eius, quod secuturum probabile est, ut in incendio et perfosso aggere multorum summae calamitates, spectandae sunt."

Von diesem Standpunkt der Schuldauffassung aus konnte er auch der, in der Deliktswiederholung liegenden Tatsache als Symptom höherer Verschuldung gerecht werden. „Apparet quoque maior pravitas, si quis saepius deliquit, quia habitus mali actibus sunt peiores."[4]) Grotius billigt daher die persischen Gesetze und das Vorgehen der ersten Christen, die nicht das nudum delictum, sondern dasselbe in Verbindung mit dem Gesamtleben werteten.[5])

Allerdings kommt Grotius bei der, aus der wiederholten Begehung ersichtlich werdenden consuetudo mit seiner Lehre von der Willensfreiheit in Widerspruch. Denn:[6]) „omnino enim illud tenendum est, quo animi eligentis iudicium magis impeditur, quoque magis naturalibus causis, eo, quod delinquitur, minoris esse." Da die

---

[1]) c. l. § 30_4 S. 293.

[2]) Siehe Laistner, Das Recht in der Strafe. München 1872. S. 66.

[3]) c. l. § 30_2 S. 293.

[4]) c. l. § 30_3 S. 294.

[5]) c. l. § 30_4.

[6]) c. l. § 31_2 295.

Willensfreiheit als Wahlfreiheit durch die Gewohnheit beschränkt würde, so hätte Grotius zu einer Verminderung der Schuld im Zeitpunkt der Tat bei der Gewohnheit kommen müssen. Da jedoch dies den gesetzlichen Bestimmungen nicht entspricht, indem das Schuldurteil des Volkes durch die Gewohnheit des Delinquenten im ungünstigen Sinn beeinflußt wird, paßte Grotius lieber seine Theorie der Wirklichkeit an, als daß er die Wirklichkeit zugunsten eigener Dogmen verfälscht hätte. Er suchte daher trotz der Willensfreiheit die höhere Schuld bei der gewohnheitsmäßigen Begehung eines Delikts zu begründen. So kommt er dazu,[1]) daß zwar die, infolge der adulta consuetudo begangenen Delikte zu jenen gehören, die wohl in specie eine Freiheit zu haben scheinen, in sua generalitate considerata sie aber nicht haben; trotzdem werde aber die adulta consuetudo bestraft, „non tam in sese, quam ob culpam praecedentem, quia aut neglecta, sunt remedia aut ultro attracti in animum morbi.“ Wir haben hier einen Versuch vor uns, zu einer, den realen Verhältnissen entsprechenden Schuldgröße bei der gewohnheitsmäßigen Deliktsbegehung, trotz der Annahme der Willensfreiheit, zu kommen, ein Versuch allerdings, der zu den Künsteleien der culpa antecedens führt, damit in Widerspruch kommt mit der Forderung, daß die Schuld im Momente der Tat in Betracht kommt, und der dazu führt, daß damit „actus“ gestraft werden, die „mere interni“ sind, in dem Zeitpunkt, wo sie als schuldbildend in Betracht kommen.

Die Schuldgröße bildet bei Grotius in der Regel die unübersteigbare Grundlage für die Bemessung der Strafe; in der Regel, da er für gewisse Fälle aus Rücksichten der Generalprävention, consuetudo und facilitas der Begehung[2]) härtere Strafdrohungen gerechtfertigt hält, obzwar die Schuld geringer ist, „quoniam nimium multis grassantibus opus exemplo est“. Trotzdem soll hier die geringere Schuld des Täters wenigstens bei der konkreten Bestrafung von Einfluß sein, „quia poenae utilitas magis

---

[1]) § 19₂ S. 286.

[2]) § 34, 35 S. 298.

in universitate spectatur, circa quam sunt leges, culpa autem maior aut minor est in singulis.“[1])

Dieser Schuldgröße soll die Strafe proportional sein. „Primo ac per se spectatur aequalitas inter culpam et poenam“,[2]) da doch die Strafe das „malum passionis, quod infligitur ob malum actionis“ ist. Diese Bestimmung der proportionalen Strafgröße erfolgt durchaus nicht danach, daß die Strafe eine, das einfache Maß übersteigende Ausgleichung des Schadens sein soll,[3]) da doch bei Grotius der verursachte Schaden nicht primär die Schuldgröße bestimmt.

Auch die Vorwürfe Laistners gegen die Grotische Durchführung der Schuldbewertung durch die Strafe erscheinen unbegründet.

„Die Hauptschwierigkeit aber liegt darin, daß wir nicht erfahren, in welcher Weise die Ausmessung der Schuld zur Feststellung des unüberschreitbaren Strafrahmens dienen soll, von dem nur . . . die untere Grenze angegeben wird, sofern die Strafe jedenfalls den Schaden übersteigen müsse. Für die Bestimmung der Höhe der Strafe bleibt uns also nur die praktische Rücksicht übrig, welche aber notwendig auf „absolute Sicherheitsstrafen“ als einfachste Auskunft hinführt und dadurch mit dem sittlichen Gefühl in Widerspruch gerät.“ [4]) Dieser Vorwurf erscheint unbegründet, wenn man die von Grotius herangezogene „utilitas ex poena“ beachtet und in dem „intra meriti vero modum magis ant minus peccata puniuntur pro utilitate“ nicht immer bloß die logisch unvereinbaren Gegensätze von Vergeltung und Zweck[5]) sieht.

Denn in der Verweisung auf die utilitas ex poena liegt eine Verweisung auf den Delinquenten, auf den die Strafwirkungen dadurch ausgeübt werden sollen, daß dessen psychische Beschaffenheit einer Umbildung unterzogen wird.[6])

[1]) Über die Kontroverse bezüglich Auslegung dieser Stelle vgl. Bar, Handb. S. 22. Anm. 53 und Laistner, c. l. S. 66.

[2]) c. l. § 2, S. 260.

[3]) Dagegen Günther, c. l. II S. 106 im Anschluß an v. Bar, Handb. S. 221.

[4]) Laistner, c. l. S. 66.

[5]) Pfenninger, Begriff der Strafe. Zürich 1877. S. 127.

[6]) Durch Besserung, Abschreckung und Unschädlichmachung.

Die Größe der zu diesem Zweck notwendigen Beeinflussung hängt von dem Verhältnis der, durch die Tat gezeigten Neigung[1]) zu den übrigen Bewußtseinsinhalten ab.

Dieselbe psychische Beschaffenheit bildet aber die Grundlage für das Schuldurteil des H. Grotius und für die, der Schuld entsprechende Strafe. „Ideo vitiis, quam firmum fieri potest, adimenda est illecebra.[2]) So können wir sagen, daß Grotius durch die Angabe einer bestimmten Strafgröße, die für die Beseitigung eines bestimmten psychischen Zustandes notwendig erscheint, Maße für die Schuldgröße schafft, die sich auf demselben psychischen Zustand gründet.

So dürfte auch Hartensteins[3]) Ansicht unbegründet sein, daß Grotius, da sein Strafmaß von der Rücksicht auf die möglichen Wirkungen der Strafe abhängig ist, in die Gefahr kommt, die Grenze zu übersehen, welche er selbst durch den Begriff der Billigkeit der Zufügung der Strafe gezogen hat. Denn Grundlage für die Abmessung seiner, durch die Strafwirkungen gerechtfertigten Strafgröße bildet dasselbe psychische Substrat wie für das Schuldurteil, auf dem die Vergeltungsstrafe ruht.[4])

II. Thomasius.

Als Fortführung der Wertungslehre des H. Grotius kann die Doktrin des Chr. Thomasius[5]) angesehen werden. Denn auch er findet sein Strafmaß durch den besonderen psychischen Zustand gewisser Personen bestimmt.

In seinen Fundamenta i. n. e. g. lib. 1 cap. VII § 16 stellt er den allgemeinen Satz auf: „Neque enim praemia et poenae

---

[1]) Grotius, c. l. § 7 S. 267, omnis actio gignit quandam sui proelivitatem.

[2]) c. l. § 7 S. 627.

[3]) Hartenstein, Die Rechtsphilosophie des Hugo Grotius, Abhandlungen der kgl. sächs. Gesellschaft der Wissenschaft II. B. 1850. S. 532.

[4]) Unberechtigt erscheinen dadurch auch die Vorwürfe Richard Schmidts (Die Aufgaben der Strafrechtspflege, S. 20. Anm. 1), der die Methode des Grotius, den Rechtsgrund der Strafe festzustellen, als stümperhaft und dilettantisch bezeichnet.

[5]) Chr. Thomasius, Institutionum iurisprudentiae divinae libri tres. Halae 1717. VI. Edit. Fundamenta iuris naturae et gentium. Halae et Lipsiae, 1718.

optatum effectum producent, nisi tribuantur merentibus et inter ea ac facta quibus applicantur, sit proportio.“ Wie diese Proportionalität durchgeführt werden soll, zeigt Inst. iur. div. lib. III. cap. VII. 120.

„Quamvis igitur exactissimae regulae propter infinitas circumstantias tradi nequeant, summa tamen eo redit, quod princeps in poenarum irrogatione prospicere debeat, ut poenae adhibeantur proportionatae delictis, hoc est, ut illae tantae sint, quantae sufficiunt ad reprimendam libidinem mortalium, qua feruntur in peccatum, nam et medicus medicamenta adhibet proportionata morbis.“

Die Grundlage der Deliktsgröße ist damit indirekt charakterisiert als eine besondere psychische Beschaffenheit bestimmter Personen, der die Strafgröße, als eine sie in ihrem Bestande aufhebende, angemessen sein soll. Bei einer derartigen Bestimmung der Deliktsgröße ist es möglich, einerseits an dem Proportionalitätsgedanken festzuhalten und gleichzeitig die normativen Elemente für die Strafgrößen in den Schutzstrafzwecken zu finden, die in dem Satze gipfeln (I. i. d. lib. III cap. VII. 101): Principis poenam inferentis officium respicit praeceptum generale: Puni delinquentes, quantum ad utilitatem rei publicae opus est.[1]) Diese utilitas findet er in der Besserung aller Bürger; wird diese primär mit der Strafe verfolgt, so wird dabei sowohl die Besserung des einzelnen, „quia nempe in emendatione communi latet etiam emendatio delinquentis, non vice versa“ (43), als auch die assecuratio omnium und die expiatio, bestehend in der satisfactio für die Obrigkeit de contemptu delinquentis erreicht.[2])

Diese Bewertung des äußeren Täterverhaltens als Emanation einer bestimmten psychischen Beschaffenheit äußert sich besonders bei der Erörterung, inwiefern das Delikt als Grund der

[1]) In Annotata emendantia ad lib. III (Anhang zu den Fundamenta) verwirft er direkt diese expiatio als Strafzweck für das weltliche Strafrecht. „Unde per dicta saepius tota haec doctrina de expiatione relinquenda est Theologis et a iuris naturalis disciplina sequestrenda.“

[2]) Hier zeigt sich deutlich der Einfluß Hobbes'.

Strafe bezeichnet werden könnte (F. i. n. e. g. lib. 1. cap. VII § 56): „Falluntur dissentientes dum putant, quod praemia et poenae, quod haud dubie propter facta praeterita tamquam occasionem praemii et poenae fiunt, fiant popter facta praeterita tamquam causam, ad quam primario in praemio ac poena respiciatur.“

Thomasius begnügt sich nicht mit der Charakterisierung der Deliktsgröße durch die Mittel, die zur Beseitigung der sie bestimmenden libido erforderlich sind, er sucht die sie beeinflussenden Momente auch selbständig darzustellen (I. i. d. III cap. VII 122): „Ut hoc (Erreichung der Proportionalität) autem commode fieri possit, aestimanda est gravitas ipsius delicti, tum et respectus habendus ad Personam delinquentem, quia et medicus in praescribendis medciamentis eadem et ad morbum et ad patiendem accomodare debet.

Zweifel über Thomasius' Auffassung können dadurch entstehen, daß er die gravitas vorwiegend durch Veränderungen in der Außenwelt bestimmen will (I. i. d. c. l. 122): „Gravitas delictorum aestimatur ex obiecto, effectu et frequentia uti gravitas morbi ex loco, quem occupavit, ex symptomatis et ex diuturnitate.“ Aus diesem Vergleich aus dem Gebiete der Medizin und daraus, daß die Beseitigung der libido für das Strafmaß maßgebend sein soll, dürfte sich ergeben, daß diesen objektiven Elementen der gravitas nicht primäre Bedeutung für die strafrechtliche Bewertung zukommt, sondern nur sekundäre insofern, als aus ihnen auf eine besondere Größe der libido geschlossen werden kann.

Einen Fortschritt in der Bewertung des äußeren Verhaltens als Symptom eines psychischen Zustandes bedeutet noch Thomasius' Behandlung der verbrecherischen Gewohnheit (I. i. d. c. l. 127): „Habitudo ad delinquendum ex pravitate intentionis iudicatur.“ Damit verläßt er den Standpunkt fest bestimmter, gesetzlicher Beweisregeln, die nur bei einer bestimmten Anzahl von Deliktswiederholungen die habitudo als erwiesen annahmen.

So führt er auch als Indizien (Haec vero ex variis indiciis conligitur), aus denen diese pravitas erschlossen werden kann, nicht nur die öftere Begehung, sondern die im Einzelfall hervorgetretene Überwindung von Gegenmotiven, ebenso wie den Mangel einer besonderen Stärke in den äußeren Reizen an (c. l. si facile potuit resistire causis). Unter dem ersten Gesichtspunkt mag auch der Rückfall subsumiert sein. „Sed ed considerari solet, primus quis, an aliorum exemplo seductus, semel an saepius et post consumatas frustra admonitiones quis peccaverit.“ [1])

Von Bedeutung für seinen symptomatischen Standpunkt erscheint insbesondere die Subsumtion von Gewohnheit und Rückfall unter die pravitas der intentio; beide sind also Erkenntnismittel einer bestimmten Beschaffenheit der intentio, die jedenfalls zum Wesen des konkreten Deliktes gehört.

Die bei Gewohnheit eintretende höhere Verschuldung, wie er sie in der positiven Gesetzgebung vorfindet, bildet für ihn, wegen der im Zeitpunkt der Tat vorhandenen Beschränkung des Willens, ein Argument für den Determinismus.

F. i. n. e. g. c. l. § 58. „Si libertas interna agendi esset causa primaria praemii vel poenae, sequeretur, quod aucta libertas resistendi vitiis maiori praemio digna sit, diminuta libertas minori poena. At omnes fatemur diversum fieri debere. Nam homo habitualiter vitiosus etsi secundum doctrinam communem tanquam servus vitii dicatur, minimam libertatem habere, non tamen mitius punitur et homo habitualiter virtuosus non maius accipit praemium, sed dicitur quod amplius premio non habeat opus.“

Für ihn als Deterministen muß auch die auf der Kausalität aufgebaute Imputationslehre[2]) eine andere Bedeutung als für den Indeterministen, erlangen da, die Feststellung der Willenskausalität als solcher für einen Erfolg, noch keinen Maßstab für eine etwaige Belastung der Person gibt. So sagt er § 21 c. l. F. i. n. e. g.: „Declarare vero, quod aliquis dignus sit praemio vel poena, imputare est.“ [3]) Es ist also lediglich die Feststellung, daß ein Fall eingetreten ist, der eine Bewertung veranlaßt. Wenn man noch die andere Definition der imputatio

---

[1]) c. l. 127.

[2]) Siehe darüber unten S. 76.

[3]) Hier die imputation im Pufendorffschen Sinn gefaßt.

(F. i. n. e. g. § 22) hinzunimmt: „imputare nihil aliud est, quam aliquem autorem dicere actionis", d. h. daß bei einem Menschen eine Willensbetätigung stattgefunden, dürfte ergeben, daß Thomasius aus dem Kausalsein des Willens keine Schlüsse für die Bewertungsmaßstäbe des deliktischen Handelns zieht, sondern lediglich das Vorhandensein einer Bewertungsmöglichkeit damit konstatieren will.

§ 3. Das Eindringen der auf der Verursachung aufgebauten Imputationslehre in die Strafrechtsdoktrin.

I. Samuel v. Pufendorff.

a) Seine allgemeinen strafrechtlichen Prinzipien.

Pufendorffs[1]) Bedeutung für die Lehre von den die Wertung des Delikts bestimmenden Faktoren liegt darin, daß er die auf die griechische Philosophie zurückgehende Imputationslehre ins Strafrecht einführte,[2]) die zur Grundlage der materiellen Deliktsbewegung gemacht, zu einer Wertung des deliktischen Verhaltens nach Maßgabe der in der Außenwelt hervorgerufenen Veränderungen führen mußte.

Pufendorff selbst verwendet, soweit es sich um rein strafrechtliche Ausführungen handelt, diese Lehre neben der Lehre des Hugo Grotius, die das Schwergewicht auf die malitia des Delinquenten legt; die Beziehung beider Wertungsstandpunkte ist weiter nicht klargestellt.

Für Pufendorffs Deliktsgröße sind zwei Faktoren bestimmend: einerseits das durch den Delinquenten verursachte damnum, andererseits die intentio malitiaque hominis.[3])

---

[1]) Samuel L. B. v. Pufendorff, De iure naturae et gentium libri octo Londini Scanorum 1672. De officio hominis et civis secundum legem naturalem libri duo. II. Ausg. Lipsiae et Wolfenbüttelii 1726.

[2]) Siehe Loening, Zurechnungslehre S. X Vorwort.

[3]) De officio hom. et civ. lib. II cap. XIII § 16 S. 578. „Gravitas autem delictorum aestimatur ex obiecto, in quod peccatum fuit, prout illud nobile et pretiosum habetur; item ex effectu, prout multum aut parum damni in rem publicam inde redundat; et denique ex pravitate intentionis quae ex variis indiciis conligitur."

Der Erfolg hat also bei ihm eine selbständige Bedeutung für die Deliktswertung neben der malitia des Delinquenten, trotzdem er bereits den Erfolg bei der Erforschung der malitia als abhaltendes Motiv ebenso wie Grotius berücksichtigen muß.[1])

So muß diese Lehre zu einer Doppelbewertung des verbrecherischen Erfolges führen.

Trotzdem er so den Begriff der Gravitas des Deliktes festzustellen sucht — ein Begriff, der, in seiner Allgemeinheit aufgestellt, nur dann von Bedeutung ist, wenn aus ihm Folgerungen für die Strafgrößen gezogen werden —, hat er diesen nicht als Norm für die Strafgröße verwendet, sondern sucht die kriminalpolitisch richtigen Strafgrößen selbständig nach reinen Utilitätsrücksichten zu formulieren; es war Pufendorff doch durch die Berücksichtigung der Innerlichkeit des Täters in seinem Begriff der Deliktsgröße die Möglichkeit geboten, gleich Grotius die für die Strafgröße bestimmende Bedeutung der gravitas mit der Berücksichtigung der Strafzwecke zu verbinden. Er verläßt (cap. 3 lib. 8. S. 1051 l. De iure nat. et gent.) so offen den Gedanken der Proportionalität zwischen Delikt und Strafe in seiner Bedeutung für den Gesetzgeber bei Bestimmung der Strafgrößen. „Nam in imponenda delicto alieni poena non necessum est, ut illud delictum cum alio delicto comparetur et quam rationem gravitatis illa inter se habent, eandem quoque poenae utrimque decretae habeant, sed cuivis delicto velut seorsum poena decernitur, gravior aut levior, prout publica id utilitas requirit. Etsi hoc plerumque eveniat, ut gravi delicto gravior poena, levi levior constituatur.“ Ebenso D. of. h. e. c. cap. XIII § 17.

Daß sich für Pufendorff die Möglichkeit einer Diskrepanz zwischen einer nach der Deliktsgröße und einer nach den Strafzwecken bestimmten Strafgröße ergibt, dürfte daher rühren, daß er in der gravitas doch zuviel den Wert des angegriffenen Rechtsgutes zu überschätzen scheint. Denn lib. 8 cap. III § 23 setzt er die Strafgrößenbestimmung, die auf den bloßen Staatszwecken beruht, in Gegensatz zu einer, auf der Proportio-

---

[1]) Siehe De off. h. et civ. c. l. S. 579.

nalität zwischen Delikt und Strafe beruhenden, indem er offenbar hier, auf der Deliktsseite, lediglich das angegriffene Objekt als die Deliktsgröße bestimmend vor Augen hat. „Neque vero id est necessarium ut eadem inter poenas sit proportio, quae est inter obiecta per delictum violata, sed singulis delictis sua velut seorsim poena potest imponi, prout est ex usu rei publicae, non considerato, an par, an vero minor poena sit imposita alii delicto, quod in se minus aut maius isto videtur," und in § 29: „Ex his igitur manifeste arbitror constare, non dari in foro civili iustitiam aliquam vindicativam, quae certis delictis certam poenae mensuram, per naturam definitam, utique infligi iubeat, sed veram poenarum humanarum mensuram esse utilitatem reipublicae et prout fines poenarum commodissime videntur proventuri, ita eas per prudentiam summi imperii intendi vel remitti."

Trotzdem er hier der Auffassung sich zuneigt, die die Größe des einzelnen Deliktes durch den, im einzelnen Fall erregten sozialen Schaden bestimmt sieht, läßt er das Bestehen einer bestimmten psychischen Beschaffenheit im Täter auf die Deliktsgröße selbst einwirken, einer Beschaffenheit, von der durchaus nicht gesagt werden kann, sie habe im einzelnen Fall eine besondere Veränderung an der Größe des verursachten sozialen Schadens hervorgebracht.

Es ist dies die Gewohnheitsmäßigkeit. Pufendorff versucht diese in einer Modifikation der intentio, die doch sicher Deliktsbestandteil ist, unterzubringen,[1]) indem die gewohnheitsmäßigen Delikte aus der vollen proaeresis unternommen sein sollen.

Dieser Versuch ist ihm jedoch nicht völlig gelungen. Denn versteht man unter der proaeresis „das unter kausaler Ein-

---

[1]) So lib. 8 cap. III § 22 (S. 1061 D. i. n. c. g. III). Repetio autem varior aut frequentior eiusdem specie actionis eam in se meliorem aut deteriorem non reddit, nisi quatenus ea indicio est eandem ex inoleta consuetudine proficisci (unter Berufung auf D. 48. 19. 28 § 3 u. Ant. Mathäus de crim. de furto § 9). Quae cum circa actiones morales maxime attendatur (quippe cum ex illa sumptae actiones cum plena fere proaeresi fieri intelligantur, quo nomine et vulgo habitus mali actibus peiores dicuntur) satis claret, quare communiter praestantior censeatur actio bona, quam quis saepe antea ediderat illa quam nunc prima aut altera vice

wirkung der praktischen Vernunft, auf Grund der vernünftigen Überlegung entstandene Begehren",[1]) so wird man gerade bei der einzelnen gewohnheitsmäßigen Handlung durchaus nicht sagen können, sie sei mit der vollen vernünftigen Überlegung zustande gekommen.

Zur eventuellen Abwehr von hier einsetzenden Angriffen nimmt er die bereits oben kritisierte Grotische Begründung der tieferen Verschuldung bei der Gewohnheitsmäßigkeit auf (siehe S. 74 Anm. 1 zum Schluß).

Diese Heranziehung früherer Taten zur Erforschung der konkreten Schuld scheint Pufendorff doch nicht ganz in seine Bewertungslehre zu passen, die in der Deliktsgröße dem verursachten Schaden ein bedeutendes Übergewicht verleiht.

So kehrt er sich gegen die, auch von Grotius angeführte persische Sitte, nach der zur Bewertung des abzuurteilenden Delikts das gesamte Vorleben des Täters berücksichtigt wurde (c. l.): „Id enim proprie ad delicti aestimationem intrinsecam non pertinebat." Nur für den Prozeß, für die Entscheidung der Frage, ob man von dem Angeschuldigten die ihm zur Last gelegte Tat gewärtigen könne, will er die Berücksichtigung des Vorlebens des Täters zulassen.

Trotzdem Pufendorff, wie sich aus dem Gesagten ergibt, die gesetzlichen Strafgrößen nicht durch die Verbrechensgröße bestimmt wissen will, sucht er doch dem Gedanken der Proportionalität zwischen Schuld und Strafe dadurch gerecht zu werden, daß er die Kenntnis der angedrohten Strafe beim Verbrecher, gleichwie später Feuerbach, zum Deliktsmerkmal erhebt.

Dadurch, daß der Verbrecher die Motivationskraft der auf Grund anderer Prinzipien festgestellten Strafgrößen überwunden, zeigt er eine derartige Verkommenheit, daß er sich über die

---

exercet et contra, cur mala saepius repetita gravior iudicetur quam quae semel aut bis tantum ab eodem sunt commissa. Neque obstat, quod habitus bonus actionem bonam faciliter, malus contra difficultatem a mala actione abstinendi pariat. Nam labor in comparando habitu bono impensus facit, ne minoris sit actio, facile et cum voluptate a bono exercita. Et eo maius est odium mali, quod tam saepe male agendo effecerit, ut vix aliter quam male possit agere.

[1]) Loening, Zurechnungslehre. S. 22.

Zufügung der nach den Grundsätzen der Generalprävention festgesetzten Strafe nicht beklagen kann.

„Super[1]) qua inaequalitate reus post nequidquam queritur, quippe quam utique praescivit.[2]) Calpurnius Flaccus declamat: Ubi quid futurum est denunciatum, culpa patientis est. Sic v. g. etsi furti crimen in se sit longe levius homicidio, nullam tamen fur quaerendi causam habet, si ipse, qui cum homicida aequalia non commisit, aequale tamen supplicium cum eodem patiatur.“ [3])

Getrennt von diesen Ausführungen über Grund und Zweck der Strafe und den sich schon hieraus ergebenden Wertungsprinzipien, behandelt Pufendorff die Lehre von der Imputation, der Zurechnung der menschlichen Handlungen. —

Pufendorff, der zuerst unter diesem Titel die Lehre von den subjektiven Voraussetzungen der Verbrechen zu einem System zusammenfaßte, reproduziert in seiner Imputationslehre jene „schiefe aristotelische Auffassung“,[4]) die die Zurechnungslehre auf der Verursachung aufbaut; damit ist er „zum Vorbild für die ganze naturrechtliche Schule bis auf Feuerbach und darüber hinaus zur Grundlage für die weiter daran anknüpfende Entwicklung geworden“.[5])

Lib. I cap. V S. 57 De iure nat. et gent. definiert er die actio moralis, als deren Unterart die strafbare Handlung erscheint, folgendermaßen: „Sunt igitur actiones morales actiones hominis voluntariae cum imputatione suorum effectuum in vita communi spectatae.“ „Voluntariae“ sind die, die von der „voluntas tamquam a causa libera“ abhängen.

---

[1]) De iure nat. et gent. lib. VIII cap. 3 § 23. S. 1084.

[2]) De officio hom. et civ. lib. I cap. II § 6. Ceterum, ut lex vim suam in animis eorum, quibus fertur, exserere possit, requiritur cognitio cum legislatoris, tum ipsius legis.

[3]) So erscheint, trotz seiner allgemeinen Lehren über die Bestimmung der Strafgrößen, folgender Satz (De c. n. et g. § 25) erklärlich; „Ex quo tamen non sequitur in poenis imponendis observari proportionem geometricam aut qua Bodinus de rep. l. VI. cap. ult. sese iactat harmonicam, sed re vera non nisi simplex exaequatio inter delictum et poenam, ad quam rite inveniendam personae conditio non parum facit.“

[4]) Loening, Zurechnungslehre. S. 146

[5]) Loening, c. l. Vorrede S. XI.

Bei jeder actio voluntaria, die er, verselbständigt, zu einem ens positivum (c. l. S. 63 § 4) in genere moralium substantiiert, wird das materiale und das formale unterschieden.

„Duo quippe involvit actio voluntaria, unum est quasi materiale, quod est motus potentiae per naturam existentis seu eiusdem exercitum in se consideratum, alterum quasi formale, quod est dependentia eius motus seu exercitii a decreto voluntatis, secundum quam ut a causa libera et seipsam determinante, decreta concipitur.

Materiale est motus aliquis psysicus potentiae physicae, puta locomotivae, appetitus sensitivi, sensuum exteriorum et interiorum et intellectus, quoad exercitum adprehensionis ... immo et ipsius voluntatis actus, in esse suo naturali consideratus seu prout praecise spectatur, ut effectus aliquis, per potentiam a natura inditam qua talem productus.“

Deutlich tritt hier die Grundlage der ganzen Lehre hervor. Der motus potentiae, die in der Außenwelt sich manifestierende Kraft, gibt die Grundlage, daß das, was sie geschaffen, ihrer Ursache zugeteilt wird. So kann es erklärlich sein, daß der Willen, der als eine besondere Kraft darstellendes Seelenvermögen erscheint, nach Maßgabe des von ihm Verursachten belastet wird.

Da nach dieser Lehre dem Menschen nur das zugerechnet werden kann, was durch die von ihm ausgehende Kraft verursacht ist, die Unterlassungen aber im Leben dem Menschen zugerechnet werden, wird ihre Kausalität daraus gefolgert.

Nicht aus der Kausalität der Unterlassung wird ihre Zurechenbarkeit, sondern aus der Zurechenbarkeit ihre Kausalität gefolgert.[1])

Als hierher gehörig wird c. l. angeführt: „Nec non privatio motus alicuius physici, quem homo vel in se, vel in sua causa poterat producere. Nam non minus ommittendo quam committendo poenae fit aliquis obnoxius.“

Das formale der actio bildet die imputativitas, die sich in der Aussage, **daß** diese, Veränderungen hervorbringende Kraft auf den menschlichen Willen zurückzuführen ist, erschöpft.

[1]) Siehe unten III. Buch II. Kap. § 3. S. 189.

Die imputativitas ist die Eigenschaft der Handlung,[1] „per quam effectus actionis voluntiariae agenti potest imputari, seu ad ipsum proprie pertinens haberi, sive ipse agens effectum quoque physicae produxerit, sive ut per alios produceretur, effecerit. Et ab hac actionis formalitate ipsum quoque agens moralitatis denominationem participat et causa moralitatis adpellatur“ und weiter „cui effectus imputatur aut imputandus est, ideo quod eius auctor ex toto aut ex parte extiterit.“

Wird auf Grund dieser Imputationslehre die inhaltliche Bewertung eines Delikts vorgenommen, so darf sich diese nur auf die, von dem als Kraft gefaßten Willen verursachten Veränderungen stützen.

Der Wille kommt nur als Kraft in Betracht; die Heranziehung anderer Qualitäten der menschlichen Psyche bei dieser Imputationslehre erscheint als Inkonsequenz. Die Psyche des Täters darf nach dieser Lehre nur soweit in Betracht gezogen werden als notwendig ist, um festzustellen, **daß** Willenskausalität vorliegt, nicht aber weiter. Die Imputation ist hier das Urteil, das dem Willen als causa efficiens, als Urgrund der sich in den hervorgerufenen Veränderungen manifestierenden Kraft, alle diese Veränderungen, gleichsam als Fleisch vom Fleische, zu eigen erklärt.

Die Verschiedenheit der Zurechnung bei dolus und culpa weiß Pufendorff nach seiner Zurechnungslehre dadurch zu rechtfertigen, daß er aus der Übertretung verschiedener Gesetze verschiedene Erfolge macht, die zum Gegenstand der, auf der Kausalität beruhenden Zurechnung gemacht werden.

So S. 62. c. l.: „Etsi hoc manifestum (?!) sit ad ipsam imputationis gravitatem non parum interesse, principaliter actio ab aliquo profluxerit an minus principaliter, item directe quis effectum aliquem intenderit an ille per agentis incogitantiam aut per aliam velut concomitantiam secutus fuerit. Ex hoc enim contingit, ut alicui actio imputetur non velut contra iustitiae, sed contra prudentiae leges admissa, utque aliquis non malitiose, sed imprudenter dumtaxat aut praecipitanter egisse iudicetur.“

[1]) De iure nat. et gent. lib. I cap. V § 3 S. 61.

Läßt sich auch auf diesem Wege der Sustantiierung abstrakter Begriffe mit der angeführten Imputationslehre noch den Unterscheidungen des lebenden Rechtes zwischen dolus und culpa gerecht werden, so kann diese Imputationslehre doch nie die weitere Heranziehung der Motive im Täter rechtfertigen. Es zeigt daher ein vollkommenes Verlassen des, durch diese Zurechnungslehre gegebenen Maßstabes, wenn die magnitudo der „actio mala" durch die distantia von der „norma legis" gefunden wird und dies folgendermaßen bestimmt wird: „De caetero, quaevis actionum malarum, quae ex proaesesi suscipitur, eo deterrior habetur, quo firmior ac plenior eadem intentio fuit. Quam itidem iudices humani, queis in adyta animi penetrare non datum, ex variis coniecturis atque indiciis aestimare sueverunt, prout alio loco pluribus exponitur."[1])

Hier erfolgt doch die Bewertung des menschlichen Verhaltens nicht nach Maßgabe der, durch dasselbe verursachten Veränderungen in der Außenwelt, sondern als Symptom einer gewissen psychischen Beschaffenheit.

II. Christian Wolff.

a) Die Wertungslehre seiner Strafrechtstheorie.

Wolffs rein strafrechtliche Ausführungen tragen das Gepräge eines Konglomerates aus den verschiedenen Wertungsprinzipien. Die Wertung des äußeren Verhaltens als Symptom eines besonderen psychischen Zustandes drückt sich bei Wolff dadurch aus, daß er die malitia delinquentis die Größe des Delikts bestimmen läßt.[2])

---

[1]) De iure nat. et gent. lib. I cap. VIII § 3.

[2]) Christian Wolff, Ius naturae methodo scientifica pertractatum. VIII Teile. (Teil 1 und 8.) 27. 1. Frankfurt und Leipzig 1790. Institutiones iuris naturae et gentium. Halae, Magd. 1750. Philosophia practica universalis. Edit. nova Halae, Magd. 1744. So z. B. Ius n. VIII § 621: Quodsi enim delictum vel crimen fuerit praemeditatum, cum qui perpetravit, nullo affectuum impetu ad id fuerit abreptus id firmius delinquendi propositum ac per consequens maiorem malitiam arguit. Quamobrem istius modi homines metu poenae levioris a delinquendo abduci nequeunt. Necesse igitur est, ut istius modi delicta atque crimina graviori poena coerceantur.

Seiner Strafdefinition, die sich als Variante der Grotischen darstellt, liegt ebenfalls dieser Wertungsstandpunkt zugrunde.[1])

Mit der Bestimmung der Schwere des Verbrechens nach dem, der Gesellschaft zugefügten Schaden,[2]) stellt er sich auf den Standpunkt der Wertung des menschlichen Verhaltens nach seiner realen Bedeutung. Diese Prinzipienlosigkeit zeigt sich auch in seiner Lehre vom gerechten Strafmaß.

Denn einerseits wird ein Hinausgehen über die, auf Grund des äußeren Verhaltens festgestellte Motivationsnotwendigkeit des Täters für zulässig erklärt.[3]) Andererseits kann auch die reale Rechtsgüterverletzung für das Strafmaß ein entscheidendes Kriterium nicht bilden, da Wolff für Strafnachlaß eintritt, wenn trotz der Verletzung keine Gefahr für die Zukunft der Gesellschaft besteht.[4]) Denn sein oberstes Prinzip für die Bestimmung des Strafmaßes[5]) ist: die Verhinderung von Schädigungen der

---

[1]) Die Strafe wird Phil. pract. § 285 als malum physicum ab eo, qui alterum obligandi aliquod ius habet, ob malum morale eidem immissum bezeichnet und das malum morale wird näher erläutert als ein defectus in volitione; c. l. . . . defectus notatur in volitione, ob quam vitiosus est atque hic defectus proprie malum morale est, quatenus ob eandem quis ipsimet statum suum imperfectiorem reddit.

[2]) Ius n. VIII § 625. Gravitas delicti atque criminis aestimanda est, ex nocumento, quod affertur et periculo, quod inde imminet, ohne jedoch in ihr das ausschließliche normative Element für die Strafgröße zu suchen. § 636 Ius n. VIII. Teil. Etsi gravitas delicti atque criminis aestimanda sit ex nocumento, quod affertur, et periculo, quod inde imminet, non tamen poenae magnitudo ex eo solo metienda (daher der bei Günther, Wiedervergeltung II S. 145, und Frank, Die Wolffsche Strafrechtsphilosophie S. 22, aufgestellte Satz, daß die Strafe nach Wolff dem Verbrechen gemäß sein solle, in dieser Allgemeinheit unrichtig).

[3]) § 1068 S. 711 Ius n. I. Quamvis adeo poena, qua emendatrix, levior esse possit, ubi tamen exemplaris gravior requiritur, graviori omnino poena affici debet puniendus.

[4]) Phil. pract. § 1092 S. 724. Si ex laesione facta nullum imminet periculum in futurum, poena remittenda. Es ist daher nicht richtig, wenn v. Bar, Handbuch 1 S. 232 betreffs Wolff sagt: „Die Gerechtigkeit der Strafe wird also dem Verbrecher gegenüber auf das verletzte Recht gegründet."

[5]) Ius n. I. § 1059 S. 706. Habemus hic principium generale, unde deducendum est, quod de magnitudine poenae notandum, ne iusta maior sit, nec lenior quam par erat.

Gesellschaft, sei es durch den konkreten Verbrecher, den die einzelne Strafe trifft, sei es durch andere, die auf Grund des schlechten Beispieles einen Hang zu Schädigungen verspüren.[1])

Einer genaueren Bestimmung der, die Strafgröße beeinflussenden Momente entzieht er sich mit der Verweisung auf die Erfahrung. „Quantae (scil. poenae) autem sufficiant, ne delictum vel crimen invalescat, experientia omnium optima magistra est.“ I. n. VIII § 656.

Daß bei einem derartigen Mangel eines einheitlichen Prinzipes für die Größe der Strafe symptomatische und reale Bedeutung des Delikts in ihrer, die Strafgröße beeinflussenden Bedeutung nebeneinander bestehen können, wird also nicht Wunder nehmen. Läßt sich doch von diesem Standpunkt der Willkür alles, in seiner, die Strafgröße beeinflussenden Bedeutung rechtfertigen. Ius puniendi infinitum est. I. n. I. P. § 1063 S. 709.

b) Wolffs Imputationslehre.

Neben diesem prinzipienlosen Eklektizismus in der Lehre vom Strafmaß findet sich bei Wolff ebenso wie bei Pufendorff eine Lehre von der Imputation, die zu einer Bestrafung nach dem Wert der konkreten Tat für die Gesellschaft, dieser nach dem in der Außenwelt verursachten Schaden bestimmt, führen müßte. Zwar wird diese Imputationslehre im System an anderer Stelle als bei den rein strafrechtlichen Ausführungen abgehandelt.

Da er jedoch den Satz aufstellt: „Nemo puniri potest, ob factum, quod imputari ipsi non potest, nec ultra id, in quantum ipsi imputari potest“,[2]) müßte man auch einen Einfluß dieser Imputationslehre auf seine praktische Strafrechtsdoktrin erwarten.

---

[1]) Ius n. 1 § 1060 S. 707. Si periculum laesionis futurae ex praeterita tibi vel aliis imminens avertendum, qui te laesit, quidpiam pati debet, ex quo taedium seu molestiam percipit, seu malum quoddam pati debet. Quodsi autem ex laesione periculum tibi vel aliis imminet laesionis futurae, si, qui te semel laesit, in posterum a te ac aliis laedendis abstineri debeat, necesse est, ut laesionem sibi repraesentet tamquam malam ... und § 1061: Etenim si quis eum laesit, tantundem ipsi in eundem licet, quantum ad advertendum periculum laesionis futurae sive ab eodem sive ab aliis eiusdem exempli secutis tam sibi, quam aliis metuendum sufficit.

[2]) Ius. n. VIII cap. III § 670.

Diese Einheitlichkeit fehlt; seine Imputationslehre führt bei ihm lediglich ein Leben in seiner Doktrin, auf die Praxis wendet er sie nicht an.[1])

Die Aufnahme dieser Imputationslehre in das System des Wolffschen Lehrgebäudes verschaffte ihr jedoch auch in der Strafrechtsdoktrin für lange Zeit jenes Ansehen, das die gesamte Wolffsche Philosophie genoß.

Als Inhalt der Imputation stellt Wolff Phil. prac. I § 527 die Deklarierung der Willenskausalität eines Individuums für ein bonum oder malum auf. „Imputatio actionis, sive positivae sive privativae dicitur iudicium, quo agens declaratur causa libera eius quod ex actione ipsius consequitur, boni malique vel sibi vel aliis."

Dieselbe Imputationslehre wie bei Pufendorff, die konsequent durchgeführt zu dem bereits angeführten Resultate kommen muß: Bewertungsgrundlage des menschlichen Handelns sind die Veränderungen in der Außenwelt, die durch die vom Willen ausgehende Kraft hervorgerufen sind!

Nur so läßt sich der Satz (Phil. pract. § 592): „Actiones hominis imputantur, quia ex ipsis sequitur quidpiam agenti vel aliis mali aut boni" rechtfertigen.

Den unbequemen Folgerungen aus dieser Lehre weiß Wolff durch dialektische Kunstgriffe zu entgehen, indem dasjenige, was imputiert wird, willkürlich verändert wird.

Wenn von einer imputatio des decretum, des propositum

---

[1]) So sagt auch Landsberg, Geschichte der deutschen Rechtswissenschaft III. Abt. I. Halb. S. 204: „Der harte Geist dieses Strafrechts zeigt sich darin, daß die unleugbar besseren Einsichten z. B. auf den Gebieten der Imputatioslehre und der Notwehr lediglich theoretisch vorgetragen werden, während der Rückschritt alle praktisch entscheidenden Punkte beherrscht." So kann auch Frank (Frank, Die Wolffsche Strafrechtsphilosophie, Göttingen 1887) sagen: S. 18. „Das subjektive Moment der Verschuldung ist für Wolff durchaus nicht ausschlaggebend für die Frage der Strafbarkeit" (mit Rücksicht auf das Bestreben Wolffs, das Strafrecht im Anschluß an Leibnitz, Theodice I § 67 S. 219ff. (Reclam,) von dem Problem der Willensfreiheit unabhängig zu machen). Politik § 360 u. Ius. n. VIII. § 714. Den für seine Imputationslehre aus diesem Vermittelungsversuch zwischen Willensfreiheit und Willensunfreiheit sich ergebenden Schwierigkeiten entzieht er sich mit den Worten: „Sed in re satis (?) manifesta nolumus esse prolixiores."

(§ 637 Phil. pract.), des defectus rectitudinis, der bei einer dolosen oder culposen Handlung vorliegt, oder des dolus (dolus agenti imputatur) gesprochen wird, so kann das hier den Gegenstand des Imputationsaktes Bildende doch nicht als etwas vom Willen Verursachtes betrachtet werden; Willenseigenschaften und nicht vom Willen Verursachtes bildet die Grundlage dieser Urteile.

Nur scheinbar rettet er die Verursachungstheorie, c. l. z. B.: § 637, das decretum ist eine volitio, die volitio eine actio libera, folglich wird sie imputiert; ebenso, sagt er mit Rücksicht auf den Mangel eines Schadens beim bloßen decretum (c. l. § 637): „Etsi enim dici non possit causa libera boni vel mali, quod nondum existit, recte tamen dicitur, quod velit, esse mali vel boni ex eo, quod agere decrevit sibique proposuit, consequentis causa libera."

Durch diese Schwankungen in dem Inhalt seines Imputationsbegriffes gelingt es ihm, das Motivleben des Täters bei der Imputation zu berücksichtigen. So sagt er (§ 681 Phil. pract.): „Quo plura et fortiora agenti fuerint motiva non agendi vel agendi, eo magis in casu priori actio positiva, in posteriori privativa imputanda." [1])

Gegen etwaige Schlüsse aus dieser Imputationslehre für die strafrechtliche Praxis verwahrt er sich, da sie nicht für die imputatio fori maßgebend wäre (Phil. pract. § 681 S. 504).

§ 4. Die Weiterentwicklung der Bewertungslehre unter dem Einfluß der Philosophie des Naturrechts bis zum Ende des 18. Jahrhunderts.

I. Engelhard und Cocceji.

a) Regner Engelhard.

Die Wolffsche Strafrechtsphilosophie übte auch mit ihren Bewertungsprinzipien einen entscheidenden Einfluß aus auf die Weiterbildung dieser Lehren in der Strafrechtsdoktrin.

---

[1]) Dem Zwiespalt zwischen der, bei der verbrecherischen Gewohnheit vorhandenen tieferen Verschuldung und der Willensfreiheit als Grundlage für das Schuldurteil entgeht er durch die Annahme der, von Grotius und Pufendorff überlieferten Theorie der Gewohnheit (Phil. pract. § 555).

Chr. Wolffs Schwanken in seiner Lehre von den, die Grundlage der Bewertung bildenden Faktoren drückt sich auch in der späteren Strafrechtsdoktrin aus. Die Wolffsche Imputationslehre führt zu einer Bewertung menschlichen Handelns nach Maßgabe der verursachten Veränderungen, die in die Imputationslehre eingeschmuggelte Lehre vom defectus rectitudinis dagegen als Grundlage der Bewertung kann dem äußeren Verhalten des Menschen nur Bedeutung als Symptom dieses psychischen Defekts beilegen. Regner Engelhard[1]) knüpft zunächst an diesen Wertungsstandpunkt Wolffs an, indem er das Wesen des Verbrechens in einem Mangel der Richtigkeit des Willens oder des Verstandes erblickt, je nachdem es sich um dolose oder culpose Verbrechen handelt.[2])

Daneben wird noch die Pflichtwidrigkeit als selbständiger, diesen Mangel an Richtigkeit bestimmender Faktor angesehen.[3]) Die Größe des Vorsatzes und der culpa einerseits und die der Pflichtwidrigkeit andererseits sollen die Größe des Verbrechens bestimmen.[4])

Nach diesen Ausführungen dürfte Engelhard auf einem Standpunkt stehen, der das äußere Verhalten lediglich als Symptom betrachten kann, für den der verursachte Schaden das

---

[1]) Regner Engelhard. Versuch eines allgemeinen peinlichen Rechtes. Frankfurt und Leipzig 1756.

[2]) c. l. S. 4. Eine That oder Handlung aber, die einer vollkommenen Pflicht zuwider ist, und aus Vorsatz oder Schuld begangen wird, heißet insbesondere eine Übelthat oder ein Verbrechen. So ist bey solchen Handlungen, die den Pflichten zuwider sind, allemahl ein Mangel der Richtigkeit anzutreffen. Dieser Mangel kann aber entweder von dem Verstande oder von dem Willen oder von der bewegenden Kraft herrühren (§ 17 Wolff, Grunds. d. N. u. V.). Und man nennet ihn eine Schuld oder ein Versehen, wenn er durch den Gebrauch des Verstandes hätte können vermieden werden, Bosheit oder Vorsätzlichkeit aber, wenn es am Willen fehlt.

[3]) c. l. S. 10 § 8.

[4]) c. l. S. 48 § 35 und § 43. Die gegenseitige Selbständigkeit dieser beiden Wertungsfaktoren wird dadurch gestört, daß dasselbe Moment bisweilen beide in der gleichen Weise beeinflußt; so erscheint die Überwindung des, durch eine erlittene Strafe erhaltenen Gegenmotivs einerseits als Zeichen einer Erhöhung der Pflichtwidrigkeit (§ 45), andererseits erhellet daraus, daß die Strafe, die einer erlitten hat, ihm keinen genugsamen Beweggrund geben müsse, wenn

Werturteil über das Verhalten nur indirekt dadurch beeinflussen kann, daß er Erkenntnismittel für eine besondere Beschaffenheit des Täters ist.

Die konsequente Durchführung dieser Gedanken verhindert jedoch der Einfluß der Wolffschen Imputationslehre.

Trotzdem Engelhard das Merkmal der Schadenszufügung nicht in die Definition des Verbrechens aufgenommen,[1]) schließt er doch:[2]) „Da nun die Verbrechen eine Beleidigung mit sich führen (§ 8) und daher durch dieselben ein Schaden entsteht: (§ 48) **So** muß auch ein Verbrechen größer sein als das andere, wenn das Übel oder der Schaden größer ist, welche daraus folgen."

Während ihn der erste Wertungsstandpunkt unter Festhalten des Gedankens der Proportionalität zwischen Delikt und Strafe zu Strafgrößen hätte führen müssen, die der Spezialprävention entsprechen, gestattet ihm der zweite, den Gedanken der Proportionalität mit den Forderungen einer schrankenlosen Generalprävention zu verbinden.[3])

b) v. Cocceji.

Während Engelhard in seiner Bewertungslehre zunächst an jene Stellen in Wolffs Lehre anknüpft, die das Hauptgewicht

---

er dem ungeachtet, das Verbrechen nochmals begehet. Man sieht auch daraus, daß der Vorsatz und folglich der Willen und die Neigung zu Verbrechen, bei einem solchen stärker sein müsse (c. l. § 203 S. 255). Pflichtwidrigkeit und Vorsatz können demnach nicht einander gegenübergestellt werden, da sie vielfach gemeinsame Elemente haben.

[1]) Frank, Die Wolffsche Strafrechtsphilosophie. S. 25 Anm. 9.

[2]) c. l. § 52.

[3]) c. l. § 10. Ob nun gleich die Verbrechen gestrafet werden können und müssen (§ 9); das Recht zu strafen auch unendlich ist. Das ist die Strafe, so groß seyn kann, als nöthig ist, Beleidigungen dadurch abzuwenden. So muß die Größe der Strafe nach der Größe der Beleidigung eingerichtet werden. Und da die Beleidigung aus dem Verbrechen kommt, so müssen die Strafen den Verbrechen gemäß sein. c. l. § 173. Nun wird aber durch die Verbrechen Schaden zugefüget. Und die Größe derselben richtet sich nach der Größe des Schadens, der daraus wirklich entstehet oder entstehen könnte. Es ist **also** (?) ein stärkerer Beweggrund nöthig, um große Verbrechen abzuwenden. Da nun der Beweggrund nicht zu verbrechen um so viel stärker ist: Je größer die Strafe, oder das Übel

auf die Beschaffenheit des psychischen Zustandes im Täter bei der Beurteilung seiner äußeren Handlungen legen, kommt H. v. Cocceji, offenbar im Anschluß an die, von Wolff rezipierte Imputationslehre, zu einer Hervorhebung des verursachten Schadens als Wertungsgrundlage.

Das „damnum, quod datum est"[1]) tritt bei der Bewertung des deliktischen Handelns durch die Strafe an die erste Stelle, indem als Aufgabe der Strafe seine Reparation betrachtet wird. Nur als Konsequenz gegenüber dieser, auf der Willenskausalität aufgebauten Lehre muß der Satz erscheinen: „Animus, seu propositum peccandi non auget poenam naturalem i. e. aestimationem iniurae, quae laeso debetur et quae finitur praestando tantundem, quantum alteri abest"[2]) doch mangelt es Cocceji an der Kraft, das aufgestellte Prinzip konsequent durchzuführen. So zieht er in einem besonderen Fall nicht nur die privatio vitae seu corporis integri, sondern auch die malitia laedentis bei der aestimatio des Deliktes in Betracht[3]) mit der Begründung: „Hinc plus peccat, qui ex proposito laedit, quam qui culpa; nam priori casu contemtus iungitur iniuriae."

Den Schwierigkeiten, die eine Wertungslehre machen muß, die auf dem, durch das menschliche Verhalten verursachten Schaden aufgebaut ist, wenn man, unter prinzipiellem Festhalten am Proportionalitätsstandpunkt, mit ihr den verschiedenen durch das reale Leben postulierten Strafgrößen gerecht werden soll, weiß Cocceji dadurch zu entgehen, daß er einfach dort, wo

---

ist, worinnen sie bestehet. So müssen die Strafen um so viel größer seyn, je größer die Verbrechen sind. Das ist: Auf große Verbrechen müssen größere Strafen gesetzet, oder sie müssen härter bestraft werden als geringere. Man erkennet daraus, daß solchem nach die Strafen zu den Verbrechen ein Verhältniß haben müssen. Da nun dasjenige, was zu einem andern die gehörige Verhältniß hat, der Sache gemäß genannt wird: So müssen die Strafen den Verbrechen gemäß sein. Und eben dieses ist der Endzweck des peinlichen Rechtes, den Verbrechen gemäße Strafen zu bestimmen."

[1]) v. Cocceji. Grotius illustratus ad H. Grot. lib. II cap. XX Tom. III. S. 321 u. 329. Demonst. zu Propos. V. Per solam iniuriam actu illatam ius nostrum laeditur eoque reparandi necessitas existit. Cessante igitur iniuria omnis cessat obligatio.

[2]) c. l. Demonstrat. zu Propos. IX S. 331.

[3]) c. l. S. 321.

sich ein, die Strafgröße im realen Leben bestimmender Faktor nicht aus dem angenommenen Prinzip erklären läßt, die utilitas publica zur Rechtfertigung seiner Berücksichtigung heranzieht.[1])

Auch H. v. Coccejis Sohn, Samuel v. Cocceji, akzeptiert die vom Vater aufgestellte Deliktsgröße, indem das „malum, quantum laedens fecerit"[2]) dadurch repariert werden soll, daß der Delinquent tantundem an Strafe erleidet.[3])

Wie sehr jedoch diese Lehre nur ein Scheinprinzip enthält, das man dort verläßt, wo man es nicht brauchen kann, zeigt wohl zur Genüge, wenn der allgemeine Satz aufgestellt wird, daß die „malitia quoque eius, qui ius alterius laedit, coerceri debeat" (§ 545 c. l).

Noch deutlicher ist das Verlassen der, durch den verursachten Schaden bestimmten Deliktsgröße als maßgebend für die ihr entsprechende Strafgröße dadurch, daß er die lebenslange Freiheitsstrafe dem Talionsgedanken dann entsprechend findet „si tanta est malitia, si spes, reum meliorem fieri posse nulla supersit".[4])

---

[1]) So gesteht er S. 324 c. l. doch zu: „At nec talio, nec quidquam aliud impedit, quo minus, qui, quid commisit, plus mali patiatur, quam fecit, deterrendae scil. in futurum tum ipius, tum aliorum **malitiae.**" Propositio VIII S. 331. „Ultra talionem, quae infertur poena ad emendationem vel ipsius laedentis, vel tertii, est mere iuris civilis."

[2]) Sam de Cocceii Inbrotuctio ad H. de Cocceii Grotium illustratum. Lausannae 1751. S. 522 § 546.

[3]) iniuriam illam necessario reparari debere c. l. S. 526 § 554.

[4]) S. 532 (§ 561 n. 9). Zur Unterstützung dieses Satzes beruft er sich auf den, auf der entgegengesetzten Basis bezüglich des Wesens des Deliktes stehenden H. Grotius; so konsequent der Satz für Grotius ist, so unkonsequent ist er für Cocceji; ebenso paßt es durchaus nicht in Coccejis Lehre, dem Richter zu gestatten, auf alle die Umstände bei der Bestimmung der Strafgröße Rücksicht zu nehmen, deren Beachtung Grotius empfiehlt. Siehe S. v. Cocceji: ut iudex examinatis omnibus circumstantiis (quas Grotius late examinat) aestimet. S. 531 § 561. Mit Rücksicht darauf ist hier das Urteil Pfennigers, Der Begriff der Strafe, S. 273 gerechtfertigt: „Das Verständnis des Grotischen Grundgedankens ist nicht vorhanden, bloß die Form."

II. Die Weiterbildung der Bewertungslehre in der positivrechtlichen Literatur unter dem Einfluß des Naturrechts.

a) Die ersten systematischen Darstellungen des deutschen Strafrechts.

Die ersten systematischen Darstellungen des deutschen Strafrechts stehen unter dem deutlichen Einfluß der, von der naturrechtlichen Lehre entwickelten Wertungsprinzipien.

Die beiden Standpunkte — der der Imputationlehre einerseits, die auf der, den Willen als wirkende Kraft behandelnden Vermögenspsychologie beruht und demgemäß im verursachten Schaden die Grundlage ihrer Werturteile findet, andererseits der der Bewertung des äußeren gesellschaftsschädigenden Verhaltens als Symptom eines besonderen psychischen Zustandes, der eine, im Interesse der Allgemeinheit zu beseitigende gefährliche Potenz darstellt — führen nebeneinander ihr Dasein in den strafrechtlichen Systemen. Es tritt zwar bald der eine bald der andere mehr hervor, doch kann keiner von ihnen zur Alleinherrschaft gelangen. So sieht Kemmerich[1]) das fundamentum omnium poenarium in der laesio societatis civilis eusque salutis,[2]) für die durch die Strafe eine sufficieins satisfactio gegeben werden soll.

Wie wenig man aber aus dieser, auf die Bewertung des menschlichen Verhaltens nach seiner realen Bedeutung hinweisenden Bezeichnung auf die tatsächlich verwendete Wertungsgrundlage schließen kann, ergibt sich daraus, daß die satisfactio in der Beseitigung des, dem Staate gefährlichen Zustandes gewisser Personen, insbesondere des Delinquenten, gesehen wird, zu dessen Erforschung das Motivleben des Täters herangezogen wird.[3])

---

[1]) D. H. Kemmerich, Synopsis iuris criminalis. (Edit. aucta. Frankfurt und Leipzig 1777.)

[2]) c. l. Tit. III § 2.

[3]) c. l. Corrigitur autem laesio rei publicae per poenam, dum is, qui extitit causa mali, vel emendatur, vel enervatur, vel ex illa tollitur, et, ut alii exemplo poenae in delinquentem statutae a simili transgressione legum ac rei publicae laesione deterreantur. Trotzdem wird Tit. VIII § 1 der realen laesio rei publicae aut eius membri, dem Erfolg, c. l. § 4, primäre Bedeutung für die

b) J. S. F. Böhmer und seine Nachfolger.

J. S. F. Böhmer[1]) vereinigt zwar in seinem System noch beide Wertungsstandpunkte, die Bewertung nach der realen und nach der symptomatischen Bedeutung des deliktischen Verhaltens. Doch läßt sich bereits die stärkere Hervorhebung des deliktischen Erfolges als Wertungsgrundlage konstatieren, die bei Böhmer auf Coccejischem Einfluß — Cocceji sind die Elementa gewidmet — beruht, bald aber, vom Freiheitsgedanken aufgegriffen, zu einem der wichtigsten Schlagworte der Reformbewegung am Ende des 18. Jahrhundertes werden sollte.

Aus J. S. F. Böhmers Ausführungen über die Strafzwecke nämlich würde sich ergeben, daß der Mangel an Motiven für ein rechtschaffenes Leben, der bei gewissen Personen auf Grund ihres äußeren Verhaltens festgestellt worden ist, für die Strafmaßstäbe entscheidend sein sollte.[2]) Dem entspricht es auch, wenn er die aus dem Rückfall ersichtlich gewordene Bosheit zum Maßstab der Strafbarkeit macht[3]) und bei der Realkon-

---

Bestimmung des Strafmaßes beigelegt. — Ebenso finden sich bei I. R. Engau (Elementa inris Criminalis, 5. Aufl., Jena 1740) beide Wertungsstandpunkte vereinigt. Siehe z. B. lib. I Tit. IV § 55 N. 1 und 5.

[1]) J. S. F. Boehmer, Elementa iurisprudentiae criminalis. V. Aufl. Halae 1757.

[2]) c. l. Sect. II cap. I § 2. Quicquid alii de fine poenarum disputent, ultimo tamen ille in eo consistit, ut impediatur, quo minus imposterum salus et tranquillitas rei publicae simili delicto, quod commissum esse constat, turbetur, tum impediendo et coercendo delinquentem, tum deterrendo alios.

[3]) Siehe Observationes ad Carpzovum obs. IX. ad Quaest. 78 N. 82 S. 54 (Frankf. a. M. 1759). Als ratio legis des Art. 162 CCC wird die Bestrafung eines solchen angesehen, qui extremo gradu malitiosus in arte furandi habitum sibi conraxit omnemque spem emendationis decoxit . . . Coniungendus itaque numerus furtorum cum idea furis tantopere improbi, ut de emendatione prorsus desperandum sit, quo casu demum ad hunc artic. confugendum. Von dieser theoretischen Frage nach der Beschaffenheit derPsyche des Täters, die die entsprechende Strafgröße rechtfertigen soll, trennt er in richtiger Weise die legislativtechnische nach den Indizien, aus welchen dieselbe erschlossen werden kann. Hier kommt er zu dem Ergebnis, daß eine bedeutende Verschuldung auch ohne Rückfall, im technischen Sinn, geringe Verschuldung trotz Rückfall vorhanden sein kann. Böhmer, Meditationes ad CCC (Meditationes in constitutionem Carolinam) § 162. Halae 1770. § 4. Neque minus enim obstinatus animus ei tribuendus, cui omnia hactenus impune cesserunt, quam cui poena sustenta frenum inicere non potuit. Fateor fortissimum profligatae emendationis argumentum inde peti, quod sensus doloris nil profecerit, non eo minus

kurrenz gegen die Strafkumulation eintritt,[1]) die doch logisch nur bei einer Bewertung der Delikte nach ihrer realen Bedeutung gefordert erscheint.

Zu einer Bewertung des deliktischen Verhaltens nach Maßgabe der verursachten Veränderungen muß die stärkere Hervorhebung der laesio, der Rechtsgüterverletzung im Deliktsbegriff, und der reparatio dieser Veränderungen als Strafzweck führen. So sagt er (Elementa Sect. I cap. II § 44): „et laesio ex criminibus redundans vel privatos concernit, vel securitatem publicam: necesse est, ut et illis et hinc succuratur, per satisfactionem privatam et publicam, quam posteriorum stricte loquendo penam dicimus.“ Hier wird also das Schwergewicht auf das, durch das Delikt in der Außenwelt Verursachte gelegt und von der Strafe eine Beseitigung dieser Folgen erwartet, wodurch die Strafgröße ihre Bestimmung durch diese erhält. Da nicht behauptet werden kann, daß sich bei Rückfall und Gewohnheitsmäßigkeit die Folgen des einzelnen Deliktes ändern, ist auch die Berücksichtigung der beiden in einem derartigen System nicht recht tunlich. Ein

---

tamen validus pervicaciae fructus est, vitam ad regulas iusti non exegisse aut comparatione cum iis facta, vitam sceleratam continuasse, etsi hactenus reus nullam poenam expertus est. Efficax quidem est coercitio praecedens, ut quis pro inemendabili habeatur, non autem ea unice ad hoc inferendum instruit. Observ. ad Carpzov. obs. IX ad Q. 78 N. 82. Is enim ex emendationis defectu recte arguitur, de quo satis certum, ubi frequens iteratio liquida fuerit, licet malitia non sit tanta, quanta se exserit, si nec praemiis et aggravatione dimulceri nec poenis fur corrigi potuit. Ebenso Meditationes c. l. bei der Warnung, auch wegen kleiner Diebstähle die Inkorrigibilität und deswegen die Todesstrafe zu verhängen. Nec sola tertia repetitio animum furis tantopere pervertere eamque notabilem discrepantiam inferre queat, ut de voluntatis emendatione prorsus desperandum sit. Medit. ad CCC. Art. 162 § 3. Sane quo iure per plura lustra bene vixit eodem nunc, licet denuo fur factus, spem emendationis deposuisse dici nequit. Quiquid ex trina repetitione pro eruendo habitu allegatur, sola praesumptione nititur, quae in praesenti sat lubrica est aliis que circumstantiis eliditur, quarum non ultima est, quod intra tam notabile (Verjährungsfrist 20 Jahre) spatium vitam intemeratam reus egerit.

[1]) Sect. II cap. I § 28. Dictum est supra poenarum inflictionem unice salutem civitatis pro scopo habere. Quum vero saepius quis plurium delictorum reus fiat huic fini autem per unam alteramve poenam satis prospiciatur; praeterea quoque plures poenae saepius mutuo se tollunt: inducta est regula: poena maior absorbet minorem.

Anklingen an diese Theorie finden wir auch bei Böhmer, Obs. ad Carpz. obs. IX ad Quaest. 78 N. 82 gelegentlich der Berücksichtigung der Vordelikte beim Rückfall. „Ut taceam incivile esse in modo poenae statuendae rationem habere eorum delictorum, quae iam expiata sunt, non vero, quibus nondum satisfactum est, ut ratiocinatur de Cocceji." Dem würde auch seine Formulierung des Proportionalitätsgedankens, wie er für Gesetzgeber und Richter maßgebend ist, entsprechen, Elem. Sect. II cap. I § 20, indem die proportio „et ex effectu et magnitudine delicti commensuranda est."

Böhmer selbst entzieht sich den kriminalpolitischen Folgerungen aus einer derartigen Bewertungslehre, indem er die, für die Strafgröße bestimmende magnitudo des Delikts (Anm. zu Sect. II cap. I § 20) „non tantum ex damno dato, verum etiam ex gradu malitiae" bestimmt wissen will.

Dies wird dadurch zu rechtfertigen versucht, daß die angestrebte satisfactio durch die Beseitigung der kriminellen Potenz im Täter erreicht wird.[1]) Eine tiefere Begründung für den damit aufgestellten Satz: „Es wird vergolten, indem gesichert wird", bleibt aus.[2])

---

[1]) So verweist er § 44, wo die Lehre von der satisfactio aufgestellt wird, auf Sect. II, wo er dann die Pufendorffsche Lehre von dem impedire und coercere des Delinquenten und dem deterrere der anderen aufstellt.

[2]) Meister, Principia iuris criminalis (Göttingen 1780) schließt sich völlig an Böhmer an. Siehe Landsberg, c. l. S. 304. Koch, Institutiones iuris criminalis, Jena 1791, 9. Aufl., steht ebenfalls in der Bewertungslehre auf diesem dualistischen Standpunkt. J. C. Quistorp, Grundsätze des peinlichen Rechtes, Rostock und Leipzig, 4. Aufl., 1789, reproduziert in der Bewertungslehre die Engelhardsche Lehre. Stärker tritt der Standpunkt der Bewertung der Tat nach Maßgabe der verursachten Veränderungen bei J. L. Banniza (Delineatio iuris criminalis secundum constitutionem carolinam ac Theresianam. Oeniponti. 1773. P. I) hervor (lib. I cap. IX § 150), indem als fundamentum omnium poenarum die satisfactio für die, durch das Verbrechen entstandene laesio angesehen wird. So sagt er auch lib. I cap. 14 § 239: „ergo ut ille finis ex asse obtineatur, requiritur, ut maiori laesioni rei publicae aut eius membro principali illatae maior quoque poena correspondeat, proindeque ad servandam proportionem inter laesionem et poenam procul dubio poena exasperanda, maiorque ex lege statuta imponenda venit." Er versucht sogar die, bei der Wiederholung der Delikte eintretende höhere Strafe durch die besondere Größe der laesio zu rechtfertigen (§ 245 c. l.): „Quo plura

II. Kapitel.

Die Lehre von den, die Wertung des Deliktes bestimmenden Faktoren in der zweiten Hälfte des 18. Jahrhunderts unter dem Einfluß der Aufklärung.

§ 1. Hervortreten des verursachten Schadens als Bewertungsgrundlage auf dem Boden des Reformprogrammes der Aufklärung.

I. Allgemeines.

Die Verwilderung der Strafrechtspflege im absoluten Frankreich des 17. und 18. Jahrhunderts, wo auf Grund eines völlig veralteten, noch dazu in einem chaotischen Zustande befindlichen materiellen Strafrechts, vielfach unfähige Richter, die ihre Stellen käuflich erworben hatten, Recht sprachen, war wohl einer der drückendsten Übelstände, die auf dem Volke lasteten.

---

vitia aut quo plures actus circa idem criminis genus concurrunt, eo foedius ac gravius est illud crimen, eoque maior laesio rei publicae illata." Läßt sich diese Begründung allenfalls für den Fall aufrechthalten, wo die Einzeldelikte noch unbestraft sind, so daß hier von einer Summierung der einzelnen Schäden gesprochen werden kann, so muß sie dort versagen, wo die Schäden, die durch die, dem letzten Delikte vorhergehenden Delikte entstanden sind, bereits durch die entsprechende Strafe aufgehoben sind; gerade auf diesen Fall will Bannizza seinen Satz angewendet wissen (siehe Anm. zu § 245): „dummodo delinquens ante iam punitus fuerit, alias enim crimina, in eodem genere iterata pro uno facto habentur, proindeque poena non est exasperanda". Konsequent führt er diese reale Bewertung des deliktischen Verhaltens nach Maßgabe des verursachten Schadens nicht durch; Rücksichten der Spezial- und Generalprävention sind vielmehr für das Strafmaß entscheidend. § 151. Corrigitur laesio rei publicae per poenam, quando is, qui causa moralis fuit criminis perpetrati, 1. vel emendatur vel enervatur, vel e societate civili penitus tollitur; 2. quando alii funesto poenae exemplo in delinquentem statutae deterrentur, ab eiusmodi legum transgressione et per consequens a laesione rei publicae inferenda. § 153. Ut finis poenarum obtineatur, poenae debent esse criminibus proportionatae et ad finem per eas obtinendum idoneae. Unde sequitur, ut tantum mali inferendum sit, quantum ad refrenandam delinquendi libidinem sufficiat. Qua in re tum criminum quantitas vel meritum, tum delinquendi facilitas et consuetudo, tum denique personae delinquentis ad poenam sustinendam aptitudo spectari, omneque illud ex rationibus publicae utilitatis aestimari debet.

Hier Abhilfe, und zwar radikale Abhilfe zu schaffen, mußte einen der Reformpunkte der, auf Umgestaltung des gesamten staatlichen Lebens drängenden Bewegung bilden.

Diese glaubte der Willkürjustiz am besten dadurch begegnen zu können, daß sie ein genau kodifiziertes Gesetzesrecht als Grundlage für die Ausübung der Strafgewalt verlangte. Im Gesetz sollten Verbrechen und Strafen minutiös aufgezählt, die Strafgrößen im Gesetze möglichst genau bestimmt sein, so daß man bei Anwendung dieses Gesetzes durch den Richter, der zur Gesetzanwendungsmaschine werden sollte, gegen jede Willkür von seiner Seite geschützt war; das Gesetz sollte sich selbst anwenden. Man begnügte sich jedoch nicht damit, diese besondere Form der Gesetzestechnik durch die Forderung des Freiheitsgedankens zu rechtfertigen, sondern suchte ihr dadurch eine weitere Stütze zu gewähren, daß man sie mit dem, im Volke lebenden Gerechtigkeitsgedanken bezüglich des Strafmaßes, mit dem Gedanken der Proportionalität zwischen Delikt und Strafe in Verbindung brachte, und sie als durch diesen bereits postuliert hinstellte.

Dies ließ sich nur dadurch erreichen, daß man dieser Proportionalität derartige Verbrechenswerte zugrunde legte, die einer festen, objektiven Formulierung im Gesetz fähig waren, die nicht erst auf Grund des richterlichen Ermessens festgestellt zu werden brauchten.

Dann konnte ja auf Grund des Proportionalitätsgedankens die Forderung aufgestellt werden, daß dieser im Gesetz durch eine möglichst genaue Abstufung der einzelnen Verbrechenswerte und eine ebenso genaue Abstufung der, diesen entsprechenden Strafwerte zum Ausdruck kommen sollte.

Hierzu am besten geeignet war die Bestimmung der Verbrechensgröße auf Grund des vom Täter verursachten Schadens. Dieser läßt noch am besten eine genaue objektive Fixierung im Gesetz zu, ermöglicht eine detaillierte Abstufung der Verbrechensgrößen nach Maßgabe der sozialen Wertschätzung der angegriffenen Rechtsgüter und dementsprechende Strafskalen, durch die das richterliche Ermessen auf ein Minimum reduziert werden kann.

Wird dagegen die Wertung des täterischen Verhaltens auf dessen Bedeutung als Symptom eines besonderen psychischen Zustandes aufgebaut, so muß die, dem einzelnen Fall entsprechende Wertung und die Bestimmung der entsprechenden Strafe in weitem Umfang dem richterlichen Ermessen anheimgestellt werden, sollen die objektiven Merkmale des Tatbestandes nicht zu ungerechten Präsumtionen eines besonderen psychischen Zustandes werden; denn von einem derartigen Wertungsstandpunkt gebührt ihnen nur die Bedeutung von Symptomen, deren indizierende Bedeutung für den, die Grundlage der Strafbemessung bildenden psychischen Zustand im einzelnen Fall des näheren geprüft werden muß. —

Noch eine andere Rolle hatte im Reformprogramm der Aufklärungszeit die, auf der Verursachung aufgebaute Deliktsgröße zu spielen. Das mittelst dieser Deliktsgröße aufgestellte Postulat an das gerechte Strafmaß, das die Proportionalität zwischen den Strafgrößen und dem verursachten Schaden wahren sollte, fand im Kampf gegen die überreiche Verwendung der Todesstrafe weitgehende Verwertung.

Die Todesstrafe entsprach in den meisten Fällen nicht mehr den herrschenden Werturteilen und war ein zu grausames Mittel zu dem Zwecke, zu dem sie in vielen Fällen eingeführt war, zu dem Zweck der Unschädlichmachung vielfach Rückfälliger; dem fortschreitenden Bestreben nach Differenzierung der Schuldgrade, insbesondere nach einer verschiedenen Wertung des im Rückfall bei den einzelnen Delikten liegenden Indizes konnte die, alles gleichbehandelnde Todesstrafe nicht gerecht werden.

So trat in der Aufklärungszeit das Sinnfällige am einzelnen Delikt, der in der Außenwelt verursachte Schaden, bei der Bestimmung der Deliktsgröße in den Vordergrund und wurde die Grundlage für die Strafmaße.

Mag es vollkommen zutreffend sein, daß in der Aufklärungszeit lediglich vom Standpunkt der kriminalpolitischen Klugheit[1]) die Proportionalität zwischen Delikt und Strafe ge-

[1]) Ed. Hertz, Voltaire und die französische Strafrechtsphilosophie im 18. Jahrhundert. Stuttgart 1887.

fordert und hierbei der Vergeltungsgedanke völlig zurückgewiesen worden sei, so muß man doch sagen, daß in der Forderung der Verhältnismäßigkeit zwischen Delikt und Strafe der Ausdruck dafür gelegen war, daß die Größe der, im Verbrechen liegenden Verletzung die Strafe bestimmen müsse.[1])

Die Aufklärer gingen noch weiter; nicht nur die Größe der Strafe, sondern auch die Art der Strafe sollte durch das Verbrechen bestimmt werden, wodurch die Durchführung des Proportionalitätsgedankens zu einer Annäherung an die materielle Talion führte.[2])

II. Montesquieu und die Enzyklopädie.

Dieses Hervortreten des äußeren Geschehens, des außerhalb des Täter Liegenden, in seiner, für die Deliktsgröße bestimmenden Funktion finden wir bereits bei Montesquieu.[3])

„Il est essentiel, que les peines aient de l'harmonie entre elles, parce qu'il est essentiel que l'on évite plutôt un grand crime qu'un moindre; ce qui attaque plus la société que ce qui la choque moins", (c. l. S. 78).

„C'est un grand mal parmi nous de faire subir la même peine à celui qui vole sur un grand chemin, et à celui qui vole ct assasinc" (c. l. S. 79).

Der einzelne Angriff auf den Staat tritt in den Vordergrund, in der Aufstellung einer ihm entsprechenden Strafgröße erhofft man den Schutz der individuellen Freiheit gegen richterliche Willkür. „C'est le triomphe de la liberté, lorsque ces lois criminelles tirent chaque peine de la nature particuliére du crime. Tout l'arbitraire cesse; la peine ne descend point du caprice du legislateur, mais de la nature de la chose."

So kommt er auch bei den Delikten gegen die Sicherheit der Bürger (c. l. lib. XII cap. IV) zu einem Strafmaß, das

---

1) Dagegen Hertz, c. l. S. 135. Bezüglich Voltaire selbst siehe Hertz, c. l. S. 430.

2) Richard Schmidt, Aufgaben der Strafrechtspflege, S. 249.

3) Montequieu, Esprit de lois. Paris 1867. Firmin, Didot Frères, fils et Cie. lib. VI cap. XVI. De la juste proportion des peines avec le crime, und c. l. lib. XII cap. 4 S. 156.

auf der, von dem Delinquenten ausgehenden Freiheitsbeschränkung aufgebaut ist.

Montesquieus Standpunkt fand in der Enzyklopädie seine Aufnahme; gerade der Schutz der Freiheit, der auf Grund einer Ausgestaltung des Proportionalitätsgedankens im Sinne: Proportionalsein zu der konkreten Rechtsgüterverletzung, möglich war, tritt hier hervor. Der Schutz der liberté politique des Bürgers und die darin gelegene Schranke für die arbiträre Gewalt des Richters wird hier in den Vordergrund geschoben.[1][2]

---

[1]) A. F. von Overbeck, Das Strafrecht der französischen Enzyklopädie 1902. S. 15.

[2]) Trotzdem ein derartiger Effekt nur möglich ist, wenn man die Deliktsgröße unabhängig macht von der tieferen Bosheit des Täters, bekennt sich gerade Jaucourt in der Enzyklopädie zu einem System, das in der Innerlichkeit des Täters die Delikts- und damit auch die proportionale Strafgröße suchen muß. Von Grotius beeinflußt (Overbeck, c. l. S. 31), kommt Jaucourt, indem er das Strafziel im öffentlichen Wohl gegeben sieht, zu dem System der Spezialprävention und damit notwendigerweise zur Beobachtung der gesamten Innerlichkeit des Täters; von hier zum weitgehenden Ermessen des Richters wäre nur ein Schritt, der konsequenterweise gemacht werden müßte. Denn zur Feststellung des betreffenden Grades der antisozialen Gesinnung ist das weitgehendste richterliche Ermessen ebenso notwendig wie zur Feststellung einer entsprechenden Strafe. Jaucourt, (zitiert bei Overbeck S. 31 Anm. 3) Art. Peine: „Ainsi le souverain se propose quelque fois de corriger le coupable, et lui faire perdre l'envie de retomber dans le crime, en guérissant le mal par son contraire, et en ôtant au crime la douceur, qui sert d'attrait au vice, par l'amertume de la douleur.“ Anm. 4 c. l.: „Quelque fois le souverain se propose d'ôter aux coupables les moyens de commettre de nouveaux crimes, comme en leur enlevant les armes dont ils pourroient se servir, en les enfermant dans une prison, en les chassant du pays ou même en les mettant à mort.“ Auf demselben Standpunkt steht auch Tomaso Natale, ein Vorläufer Beccarias (siehe Guardione-Impallomeni: Tomaso Natale, Della efficacia e necessità delle pene [Palermo 1895], und Günther, Tomaso Natale, Marchese di Monterosato, ein in Deutschland vergessener Vorläufer Beccarias [Arch. f. Strafrecht, Jahrg. 48 Heft 1/2], der aus der Kombination des Prinzipes der Verhältnismäßigkeit zwischen Verbrechen und Strafen mit seiner Gegnerschaft gegen die „schablonenhafte Anwendung der Strafgesetze“ (S. 22/23 Natale c. l., S. 23 Günther c. l.) wohl der Folgerung nahe kommt, daß dem erstgenannten Prinzip nur durch eine, der individuellen antisozialen Gesinnung entsprechende Strafe Genüge geleistet werden (siehe Günther S. 23), nur in ihr die, für die zu findende proportionale Strafe maßgebende Größe gefunden werden könne. Er fordert eine Strafe, die proportioniert ist, secondo le varie circonstance (S. 34

III. Voltaire und Marat.

Auch Voltaire läßt, im Kampf gegen die richterliche Willkür, die Größe des Delikts, mit der die Strafe proportioniert sein solle, durch die verursachte Verletzung, die von dem Delinquenten ausgegangen ist, bestimmt werden.[1])

Von dem einmal eingenommenen Standpunkt der Bewertung des Handelns nach Maßgabe des verursachten Schadens bekämpft er die Bestrafung gewisser Verbrechen,[2]) — da bei ihnen überhaupt nicht von der Verursachung eines sozialen Schadens gesprochen werden kann, — und die überreiche Verwendung der Todesstrafe bei geringen Delikten mit dem: „qu'il n'y a nulle proportion entre douze serviettes et la vie."[3])

Am deutlichsten tritt die Stellung dieser Deliktsgröße als bloßes „Mittel zum Zweck", als Mittel zu einer möglichst weitgehenden Einschränkung des richterlichen Ermessens bei Marat[4]) hervor. Hat er einmal mit Hilfe dieser Deliktsgröße und mit dem Proportionalitätsgedanken die Forderung nach möglichst fest bestimmten Strafrahmen gerechtfertigt, so findet er dann keine Bedenken, harte Strafen dort anzudrohen, wo nicht ein größerer Schaden, sondern ein besonders gefährlicher Zustand des Täters nur für diese Härte entscheidend sein kann; das Wesentliche ist ihm, daß dieser psychische Zustand des Täters durch feste gesetzliche Präsumtionen charakterisiert ist und nicht erst nach Maßgabe des richterlichen Ermessens bestimmt werden muß.

Der verursachte Schaden als Grundlage für die Bemessung der proportionierten Strafe tritt in verschiedenen Äußerungen hervor.

Natale); unter Beobachtung einer gewissen Verschiedenheit in der Behandlung der einzelnen Schichten des Volkes, der Adeligen, Bürger und Plebejer (S. 24 Günther).

[1]) Prix de la justice et de l'humanité (Voltaire, Œuvres completes B. 45. Kehler Ausgabe) S. 294, zit. bei Hertz, Voltaire S. 430.

[2]) Bei Religionsverbrechen. Prix S. 286; bei Hertz, Voltaire S. 430.

[3]) Dictionnaire philosophique (Paris 1809.) T. 13 s. v. supplices sect. III p. 231. 232, zitiert bei Günther, Wiedervergeltung II S. 168 Anm. 382.

[4]) Jean Paul Marat, Der Ami du peuple als Kriminalist, v. L. Günther, G. S. 61 B. (Sonderabdruck).

So spricht er in der Intruduktion zu seinem Plan de legislation criminelle (Brissot de Warville Bibliothèque philosophique du légîslateur. T. V. p. 135/136, bei Günther c. l. S. 51) von „la liberté de proportioner le châtiment à l'offense". Bei der gewaltsamen Freiheitsberaubung (détention forcée) sieht er die Grundlage für die Bemessung der, dem Delikt proportionalen Strafe durch die zeitliche Dauer der Freiheitsentziehung gegeben (siehe Günther c. l. S. 96). Dahin gehört auch der, in Sect. IV p. 189 c. l. von Marat ausgesprochene Satz (Günther, c. l. S. 96 Anm. 4), daß für gewisse Fälle der „delits, qui troublent le repos public" die Strafe in der „privation de cette même tranquillité, dont les délinquants ont voulu priver les citoyens paisibles" bestehen solle. All dies erscheint nur als Mittel, durch eine möglichst genaue Abstufung der Strafen im Gesetz das richterliche Ermessen zu beschränken. „Das Strafgesetz könnte also nicht genau genug sein" (c. l. p. 126, bei Günther c. l. S. 43). Ob auf den direkten Einfluß Marats § 13 (I. II. cap.) des Josephinischen Strafgesetzbuches: „Der Kriminalrichter ist an die buchstäbliche Beobachtung des Gesetzes gebunden" zurückzuführen ist, soll hier nicht untersucht werden.

Jedenfalls bildete Marat sich ein, daß seine Gedanken hier verwirklicht wurden. (Siehe Günther, c. l. S. 32 Anm. 1.) „In der Vorrede zur zweiten Ausgabe des Plan de legisl. crim. wird bemerkt, der Verfasser habe die ‚douce satisfaction' gehabt, daß Kaiser Josef II mehrere seiner Grundsätze in das Kriminalgesetzbuch von 1787 aufgenommen habe." „In einer Rede vom 11. August 1790 hat auch Marat selbst auf diese Erscheinung, die natürlich seiner Eitelkeit schmeicheln mußte, hingewiesen."

War einmal durch die angegebene Bestimmung der Deliktsgröße die Beschränkung des richterlichen Emessens erreicht, dann wurden auch die schwersten Strafen bei gewissen gesetzlichen Präsumtionen einer besonderen Bosheit, z. B. bei Rückfall, als proportioniert angesehen.

So geht beim Betrug im Rückfall die Strafschärfung von der im Erstfall angedrohten Geldbuße zur lebenslangen Freiheitsstrafe über, mit der Begründung „comme le délinquant aurait perdu sans r e t o u r la confiance de la loi" (c. l. p. 15, bei Günther c. l. S. 78, besonderes Anm. 4.) Ebenso ist bei Rückfall in Münzdelikte lebenslange Arbeit in den Münzwerkstätten des Staates angedroht, noch dazu „mit Fesseln an den Füßen“ (c. l. p. 176, bei Günther c. l. S. 86), während im Erstfalle Wiedergutmachung des Schadens und Geldstrafe genügen soll.

§ 2. Die Übernahme der französischen Gedanken in das Reformprogamm Beccarias.

I. Die Hervorhebung des verursachten Schadens als Grundlage für die Bemessung der proportionalen Strafe.

Der französische Gedanke, der bei der Bestimmung der Deliktsgröße den der Gesellschaft zugefügten Schaden in den Vordergrund treten läßt, findet bei Beccaria[1]) seine scharfe Ausprägung, der in seiner Durchführung eine der Hauptforderungen erblickt, die an ein neues Strafgesetzbuch im Interesse des Schutzes der bürgerlichen Freiheit gemacht werden müssen.

Denn die Strafen sollen die Menschen von den Verbrechen zurückhalten, sie müssen um so größer sein, je mehr diese das öffentliche Wohl gefährden und einen je größeren Reiz ihre Begehung ausübt. Daher müssen die Strafen in einem bestimmten Verhältnis zu den Verbrechen stehen (c. l. § 23 S. 126/127).

Nach dem Maß der Ordnungswidrigkeiten sollen die Strafen abgestuft werden; ließe sich eine Stufenleiter der Ordnungswidrigkeiten aufstellen, dann wäre es auch möglich, eine Abstufung der Strafen zu erhalten, die jeder Willkür fern stünde (siehe c. l. S. 128).

In dem der Gesellschaft zugefügten Schaden ist somit der wahre Maßstab gefunden für die Bemessung der proportionalen Strafe (c. l. S. 129).[1])[2])

[1]) Beccaria, Über Verbrechen und Strafen, übersetzt von Dr. jur. K. Esselborn. 1905. „Unter der Bezeichnung Schaden muß man ganz allgemein jede Art des der Gesellschaft — sei es durch die Handlung an sich, sei es durch das Beispiel — zugefügten Schadens verstehen.“ Anm. auf S. 129 c. l., Risposta I. 11.

[2]) Im Anschluß an ihn Hommel (Philosophische Gedanken über das Kriminalrecht, Wien 1786) § 53 S. 101: „Die Größe des Nachteils, den ein Verbrechen dem einzelnen Bürger oder dem Staate verursacht, ist der Maßstab der Strafen.“

Beccaria kehrt sich ausdrücklich (c. l. S. 130) gegen den „Irrtum derjenigen, die glaubten, daß der wahre Maßstab der Verbrechen die Absicht derer sei, die es begehen; diese hängt von dem Eindruck ab, den die Gegenstände im Augenblick der Tat auf den Verbrecher machen, und von dessen vorausgehender Gemütsstimmung. — Da aber diese bei allen Menschen, ja bei dem einzelnen wegen der raschen Aufeinanderfolge der Vorstellungen, Leidenschaften und Umstände verschieden sind, so müßte für jeden einzelnen, ja für jede Tat ein bestimmtes Gesetz vorhanden sein."

In dieser Argumentation zeigt sich recht deutlich die Art des Vorgehens dieser Richtung; aus der zurückgewiesenen Prämisse würde nur folgende Folgerung gezogen werden müssen: Der im Täter im Zeitpunkt der Tat vorhandene psychische Zustand, als Grundlage für die Bemessung einer proportionalen Strafe angenommen, führt dazu, daß es unmöglich ist, die dem einzelnen Fall entsprechende Strafe im Gesetz zu bestimmen; es läßt sich aber diesem Bewertungsstandpunkt Genüge leisten, wenn das richterliche Ermessen genügend weit geht und nicht bloß der Zeitpunkt der Aburteilung endgültig über die Qualität dieses Internums entscheiden soll. Da jedoch gesetzliche Freiheitsgarantien gegen etwaige Richterwillkür gefordert werden und diese nur in festen Strafdrohungen gefunden werden, ist eine vollkommene Vereinbarkeit dieser Gerechtigkeitsidee, die ein, dem inneren Verschulden möglichst entsprechendens Strafmaß fordert, mit der Idee der Freiheit, die möglichst fest bestimmte Strafen behufs Einschränkung der richterlichen Willkür prostuliert, gegenwärtig nicht tunlich.

Anstatt dessen wird gesagt, daß eine derartige, durch die innere Beschaffenheit des Täters bestimmte Deliktsgröße nicht dem Gedanken der Proportionalität zwischen Delikt und Strafe Genüge leisten könne, daß eine Bemessung der Strafe nach der tieferen inneren Verschuldung der Gerechtigkeitsidee widerspreche, während lediglich die konsequente Durchführung dieses Wertungsstandpunktes mit dem Streben nach Einschränkung richterlicher Willkür nicht verträglich erscheint.

II. Beccarias Inkonsequenz bei der praktischen Durchführung seines Wertungsstandpunktes.

Wie wenig die Aufstellung einer Deliktsgröße, die ihre Bestimmung in dem, der Gesellschaft zugefügten Schaden findet, und einer Strafe, die dieser proportional bemessen wird, dem realen Gerechtigkeitsbewußtsein entspricht, dafür gibt Beccaria selbst Zeugnis. Sobald es sich nicht mehr bloß um Schlagworte zum Zwecke der Propagierung anderer, darunter versteckter Ideen handelt, sondern um die Umsetzung der Lehre in die Gestalt eines Gesetzbuches, mußte die Unrichtigkeit der Lehre klar werden. So ist auch Beccaria in seinem Gutachten über „das allgemeine Gesetz über Verbrechen und derselben Bestrafung, soweit es von den politischen Verbrechen handelt, 1792" (siehe Anhang zu Esselborn, S. 173 ff.) — ein Gutachten, das offenbar auf Veranlassung von Kaunitz über den zweiten Teil der Josefina von Beccaria als Mitglied der ersten Kommission eingeholt wurde (siehe Esselborn c. l.) — von seinem Standpunkt abgegangen. Die Josefina, ein Produkt des absoluten Polizeistaates, hatte vielfach die Lehren der Aufklärungszeit aufgenommen; das richterliche Ermessen sollte auf ein Minimum beschränkt werden, wie sich dies in der Lehre von den sich selbst anwendenden Gesetzen zeigt.[1]) Daß für derartige Tendenzen sich die Lehre Beccarias über die Deliktsgröße besonders geeignet erwies, muß aus dem Gesagten offenbar sein. In einer derartigen Lehre wäre für eine tiefere Berücksichtigung der Innerlichkeit des Täters innerhalb der Deliktsgröße und dadurch auch für die Berücksichtigung innerhalb der, damit proportional zu bemessenden Strafe kein Platz. Es wären höchstens polizeiliche Sicherungsmaßregeln gegen die besondere Bosheit des Verbrechers zulässig.

Diese Konsequenz hat auch die Josefina II § 32 hinsichtlich des Rückfalls beim Diebstahl gezogen:[2]) „Die Strafe des politischen Verbrechens des Diebstahls ist nach dem Grade des unterlaufenen Betrugs und des dem Bestohlenen zugegangenen

---

[1]) Über das Verhältnis dieser Lehre zu Marats Einfluß vgl. oben S. 98.

[2]) Nicht dagegen in I § 14.

Schadens Arrest, Züchtigung mit Streichen und sonstiger Verschärfung. Bei Wiederholung des Verbrechens ist die Vorsehung zu treffen, daß der Schuldige auch nach ausgestandener Strafe durch angemessene Zeit unter der Aufmerksamkeit der Polizei in Ansehung seiner Aufführung und ehrbaren Nahrungserwerbung gehalten werde."

Charakteristisch ist gerade diesen Bestimmungen gegenüber, die sich doch als Umsetzung der Lehre Beccarias über die Verbrechensgröße in die Gesetzgebung darstellen, Beccarias eigene Kritik.

Wo es sich um die systematische Einreihung des Diebstahls[1]) handelt, kehrt er sich gegen eine solche unter die politischen Delikte, „da sie wirkliche Bosheit voraussetzen"; es sollten jedoch mildere Strafen als die kriminellen darauf gesetzt sein. Es sollte die erstmalige Begehung bloß mit der milderen Strafe der politischen Verbrechen belegt sein, „weil eine solche erstmalige noch so böswillige Handlung keine eingewurzelte Bosheit voraussetzt, noch die Hoffnung auf die Besserungsfähigkeit benimmt. Dagegen können sicherlich die Rückfälligen nicht unter diesem Gesichtspunkt betrachtet werden. Gleichwohl verdoppelt nach den Vorschriften des Gesetzbuches die wiederholte Begehung nicht immer die Strafen, noch bewirkt sie den Übergang in die Kriminalverbrechen, obschon die Wiederholung der Straftat eine eingewurzelte und offenbare, und demgemäß eine, einer kriminellen Bestrafung würdige Bosheit voraussetzt."[2])

Daß hierin eine ganz andere Theorie angenommen wird, ist klar, eine Theorie, die ihr Strafmaß dadurch findet, daß die aus der Tat ersichtliche Bosheit beseitigt werden soll, wie Beccaria denn auch hier in erster Linie den Zweck der Strafe in der Besserung findet, und dann erst die Generalprävention betont.[3])

---

[1]) Daneben um Betrug, Erregung öffentlichen Ärgernisses und die offenbare Verführung ehrbarer Personen zu schlechtem Lebenswandel, siehe Esselborn c. l. S. 184.

[2]) Esselborn, c. l. S. 184.

[3]) Esselborn, c. l. S. 175. „Aber die politischen Strafen müssen, da sie in erster Linie zur Besserung und dann erst zum Beispiel dienen sollen, so bemessen werden etc."

§ 3. Die Wertungslehre Filangieris und seiner Nachfolger.

I. Der Dualismus in den die Größe des Delikts bestimmenden Faktoren bei Filangieri.

Die Schwierigkeiten, die sich der konsequenten Durchführung des Reformpostulates der Aufklärungszeit — der Bestimmung des Strafmaßes nach der Größe des sozialen Schadens — durch die Anforderungen des lebenden Rechts an das Strafmaß entgegenstellten, waren wohl der Grund dafür, daß dieses Postulat selbst in der Doktrin der Aufklärungszeit nicht zur völligen Anerkennung gelangen konnte.

Da man jedoch den sozialen Schaden als Maßfaktor der Strafe offenbar nicht völlig aufgeben wollte, da man in ihm ein Mittel gefunden hatte, fest normierte gesetzliche Strafskalen zu rechtfertigen, durch die ein genügender Schutz der individuellen Freiheit gegen richterliche Willkür gewährleitet erschien, suchte man neben ihm die innerliche Bosheit oder Gefährlichkeit des Verbrechers als selbständigen Wertungsfaktor für das Strafmaß heranzuziehen.

Diese dualistische Wertungslehre leidet aber daran, daß beide Faktoren, die erst in ihrem Produkte das gerechte Strafmaß bestimmen sollen, sich in ihrer gegenseitigen Abgeschlossenheit und Selbständigkeit nicht nebeneinander halten lassen; denn für beide ist ein großer Teil der, sie in ihrer Wertgröße bestimmenden Elemente gemeinsam.

Bei genauer Analyse dieser Lehre zeigen sich hier nicht zwei selbständige Wertungsfaktoren; dieser Dualismus in der Wertungslehre bietet vielmehr nur das Mittel, eine bestimmte Art gesetzgeberischer Technik — möglichst fest umgrenzte Tatbestände, möglichst enge Strafrahmen —, von der man die gewünschte Schranke gegen die, bis dahin vielfach verbreitete Richterwillkür erhofft, durch das Prinzip der Gerechtigkeit in bezug auf das Strafmaß zu rechtfertigen.

Als Typus für diese Lehre möge C. Filangieri (System der Gesetzgebung. IV. B. Deutsche Übersetzung Anspach 1787) angeführt werden.

Vom Standpunkt der Begründung des Strafrechts auf dem Vertrage (c. l. S. 13) kommt er dazu, daß die Schwere des Verbrechens hauptsächlich nach der Größe des Einflusses muß beurteilt werden, den der verletzte Vertrag auf eben diese Erhaltung des Staates hat (c. l. S. 8).

Da jedoch der Endzweck der Strafen darin gesehen wird, den Verbrecher von der Beunruhigung der Gesellschaft abzuhalten und andere von der Nachahmung seines Beispiels durch den Eindruck abzuschrecken, den die, an dem Verbrecher vollzogene Strafe auf ihr Gemüt machen soll, sieht Filangieri sich genötigt, die Neigung, die der Verbrecher verriet, irgend einen anderen Vertrag zu verletzen, oder von neuem sich desselben Vergehens schuldig zu machen, in der Strafgröße zu berücksichtigen (c. l. S. 8). So unterscheidet er bei jedem Verbrechen zwischen der Qualität, die durch den verletzten Vertrag gegeben ist, und dem Grad, der nach der mehr oder mindern Bosheit, welche der Verbrecher hat blicken lassen, beurteilt wird (c. l. S. 8).

Da aber der Richter den Grad des Vorsatzes nach Zusammenhaltung der Umstände mit den im Einzelfall abhaltenden oder antreibenden Motiven zu bestimmen hat (c. l. S. 282 u. 281), ist es notwendig, daß schon darin die Wichtigkeit der Vertragsverletzung Berücksichtigung finden muß, so daß demgegenüber die Verletzung des Vertrages als solche keine selbständige Bedeutung bei der Bestimmung der Deliktsgröße haben und die Grundlage für die proportionale Strafe nicht erst die Kombination beider Wertungsfaktoren — wie er es wünscht (c. l. S. 275 ff. 38. cap. von dem Maßstab der Verbrechen) — ergeben kann.

Daß Filangieri mit diesem Dualismus nicht selbständige, die Deliktsgröße bestimmende Bestandteile angibt, sondern nur eine Lösung des technischen Problems der Verteilung der Rollen zwischen Gesetzgeber und Richter bezweckt, die die äußerst schädliche Art, vieles der Willkür des Richters zu überlassen (c. l. S. 10), beseitigt, ist daraus ersichtlich, daß er vorschlägt, eine möglichst genaue Gradation der einzelnen Vertragsverletzungen im Gesetz zu geben, mit der dann die ebenfalls im

Gesetz genau bestimmte Stufenleiter der Bosheit kombiniert werden soll. Der Richter brauche dann eine bloße Multiplikation dieser beiden Größen vorzunehmen, um zum gerechten Strafmaß zu kommen. Da jedoch in der Bosheit der verursachte Schaden bereits berücksichtigt ist, so kann prinzipiell doch nur die Bosheit des Verbrechers Maßstab des Verbrechens und der ihr entsprechenden Strafe sein. Daß der Gesetzgeber, um die Findung eines, der Bosheit entsprechenden Strafmaßes zu erleichtern, die einzelnen angegriffenen Rechtsgüter nach ihrer sozialen Wertschätzung bezeichnet, um dadurch Anhaltspunkte zu gewinnen für die, in ihrer Mißachtung sich äußernde Bosheit, die sonstigen diese beeinflussenden Merkmale aber auf andere Weise im Gesetz bezeichnet, oder dem Ermessen des Richters überläßt, hat für den prinzipiellen Standpunkt in der Frage nach den, die Größe des Delikts bestimmenden Faktoren keine Bedeutung.

II. Die dualistische Lehre in Deutschland im Anschluß an Filangieri.

Die Unhaltbarkeit dieses Dualismus bei der Bestimmung der Delikstgröße und des Strafmaßes zeigt sich deutlich bei den deutschen Schriftstellern, die Filangieri gefolgt waren.

So stellt Julius Soden (Geist der peinlichen Gesetzgebung Teutschlands, 2. Aufl., Frankfurt 1792) zur Bestimmung des Verbrechensmaßes zwei Faktoren auf. Der mehr oder minder große objektive Nachteil der einzelnen Handlung für das Wohl des Staates, die sogenannte moralische Quantität einerseits, der größere oder geringere subjektive Nachteil der Handlung für das Wohl der Gesellschaft „oder der Grad der Schuld“ des Verbrechers, die moralische Qualität der Handlung (S. 9. u. 10.) andererseits, bestimmen zusammen die Größe des Verbrechens und der ihr proportionalen Strafe.

Selbst abgesehen von dieser wohl absichtlichen terminologischen Undeutlichkeit, die durch die Bezeichnung der Schuld als sozialer Nachteil geschaffen wird, muß auch hier auf die Unhaltbarkeit der Zweiteilung hingewiesen werden.

Denn die moralische Qualität hängt ab von der Freiheit der Wahl bei der Begehung und der Ursache dieser Wahl (S. 16). Konsequenterweise müßte in der Ursache der Wahl, zum mindesten in den Fällen, wo Vorsatz vorliegt, bereits der objektive soziale Schaden berücksichtigt sein; denn es existiert kein von seinem Inhalt gesonderter Vorsatz in der Wirklichkeit; in ihm kommt bereits die soziale Wertung der angegriffenen Rechtsgüter durch eine besondere Gefühlsbetonung der Erfolgsvorstellung zur Geltung.

Dieser Dualismus enthüllt seine Prinzipienlosigkeit deutlich bei Sodens Stellungnahme zur Verbrechenswiederholung. Handelt es sich um Wiederholung nach vorhergegangener Strafe, so ist dies ein Beweis (c. l. S. 48), daß die erste ordentliche Strafe bei dem Verbrecher nicht unangenehme Empfindung genug erweckte, um bei ihm die, aus dem Erfolg resultierende angenehme zu überwiegen, daß also die Strafe im wesentlichen ihre Zwecke verfehlt habe.

Wird hier bei der Handlung die subjektive Seite berücksichtigt, so wird bei dem ähnlichen Fall, wo die einzelnen Fälle durch keine Strafe voneinander getrennt sind, ein ganz anderer Beurteilungsmaßstab angenommen. „War jedoch keine Strafe eingetreten, so muß die Strafe erhöht werden, weil nun doppelte nicht vergütete moralische Quantität vorliegt und die Gesellschaft von einem Verbrecher mehr zu fürchten hat, der den Vorteil aus dem Verbrechen genoß und bei dessen Kalkulation der Grad der Wahrscheinlichkeit der Straflosigkeit und mit diesem der Reiz zum Verbrechen wachsen mußte“ (S. 48 c. l.).

So tritt er auch dafür ein, daß die Bestrafung des wiederholten, bereits früher bestraften Verbrechens geringer sei als in dem Falle, wo noch keine Vorbestrafung vorliegt, „denn im letzteren Falle kann die Quantität des ersten Verbrechens in Bestimmung der Strafe nicht in Rechnung kommen“ (S. 49 c. l.), trotzdem er (S. 35 c. l.) sagt, daß die moralische Qualität schwerer wiege als die Quantität. Daß aber doch, wo es sich um die obersten Prinzipien für das Strafmaß handelt, in der psychischen Beschaffenheit des Täters allein der Strafmaßstab gefunden wird, ergibt sich aus Sodens Auffassung des Proportionalitätsprinzipes als Prinzip der Strafökonomie, das er dadurch verletzt findet, wenn die Strafe mehr Leiden enthält als nötig war, um den Verbrecher abzuhalten (S. 62 c. l.).[1])

Stärker tritt der verursachte Schaden als Maßprinzip für die Strafgröße hervor in den Theorien, in denen der aus dem Verbrechen für den Verbrecher entspringende Vorteil für die Größe der Strafe bestimmend ist.

Die Lehre, „je größer der soziale Schaden, um so größer die Strafe," die in dieser Gestalt auf einem rein äußerlichen Analogieschluß beruht, bekommt erst dadurch ihre psychologische Fundierung, daß der soziale Schaden von seiner anderen Seite besehen wird, von der Seite des, in seinem Inhalte gelegenen Anreizes für menschliche Handlungen.

Erst durch das Zwischenglied: „Je größer der soziale Schaden, um so größer der für den Angreifer in Aussicht stehende Vorteil" gewinnt dann der Schluß: „folglich ist auch die

---

[1]) Ebenso dualistisch v. Reder, Das peinliche Recht nach den neuesten Grundsätzen vollständig abgehandelt. Offenbach 1783. S. 139 § 2. „Die Verbrechen werden nach der Größe des Vorsatzes, der Beleidigung selbst und der Übertretung des peinlichen Gesetzes gemessen." So betont er auch S. 414 bei der öfteren Wiederholung die dadurch gezeigte Unverbesserlichkeit, während er bei der Zufügung mehrerer Übel die Vermehrung der Beleidigung als Grund für die Erhöhung der Strafe anführt. Auch E. C. Wieland, Geist der peinlichen Gesetze, 1. Teil, Leipzig 1783, führt die Schädlichkeit der Handlung, die von der Bosheit des Verbrechers verschieden sein kann, die Größe der Beleidigung als selbständig das Strafmaß beeinflussend an (S. 340); trotzdem muß diese als selbständiger Strafmaßstab verschwinden, wenn man wie er (S. 402) sagt: „Peinliche Strafen sollen den Staat wider die gefährlichen Unternehmungen des Verbrechers sicherstellen. Sie sind also nur insofern zweckmäßig, als sie die Freiheit des Urhebers der gesetzwidrigen Handlung dergestalt einschränken, daß er in Zukunft von ähnlichen Übertretungen zurückgehalten wird." Von diesem Standpunkt kommt er auch zur Unschädlichmachung der Unverbesserlichen S. 412, „weil sie unter aller Besserung und folglich der Sicherheit der bürgerlichen Gesellschaft ebenso lange gefährlich sind als sie leben" (S. 412 § 305). Der Eklektizismus in der Globig-Husterschen Preisschrift, Abhandlung von der Kriminalgesetzgebung, Zürich 1783, der als Zweck der Strafe Ersatz des zugefügten Schadens, Besserung des Verbrechers und Abschreckung anderer ansieht, kann für die Bewertungslehre nichts Neues bringen.

Inaussichtstellung stärkerer Motive in diesen Fällen notwendig", seine innere Berechtigung. Auf diesem Boden fand auch die Lehre, daß das Strafmaß mit Rücksicht auf den sozialen Schaden bestimmt werden soll, eine konsequentere Ausgestaltung, als wir es bei den soeben Besprochenen gesehen.

Deutlich zeigt sich dies bei dem für die Weiterentwicklung dieser Lehre grundlegenden J. D. Michaelis (Mosaisches Recht. VI. Teil. Frankfurt a. M. 1775). Michaelis kehrt sich gegen eine Strafe, die darin besteht, daß dem Schuldigen so wehe geschehe oder so viel Übel angetan werde, als seiner Bösartigkeit oder seinen bösen Handlungen proportioniert (S. 11 c. l.) ist deswegen, weil er sich gegen eine Theorie kehrt, deren Zweck sich in dieser Zufügung erschöpft, indem er den Endzweck der Strafe in der Zukunft sieht. In seinem Kampf gegen die, auf göttlicher Institution sich gründende Vergeltungstheorie geht er zu weit; anstatt nur die Begründung eines bestimmten Strafmaßes zu tadeln, glaubt er das Begründete selbst angreifen zu müssen und mit dem Nachweis der Unrichtigkeit der Begründung auch den für die Unrichtigkeit des Begründeten gegeben zu haben. Denn er sucht nur darzutun, daß die bloße Zufügung des Übels nicht Zweck der Strafe sein kann.

Daß aber notwendig daraus folgt, daß der Zweck der Strafe sei,[1]) andere abzuschrecken (c. l. S. 18), und, da das Strafmaß nach dem Endziel bestimmt werden müsse, nur dadurch das Strafmaß gefunden werden könne, ist damit noch nicht bewiesen.

Von seinem Standpunkt findet er das Strafmaß darin, daß das angedrohte Übel den, aus dem Verbrechen ersichtlichen Vorteil überwiegen müsse (S. 23 u. 38 c. l.). Die Motivationskraft der Drohung soll die Lockung des Vorteils aus dem Verbrechen aufheben.

---

[1]) Michaelis akzeptiert damit den den von Geh. Rat v. Segner in einer Prorektoratsrede 1749 eingenommenen Standpunkt, siehe c.l. S. 18. Anm. Wie wenig aber gerade diese Lehre von der Generalprävention mit ihren, nach Maßgabe der schädigenden Erfolge abgestuften Strafgrößen mit dem, gerade in der heutigen Zeit so oft dafür in Anspruch genommenen Schlagwort der Vergeltungsstrafe zu tun hat, zeigt wohl das am besten, daß gerade im Kampf gegen die Auffassung der Strafe als Vergeltung die Lehre der Generalprävention in der Periode der Aufklärungszeit angenommen wurde.

Der Vollzug ist nur eine Bekräftigung dieser Drohung; nur deshalb, weil eine Drohung nicht viel ausrichten würde, wenn man sähe, daß sie unerfüllt bliebe, muß sie an jedem, der sich des Verbrechens schuldig macht, vollzogen werden. Eine derartige Theorie verträgt in ihrer konsequenten Durchführung keine Differenzierung unter den einzelnen, mehr oder minder auf die, aus dem Verbrechen kommenden Reize reagierenden Personen. Sobald der Boden der Allgemeinheit — der für jeden einzelnen aus dem Angriff fließende Vorteil — als maßgebend verlassen und der Weg weiterer Unterscheidung betreten wird, ist die Grenze verloren, wie weit auf diesem Weg im Gesetz weiter gegangen werden soll; allein den größeren oder geringeren Umfang eines Gesetzbuches über den Grad der Berücksichtigung der, bei verschiedenen Personenkreisen verschieden großen Neigung zu Verbrechen, und damit auch über die Größe der anzudrohenden und zu verhängenden Strafen entscheiden zu lassen, dürfte jedem Streben nach Gerechtigkeit im Strafmaß widersprechen.

Michaelis stellt zwar den, aus dem Verbrechen entstehenden Vorteil als Maßstab für die Strafe in den Vordergrund, sieht sich trotzdem aber genötigt, zu sagen (c. l. S. 14), daß es nicht geleugnet werden kann, daß bisweilen die Strafe desselben Verbrechens bei größerer Bosheit schärfer sein und bei minderer Bosheit gemildert werden kann, dies als Ausnahme betrachtend gegenüber dem „ordentlichen Maßstab“ (c. l. S. 14), den „die, ohnehin von einem nicht in das Herz sehen könnenden menschlichen Richter fast nie mit Gewißheit auszumachende Schwärze oder Weiße des Verbrechens“ nicht bilden könne.

Nur dadurch, daß man eben dort Ausnahmen konstatierte, wo es mit der Durchführung des eigenen Systems nicht ging, um dem offenbaren Rechtsbewußtsein des Volkes Genüge zu leisten, ist es dieser Lehre in ihrer Weiterbildung durch Gmelin (Grundsätze der Gesetzgebung über Verbrechen und Strafen, Tübingen, J. G. Cotta, 1785) möglich, den Anforderungen der Praxis an eine härtere Bestrafung der Rückfälligen zu genügen.

Gmelin tritt für ein, der Generalprävention[1]) dienendes Strafmaß ein (c. l. S. 35), das dem Täter mehr Leiden zuteilen könnte, als er verdient hat (c. l. S. 31). Er tritt scharf gegen die Spezialprävention ein, gegen die Sicherheit vor dem, der das Verbrechen schon begangen hat, als Strafzweck, indem er durch folgende durchaus nicht aus dem angegriffenen Prinzipe fließende Folgerung die Unrichtigkeit desselben darzutun bestrebt ist (c. l. S. 32): „Wäre die Sicherheit vor dem, welcher schon beleidigt hat, und nicht Abschreckung eines jeden Absicht der Strafe, so würde hieraus auch der ungereimte Satz folgen, daß der geringe Verbrecher, welcher z. B. nur eines Pfennigs Wert gestohlen hat, ebenso wie der größte Verbrecher, z. B. der Mörder und Mordbrenner, mit ewigem Gefängnis zu bestrafen wäre". (!?)

Trotzdem aber billigt er (c. l. S. 117) die Bestrafung der zum zweitenmal Rückfälligen mit lebenslänglichem Gefängnis; „denn in solchen Fällen ist es endlich am meisten um Sicherheit vor diesem Verbrecher zu tun" (c. l. S. 117).

§ 4. Feuerbach.

I. Die formale Lehre Feuerbachs.

Die Zusammenfassung der dualistischen Lehre Filangieris und seiner Nachfolger in einem geschlossenen System und zugleich ihre weitere Ausbildung erfolgt durch Feuerbach.[2])

Feuerbach zeigt in seinen Lehren zwar schon den Einfluß der Kantischen Philosophie; doch tritt dieser zurück gegenüber den, aus der Aufklärungsliteratur entnommenen Ideen.

Gerade in seiner Lehre von den Faktoren, die bei der in der Strafe erfolgenden Bewertung des Delikts in Rechnung zu ziehen sind, trägt Feuerbach vollkommen den Stempel der Aufklärungszeit. Der Einfluß des, diese Periode wie ein roter

---

[1]) Im Anschluß an Michaelis Lehre.

[2]) P. J. A. Feuerbach, Revision der Grundsätze und Grundbegriffe des positiven peinlichen Rechts, 2. Bd., Erfurt 1799. Lehrbuch des gem. peinlichen Rechts, 14. Aufl., Gießen 1847.

Faden durchziehenden Postulates nach Einschränkung des richterlichen Ermessens im Interesse der individuellen Freiheit, ist unverkennbar. —

Feuerbachs Bewertungslehre kann nicht aus dem, aus Kants Lehre bereits angenommenen Satz entnommen werden, aus dem Satz, daß der nächste Grund, warum gestraft wird, die in vergangene Zeit fallende Übertretung von Gesetzen ist,[1]) ebensowenig auch aus seiner Imputationslehre, die die Zurechnung als „die Beziehung einer (objektiv) strafbaren Tat als Wirkung auf eine, dem Strafgesetze widersprechende Willensbestimmung des Täters als Ursache“[2]) bezeichnet.

Aus beiden Sätzen kann kein Schluß auf die, für die Strafwertung maßgebenden Faktoren gezogen werden.

Der Satz, daß im einzelnen Verbrechen der Grund der Strafe liege, bietet bei Feuerbach keinen Anhaltspunkt für die Erforschung seiner Bewertungslehre; denn er sagt nichts anderes, als daß bei der Subsumtionsmöglichkeit eines Geschehens in der Außenwelt unter einen gesetzlichen Tatbestand der Eintritt der, bereits im Gesetz für diesen Fall vorgesehenen Strafe gerechtfertigt ist.[3])

Ebenso ist in seiner Imputationslehre bereits die gesetzliche Bewertung vorausgesetzt. Über das Verhältnis, der im Gesetz vorgesehenen Strafgröße zu dem Tatbestand, der durch sie pönalisiert ist, wird in diesen Sätzen nichts ausgesagt.

Die Schuld des Täters wird lediglich hier als Bedingung für die Erfüllung des gesetzlichen Tatbestandes betrachtet,[4]) nicht aber als ein, in der Strafgröße sich aussprechender Wertungsfaktor. Damit ist Feuerbach wohl der Begründer der formalistischen Richtung im Strafrecht geworden, die für die Betrachtung der dogmatischen Entwicklung der, die Deliktsgröße bestimmenden Faktoren nichts Förderliches bringen kann.

---

[1]) Rev. I S. 5.

[2]) Lehrbuch S. 153.

[3]) z. B. Rev. I S. 163. „In dem Strafgesetz und in der Übertretung desselben durch die Tat liegt der einzige Grund zu der Zufügung des bürgerlichen Strafübels.“

[4]) z. B. Rev. II S. 33 u. 34.

Bei Feuerbach spielt hierbei noch der Einfluß einer mit privatrechtlichen Vorstellungen durchsetzten Vertragstheorie mit. Der Staat hat „das vollkommene Recht, rechtswidrige Handlungen durch sinnliche Übel zu bedingen, und dies tut er wirklich, wenn er eine Handlung mit gesetzlichen Drohungen verfolgt.“[1])

Der Verbrecher, der in Kenntnis des Strafgesetzes und der Strafdrohung — nach seiner Lehre wenigstens — das Verbrechen begeht, willigt dadurch in die Strafe ein, die der Staat mit dem, vom Verbrecher gewollten Verbrechen unzertrennlich verknüpft hat: „Die Einwilligung in das rechtlich Bedingte schließt nun aber zugleich die Einwilligung in die rechtliche Bedingung in sich.“[2])

Eine derartige privatrechtliche Vorstellung von einem stillschweigenden Vertrage, die schließlich alle Strafen als gerecht erscheinen lassen müßte, die bereits Pufendorff[3]) dazu diente, seine Generalpräventionstheorie auch vom Standpunkt der Idee des gerechten Strafmaßes zu rechtfertigen, kann niemals etwas über die in concreto stattfindende Bewertung der Tat durch die aufgestellte Strafgröße enthalten.

Trotzdem eine derartige lediglich formale Betrachtung niemals etwas über den materiellen Grund der, bei Eintritt ihrer Bedingung erscheinenden Strafgröße aussagen, dem Gesetzgeber bei der Entscheidung der Frage des gerechten Strafmaßes niemals eine Norm abgeben kann, da sie bereits die Frage nach dem gerechten Strafmaß als gelöst voraussetzt, hat Feuerbach es doch versucht, aus ihr kriminalpolitische Folgerungen für die Behandlung der Realkonkurrenz zu ziehen.

Für die Karolina und die sich an diese anschließende deutsche Gesetzgebung bot die Wertung des Zusammentreffens mehrerer gesellschaftsschädlicher Verhalten als Symptom höherer

---

[1]) Rev. I S. 53.

[2]) Rev. I S. 54. Siehe auch Feuerbach: Antihobbes oder über die Grenzen der höchsten Staatsgewalt, Erfurt. 1798. S. 220ff., Über die Strafe als Sicherungsmittel etc. Chemnitz, 1800. S. 95. Dagegen schon Grolman, Begründung des Strafrechts und der Strafgesetzgebung. S. 13ff.

[3]) Siehe oben S. 76.

Verschuldung keinen Anlaß, zwischen den Fällen, wo mehrere noch unbestrafte Verhalten der einheitlichen Beurteilung durch das Gericht vorlagen, und jenen, wo eines oder das andere bereits abgestraft war, einen tiefgreifenden Unterschied in der Bestrafung zu konstruieren; sie konnten dementsprechend alle unter dem gleichen Gesichtspunkt, als Gründe einer dem Einzeldelikt gegenüber zu erhöhenden, zu schärfenden Strafe angesehen werden.[1])

Feuerbach ist dieser Auffassung entgegengetreten.[2])

Da für Feuerbachs formale Lehre das Delikt nichts anderes ist, als die Erfüllung eines bestimmten Tatbestandes, bei deren Eintritt die, im Gesetz im Einzelfall vorgesehene Strafe gleichsam automatisch im existent gewordenen Strafanspruch hervorspringt, so faßt er es auch als der Gerechtigkeit entsprechend auf, daß bei der Ausfüllung mehrerer gesetzlicher Tatbestände durch menschliche Handlungen die mehreren Strafen, die als Bedingung an jeden von ihnen geknüpft sind, in Wirksamkeit treten und in ihrer Kumulation den Verbrecher treffen sollen. So lautet sein prinzipieller Satz: „So oft Ein Strafgesetz übertreten worden, soviel mal tritt auch seine Strafe ein, so viele Strafgesetze verletzt worden, so viele verschiedene Strafen sollen den Verbrecher treffen.“ [3])

Während Feuerbach sonst die, bei der Aufstellung der Strafdrohungen maßgebenden kriminalpolitischen Gesichtspunkte streng von denen trennt, die für den Richter bei der Anwendung bestimmter Strafgesetze ausschlaggebend sein sollen, glaubt er hier doch die logisch formale Methode, die, in Subsumtionsoperationen sich erschöpfend, für den Richter bestimmt ist, zur Bildung einer Regel für das bei der Realkonkurrenz gerechte Strafmaß verwenden zu können.

Bei konsequenter Durchführung seiner Trennung zwischen

---

[1]) Siehe oben S. 26ff.

[2]) Rev. I S. 341. „Weil nun aber der Grund, aus welchem in allen diesen Fällen die Strafe eines Verbrechens erhöht wird, in den bestimmten Gesetzen selbst liegt, so ist auch hier von keinem Schärfungsgrunde im eigentlichen Verstand die Rede.“

[3]) Rev. I S. 338.

den Aufgaben des Gesetzgebers und denen des Richters, hätte er doch auch bei der Realkonkurrenz die gesetzliche Formulierung und ihre, von seinen allgemeinen kriminalpolitischen Grundsätzen geleitete Pönalisierung im Gesetz voraussetzen müssen. Erst dann könnte die logische Subsumptionstätigkeit des Richters gegenüber diesem Tatbestand einsetzen. Daß es aber vom Standpunkt seiner kriminalpolitisch angestrebten Strafgrößen, die die illegale Triebfeder in den zu Verbrechen neigenden Menschen durch die Strafdrohung beseitigen sollen, durchaus nicht gerechtfertigt ist, diese Fälle der mehrfachen Deliktsbegehung prinzipiell anders zu behandeln als jene, wo die stärkere Triebfeder auf Grund bereits abgestrafter Delikte erkannt wird und als solche ein stärkeres Gegenmotiv braucht, bedarf keines Beweises.

So wurde bei der Realkonkurrenz durch Feuerbach und seinen Einfluß eine Lehre wieder zu neuem Leben erweckt, die auf der realen Wertung der Delikte aufgebaut, von den italienischen Juristen[1]) gelehrt worden war und durch sie auch Eingang in die deutsche Literatur erhalten hatte.

Dadurch hat Feuerbach selbst die magischen Kreise[2]) verlassen, die nach seiner Lehre die richterliche und die gesetzgeberische Tätigkeit trennen, und ist damit in einen Fehler verfallen, gegen den sich scharf seine Polemik richtet, in eine Verwechslung der beiden Standpunkte, da er mit den, nur für den Richter maßgebenden Prinzipien gesetzgeberische Fragen lösen wollte.

II. Feuerbachs Dualismus in der Lehre von den die Wertung des deliktischen Handelns bestimmenden Faktoren.

Eine materielle Bewertung menschlichen Handelns tritt dagegen bei Feuerbach bei der Erörterung der, für den Gesetzgeber — und den Richter bei unbestimmten Strafgesetzen[3]) —

---

[1]) Siehe oben S. 36ff.

[2]) Rev. II S. 33 Anm. 2.

[3]) Rev. I S. 221.

bei der Auffindung eines gerechten Strafmaßes maßgebenden Grundsätze hervor.

Feuerbach huldigt hier einer dualistischen Wertung. Denn maßgebend soll sein die Gefährlichkeit der Handlung,[1]) und diese „hängt größtenteils von der Art der verletzten Rechte, . . . von der Größe des Widerspruchs derselben mit dem Zweck des Staates, von dem leicht auszuforschenden Grad der Festigkeit und des Umfangs der zur Tat bestimmten Triebfeder ab".[2])

Er tritt hier ganz der Lehre Filangieres bei und nimmt die Terminologie Sodens an, der, der Lehre Filangieris folgend, die Quantität und Qualität der Handlung als für die Strafgröße bestimmend anführt.[3])

Auch bei Feuerbach läßt es sich bei einer konsequenten Durchführung seiner obersten Prinzipien über den Zweck der Strafe nicht rechtfertigen, daß er dem Wert und der Wichtigkeit des Objektes, gegen welches die Gefahr gerichtet ist,[4]) neben den subjekten Gründen der Strafbarkeit einen selbständigen Einfluß auf die Größe der Strafe einräumt.

Sein Festhalten an einer Abstufung der Strafen nach Maßgabe des Wertes des angegriffenen Objekts erscheint auch bei ihm nicht durch das Bestreben bedingt, der Gefährlichkeit der Handlungen möglichst entsprechende Strafgrößen aufzustellen, vielmehr dadurch, daß es ihm so gelingt, ein Strafsystem aufzustellen, bei dem das richterliche Ermessen möglichst eingeschränkt wird und die Freiheit gegen richterliche Willkür möglichst geschützt ist.

Denn soll lediglich der Zweck die Größe der Strafen be-

---

1) Rev. I S. 302 ff.

2) Rev. II S. 6.

3) Rev. II S. 210.

4) Rev. II S. 266; siehe Wilhelm Möller, Kritik des Strafmaßes. Göttingen 1852. S. 75. „Feuerbach sagt völlig wahr, der rechtliche Grund des Daseins aller Strafe sei die Gefahr, und die Möglichkeit und Notwendigkeit, diese Gefahr durch Strafe abzuwenden. Statt nun zu schließen: also muß die Strafe so groß sein, als zur Abwendung der Gefahr nötig ist, schließt er: also muß die Strafe so groß sein wie die Gefahr. Hiermit fällt er von seinem obersten Grundsatz, daß das Strafübel die Lust zum Verbrechen aufheben müsse, ab, akkomodiert sich dem Herkommen und stellt sich auf den Boden der Wiedervergeltung."

stimmen,[1]) und ist Zweck der Strafe die Motivation der zu Verbrechen geneigten Personen durch die Strafdrohung, so kommt der reale, schädliche Erfolg für die Strafgröße nur insoweit in Betracht, als er auf eine besondere Motivationsbedürftigkeit gewisser Personen hinweist. Dadurch wird aber der Boden der auch von Feuerbach in der ausgedehntesten Weise berücksichtigten subjektiven Gründe der Strafbarkeit betreten. Feuerbach stellt doch den allgemeinen Grundsatz auf: „Von der Heftigkeit und Stärke der sinnlichen Triebfedern hängt die Größe der Strafbarkeit ab."[2]) Zur Erforschung dieser müssen die antreibenden und abhaltenden Motive herangezogen werden, so daß unter den abhaltenden, die „in bloßen Vorstellungen und Gefühlen"[3]) bestehen, bereits die kulturelle Wertschätzung des angegriffenen Rechtsgutes, zum mindesten bei allen dolosen Handlungen, in der besondern Gefühlsbetonung der Erfolgsvorstellung enthalten sein müßte.

So müßte auch Feuerbach bei konsequenter Durchführung seiner Theorie des psychologischen Zwanges zu einer Bewertung der einzelnen, verbrecherischen Handlung lediglich nach seiner symptomatischen Bedeutung kommen, als Zeichen einer größeren oder geringeren Geneigtheit zur Begehung von Verbrechen, eines Mangels an rechtlicher Gesinnung, der durch das durch die Strafe geschaffene Gegenmotiv aufgehoben wird.

Daß damit jeder Unterschied gegenüber einer Theorie, die die Wahrscheinlichkeit künftiger Verbrechensbegehung zum Maßstab der Strafe macht (Grolmann), beseitigt ist, liegt auf der Hand.

Wenn Feuerbach sich zwar gezwungen sieht, die nahe Verwandtschaft mit Grolmanns Theorie zuzugeben,[4]) so scheut er sich trotzdem, die Schranke, die ihn von ihr trennt, vollkommen zu zerbrechen und prinzipiell die verbrecherische Gesinnung als einzigen Maßstab der Strafe zu erklären.

Die Identifizierung der Gesinnung des Verbrechers mit moralischer Gesinnung, die nach Kants Lehre auf dem intelli-

---

[1]) Rev. II S. 330.

[2]) Rev. II S. 380.

[3]) Rev. II S. 400.

[4]) Rev. II S. 208.

giblen Charakter ruht, daher der Erkenntnis des Richters nicht zugänglich ist,[1]) und die auch noch gar keine Schlüsse für die Illegalität zuläßt,[2]) in Verbindung mit der Befürchtung, damit einem, der bürgerlichen Freiheit gefährlichen Ermessen des Richters das Wort zu reden, haben Feuerbach wohl verhindert, die Unhaltbarkeit seiner dualistischen Bewertungslehre zuzugeben.

Viel konsequenter wurde die subjektive Wertung des deliktischen Verhaltens von Kleinschrod und Grolmann, von ersterem wenigstens vor seiner Beeinflussung durch Feuerbach, vertreten.

§ 5. Die Bewertung des deliktischen Handelns als Symptom eines psychischen Zustandes.

I. Kleinschrod.

Kleinschrod[3]) kommt, in seiner älteren Lehre wenigstens, dazu, in der besonderen Beschaffenheit der Psyche des Delinquenten die Grundlage für die Bewertung des äußeren Täterverhaltens zu erblicken, dem damit die Rolle eines Erkenntnismittels für jene Beschaffenheit eingeräumt wird.[4]) Dabei wird durchaus nicht die Bedeutung der Rechtsgüterverletzung, die aus dem Delikt erfolgt, vernachlässigt. Der Schaden wird schon dadurch berücksichtigt, daß dem Täter sein dolus oder seine culpa zugerechnet wird.[5]) „Der Schaden wird also nicht als unmittelbarer Strafmaßstab angenommen, sondern er wird nur erwogen, um die Gattung und Größe der Handlung zu bestimmen, und dann wird untersucht, ob die Schaden bewirkende Tat auch strafbar sei oder nicht. Der Nachteil ist also mehr der Gegenstand als der Maßstab der Untersuchung.“[6]) Der dolus

---

1) Rev. II S. 299ff.

2) Rev. II S. 360.

3) G. A. Kleinschrod, Systematische Entwicklung der Grundbegriffe und Grundwahrheiten des peinlichen Rechtes. 1. Aufl. Erlangen 1794.

4) c. l. I. B. S. 81.

5) c. l. S. 82.

6) c. l. S. 82/83.

oder die culpa ist der eigentliche Maßstab der Strafbarkeit, da es darauf ankommt, die Lage der Seele des Urhebers zu ergründen zu der Zeit, als die Handlung ihr Dasein erhielt.[1]

Denn von dem Standpunkt der Notwehr des Staates[2] kommt es darauf an, den Verbrecher, der aus einem Übermaß unbezähmter Sinnlichkeit von seiner Freiheit einen Mißbrauch gemacht hat, von ferneren Missetaten abzuhalten.[3]

Daher kommt es darauf an zu erforschen, wie nachteilig der ganzen Gesellschaft der dolus oder die culpa ist, welche die Missetat hervorbrachte;[4] denn je größer der Trotz gegen die Gesetze ist, desto mehr muß er bestraft werden.[5]

Daher sind auch wiederholte Verbrechen schwerer, weil sie einen größeren Trotz gegen die Gesetze beweisen.[6] „Die Wiederholung ist schwerer, wenn schon ein oder die andere Strafe erfolgt war, als wenn der Verbrecher bisher unbestraft blieb."[7] Je verschiedener die Gegenstände sind, an denen die Missetaten wiederholt werden,[8] desto größer ist der dolus, je längere Zeit zwischen dem ersten und zweiten Verbrechen verflossen ist, desto schwerer ist letzeres.[9] — Nur der Gewohnheit kann er nicht gerecht werden, da er für die Beurteilung der Größe des Trotzes den Grad der Willensfreiheit als Maßstab annimmt. „Denn ist eine Handlung oft wiederholt worden, so wird der Reiz dazu erhöht, der Mensch so daran gewöhnt, daß er dieselbe nicht mehr lassen kann, und wider Willen zu seiner Lieblingsneigung fortgerissen wird."[10]

---

[1]) c. l. S. 82 und S. 84; bezeichnend ist es auch, daß er den Rückfall von der Konkurrenz noch nicht vollkommen unterscheidet, I. B. § 75; siehe Kostlin, System des deutschen Strafrechts. Tübingen 1855. S. 541 Anm. 1.

[2]) c. l. II. B. S. 18.

[3]) c. l. II. B. S. 6.

[4]) c. l. II. B. S. 30.

[5]) c. l. II. B. S. 32.

[6]) c. l. I. B. S. 121 § 75 a.

[7]) c. l. § 75 b.

[8]) c. l. I. B. S. 122 d.

[9]) c. l. I. B. S. 121 C.

[10]) c. l. I. B. S. 254.

„Nun sind also große Schranken der Freiheit da, welche die Zurechnung merklich aufheben. Obgleich diese bei dem ersten Verbrechen im gewöhnlichen Grade sich befindet, bei dem zweiten, dritten steigen kann, so muß sie doch, wenn Gewohnheit eintritt, wieder merklich fallen." [1])

Führt diese Lehre in ihrer konsequenten Durchführung zur Grolmannschen Wertung der Handlung nach ihrer symptomatischen Bedeutung, so hat Kleinschrod selbst diese Konsequenzen nicht gezogen, vielmehr sich in der dritten Auflage seiner Grundbegriffe (Erlangen 1805) gegenüber Grolmann für einen objektiven Maßstab der Strafe entschieden,[2]) indem in der Beziehung des Verbrechens auf das Wohl der ganzen Gesellschaft der Maßstab der Strafe gefunden wird. Feuerbachs unverkennbarer Einfluß hat die Spuren des objektiven Verbrechensmaßstabes, die sich bereits bei Kleinschrod früher finden,[3]) in seiner späteren Lehre zum offenen Widerstand gegen eine Lehre, die das Strafmaß in der Größe der Verschuldung findet, verstärkt.[4])

Die Schuld wird zur bloßen Bedingung, ohne welche nicht gestraft werden kann,[5]) sie gibt nur an, daß die Handlung

---

[1]) So kennt er auch in §§ 399—402 seines Entwurfes eines peinlichen Gesetzbuches usw., München 1802, für die Gewohnheitsverbrecher neben der gewöhnlichen, auf die einzelnen Verbrechen gesetzten Strafen nur polizeiliche Sicherung.

[2]) S. 33.

[3]) z. B. I. Aufl. II. B. S. 23: „Und die Größe dieses Angriffs ist der eigentliche Maßstab der Strafe." S. 26: „Zweitens wird auch soviel richtig seyn, daß die Strafe kein größeres Übel enthalten dürfe, als das Verbrechen stiftet."

[4]) Siehe seine Polemik gegen Abicht S. 31 III. B. II. Aufl., dagegen Abicht, A. d. C. R. II. B. II. St. Kleinschrod III. Aufl. sieht (II. B. S. 112) den Maßstab der Strafbarkeit in dem größeren oder geringeren Angriffe gegen die öffentliche Ordnung und Rechte der Gesellschaft. Der Gesetzgeber setzt dabei einen gewissen Grad von Schuld, den dieser Art von Handlungen gewöhnlichen dolus zum voraus. Das Sinken der Strafe bei geringerer Schuld, das er doch nicht leugnen kann, führt er nicht darauf zurück, daß die Schuld zunächst die Größe der Strafe bestimme, sondern darauf, daß im gegebenen Fall die gesetzliche Voraussetzung nicht existiert, also die gesetzliche Regel nicht eintreten kann.

[5]) III. Aufl. S. 31 II. B.

strafbar ist, beweist jedoch „den Grad der Strafbarkeit nicht". Damit tritt Kleinschrod ganz der Feuerbachschen Lehre bei; trotzdem hat er nicht durchaus seine alten Ansichten in diesem Sinne korrigiert — so führt er noch immer S. 43 c. l. den Trotz des Verbrechers als bestimmend für die Strafgröße an —, wodurch die spätere Lehre über Delikts- und Strafgröße der einheitlichen Geschlossenheit entbehrt.

II. Grolmann.

Konsequenter führt Grolmann[1]) die Bewertung der einzelnen Tat als Symptom eines besonderen psychischen Zustandes durch, indem dieser die eigentliche Grundlage für seine Bemessung der Strafe bildet.[2])

Dies ergibt sich schon aus seiner Verbrechensdefinition: „Verbrechen im allgemeinen ist jede Äußerung einer, zur Strafe rechtlich auffordernden Stimmung des Willens."[3]) Zur Strafe fordert es dadurch auf, daß eine nicht normale Motivation des Verbrechers enthüllt wird, daß bei ihm, wie aus dem Verbrechen ersichtlich, „nicht auf die Wirksamkeit genügender Motive gegen unrechtliche Willensbestimmungen zu rechnen sei."[4])

So wird das äußere Geschehen nur nach seiner, eine gewisse psychische Beschaffenheit indizierenden Bedeutung gewertet.

Gerade gegenüber Grolmann zeigt sich die Ungerechtigkeit der Vorwürfe, die sich auf eine Vernachlässigung der Bedeutung der äußeren Rechtsgüterverletzung in einer derartigen Lehre stützen. Denn bei Grolmann wird die Bedeutung des an-

---

[1]) Karl von Grolmann, Grundsätze der Kriminalwissenschaft. 4. Aufl. Gießen 1825. Begründung des Strafrechts und der Strafgesetzgebung 1799.

[2]) Eine ähnliche Theorie vertritt auch v. Almendingen (Versuch über das Prinzip des Strafrechts) in Grolmanns Bibliothek für die peinliche Rechtswissenschaft, 1799, I. T. III. St., z. B. S. 47: Das Strafmaß ist durch die, aus den widerrechtlichen Gesinnungen entspringende Gefahr gegeben, indem diese beseitigt werden muß, selbst wenn dies zur Unschädlichmachung führen müßte. S. 69: Der äußere Thatbestand soll allein die Frage: ob ein Verbrechen vollkommen begangen sey oder nicht, bestimmen. Allein der Criminalrichter will ja nicht die That, sondern den Willen zur That züchtigen. Ebenso Stübel. Über den Thatbestand der Verbrechen. Wittenberg 1805. S. 10.

[3]) Grolmann, Grundsätze S. 17.

[4]) c. l. S. 4.

gegriffenen Rechtsgutes vollkommen nach Maßgabe seiner kulturellen Wertung berücksichtigt.[1])

Die Nichtachtung oder Überwindung des, sich durch die kulturelle Wertschätzung des angegriffenen Rechtsgutes einstellenden Gegenmotivs wird auch bei Grolmanns subjektiver Theorie dadurch gewertet, daß es als ein Zeichen einer besonderen Motivationsnotwendigkeit gewisser Personen durch Strafe erscheint.

Der Erfolg der Tat kommt so nicht in seiner realen Schädlichkeit, sondern vom Standpunkt einer, durch ihn erfolgten Kulturnormverletzung[2]) für die Bestimmung des gerechten Strafmaßes in Betracht.

So wird auch, die nach überstandener Strafe erfolgende Deliktswiederholung[3]) als Symptom einer besonders starken gesetzwidrigen Stimmung gewertet.

Nur bei der Realkonkurrenz[4]) hat Grolmann unter offenbarem Einfluß der, immer mehr Anhänger gewinnenden Lehre Feuerbachs,[5]) einen Standpunkt eingenommen, der nicht vollkommen in seine Symptomatik hineinpaßt.

Hier hat Grolmann im Prinzip das Feuerbachsche System der Strafkumulation gebilligt.[6])

---

[1]) c. l. S. 75. „Es ist eben darum unläugbar, daß die Vorstellung der, als wichtiger sich ankündigenden Verbindlichkeit mehr, als wie die Vorstellung der minder wichtigen, dem Menschen bey jeder Handlung gegenwärtig seyn und stärker als diese, seine Reflexion fesseln müsse, und es folgt daher, daß bey jener ein größeres sinnliches Interesse des Menschen an der entgegengesetzten Vorstellung vorausgesetzt werden müsse als bey dieser, um die Entstehung der illegalen Handlung erklären zu können."

[2]) c. l. S. 76 Anm. Die Größe der Gefährlichkeit des Verbrechens für den Staat ist keineswegs das richtige Prinzip für die Bestimmung der Größe der Strafbarkeit des Verbrechers, obgleich die Größe jener Gefährlichkeit mit der, nach dem angegebenen Prinzipe sich entwickelnden Größe der Strafbarkeit des Verbrechers häufig gleichen Schritt gehen wird.

[3]) c. l. S. 89.

[4]) In einem, in den späteren Auflagen offenbar eingeschobenen § 121 a.

[5]) Siehe Nachtrag zur Einführung der 2. Aufl. S. XIII.

[6]) c. l. S. 124. . . . „und es muß daher als Hauptregel für die richterliche Entscheidung betrachtet werden, daß bey concurrirenden strafbaren Handlungen die Strafe der einen zu der Strafe der andern hinzugefügt werden müsse."

Nach seiner sonstigen Lehre jedoch dürfte es doch durchaus nicht so feststehen, daß bei wiederholten Angriffen auf verschiedene Rechtsgüter eine Motivation durch Strafe in der Höhe notwendig wird, wie sie durch die Summe der Strafen dargeboten wird, die dem jeweils bei den einzelnen Delikten hervortretenden Motivationsbedürfnis der verschiedenen Täter entsprechen.

So können wir die vor — Kantische Periode, die Periode der deutschen Aufklärungszeit als die Periode der dualistischen Bewertung des verbrecherischen Verhaltens bezeichnen, wenn sich auch, wie bei Grolmann, bereits eine einheitliche Bewertung findet.

Zu einer Vereinheitlichung der Lehre von den, die Größe des Delikts bestimmenden Faktoren führt eine doppelte Entwicklung.

In Frankreich war es die, an Beccaria anknüpfende utilitaristische Lehre Benthams, die auch in der Strafrechtsdoktrin eine Klärung der Bewertungslehre herbeiführte, in Deutschland der Einfluß Kants, Hegels und Schopenhauers, der zu einer konsequenten Stellungnahme zu diesem Problem führte, — wenigstens in der Erörterung der Strafrechtstheorien, wenn auch nicht in der dogmatischen Einzeldurchführung, wo Feuerbachs Einfluß überwog.

III. Buch.

Die Lehre von den Wertungsfaktoren des deliktischen Handelns unter dem Einflusse der neueren Philosophie.

I. Kapitel.

Die italienisch-französische Schule.

§ 1. Die Verfeinerung der Wertungslehre der Aufklärungszeit bei Jeremias Bentham.

Die Lehre der französischen und italienischen Schriftsteller der Aufklärungsepoche, die die Größe des Delikts nach dem sozialen Schaden, nach dem, vom Täter in der Außenwelt verursachten Veränderungen bestimmt, fand ihre weitere Ausbildung in Jeremias Benthams utilitaristischer Strafrechtslehre.[1])

Der soziale Schaden, den das einzelne Delikt hervorruft, wird bei Bentham einer sozialpsychologischen Analyse unterzogen; der Schaden stellt sich hierbei dar als die Gesamtheit der Unlustempfindungen, wie sich Bentham ausdrückt, die durch das Verhalten des Täters in der Gesamtpsyche des Volkes hervorgerufen werden.

Diese Unlustempfindungen, als Übel gefaßt, werden in zwei Klassen geteilt: die Übel erster und zweiter Ordnung (I. Bd. S. 190 ff., II. Bd. S. 72 ff.). Das Übel erster Ordnung ist dasjenige, das unmittelbar auf diese oder jene bestimmbaren Individuen fällt (I. Bd. S. 191.); dasjenige, das in dem ersten wurzelnd, über das ganze Gemeinwesen oder auf eine unbegrenzte Anzahl nicht bestimmbarer Individuen sich ausbreitet, ist das Übel

---

[1]) Grundsätze der Zivil- und Kriminalgesetzgebung von Jerem. Bentham, herausgegeben von E. Dumont. Deutsch von Dr. Ferd. Benecke. Berlin 1830. 2 Bd.

zweiter Ordnung, das dann weiter in Schrecken und Gefahr unterschieden wird.

Für die Größe des konkreten Verbrechens soll also dasjenige maßgebend sein, was an Übel durch den Täter in der Außenwelt erzeugt wird. Steht man auf dem Standpunkt dieser, auf der Verursachung aufgebauten Wertungslehre im Strafrecht, dann darf aber auch **nur das** die Größe des Verbrechens beeinflussen, was an Veränderungen in der Außenwelt sich auf den Täter als Ursache zurückführen läßt. Ist nicht nachgewiesen, daß eine bestimmte Veränderung in concreto in der Außenwelt eingetreten ist, so darf, mag sie auch sonst gewöhnlich als Folge eines derartigen Verhaltens, wie es in concreto vorliegt, erscheinen, dadurch die Wertung des deliktischen Verhaltens ebensowenig beeinflußt werden wie durch tatsächlich in der Außenwelt eingetretene Veränderungen, die sich nicht erweisbar auf den Delinquenten als ihre Ursache zurückführen lassen.

Von diesem Bewertungsstandpunkt aus darf die psychische Beschaffenheit des Täters in ihrer Gänze nicht primär in Betracht gezogen werden, sondern nur, wenn und soweit der Täter durch sie Ursache besonderer Unlustempfindungen war (Bentham).

Aus diesem Grunde darf es durchaus nicht so apodiktisch, wie es Bentham tut (c. l. II. B. S. 75), erklärt werden, daß das Übel zweiter Ordnung vergrößert wird durch die böse Absicht des Verbrechers, durch die Stellung, welche ihm Veranlassung gegeben hat, das Verbrechen zu begehen, durch das Motiv, aus welchem der Täter gehandelt hat, durch den Charakter, den der Verbrecher gezeigt (c. l. S. 76).

Richtiger erscheint es vielmehr, wenn Bentham in der Motivlehre erklärt (c. l. II. B. S. 82): „Außerdem ist noch zu bemerken, daß man das Motiv **nur** da auf Rechnung bringen kann, wo dasselbe offen vorliegt und sich sozusagen mit Händen greifen läßt."

Auch der Charakter des Täters kommt für diese Lehre nur deswegen in Betracht, (II. B. S. 85) „weil er zur Vermehrung oder Verminderung der Unruhe einen nicht unbedeutenden Beitrag liefert"; es muß jedoch in konsequenter Durchführung noch die weitere Folgerung gemacht werden, daß er nur dann und soweit in concreto berücksichtigt werden darf, wenn und soweit er in concreto diesen Beitrag liefert. Die Konsequenzen, die sich aus einer derartigen Bestimmung der Deliktsgröße ergeben, sind bei Bentham selbst nicht so deutlich, da er die aufgestellte Deliktsgröße nicht primär als maßbildend für die Strafgröße betrachtet.

Für ihn ist nicht der verursachte Schade in erster Linie für die Strafgröße bestimmend, sondern der oberste Satz für die Strafgröße lautet: „Man lasse das Übel der Strafe den Vorteil aus dem Verbrechen überwiegen" (II. B. S. 156).

Doch kommen auch bei ihm bereits die Spuren der Theorie hervor, die die eben aufgestellte Größe des Verbrechens als maßgebend für die Strafgröße betrachtet. So sagt er S. 154 II. B. von den zu kostbaren Strafen: „Wenn das aus der Strafe hervorgehende Übel das durch das Verbrechen bewirkte überwöge, so würde der Gesetzgeber mehr Übel gestiftet als verhindert haben: er hätte die Befreiung vom Übel um einen größeren Preis von Übeln erkauft."

Diese Wertung nach Maßgabe des verursachten Schadens kann erst dann auf ihre Richtigkeit und Brauchbarkeit näher geprüft werden, sobald wirklich Ernst gemacht wird mit der aus ihr sich ergebenden Bestimmung der Deliktsgröße. Denn die Deliktsgröße oder, wie hier gewöhnlich der Ausdruck lautet, die Größe der Imputation kann nur vermehrt werden durch den konkreten sozialen Schaden; die Psyche des Täters kommt doch nur als Kraft in Betracht, die in der Außenwelt den Schaden auslöst, der ihr als ihr Produkt zugerechnet wird.

Nur wenige von den Anhängern dieser Lehre haben diese logischen Konsequenzen aus ihrer Theorie gezogen; die Mehrzahl sucht den mannigfaltigen Anforderungen des Volksbewußtseins an ein richtiges Strafmaß durch Inkonsequenzen gegenüber ihrer eigenen Theorie gerecht zu werden und führt dadurch — durch die Inkonsequenz ihre eigene Theorie ad absurdum.

Die Lehre vom sozialen Schaden als Grundlage für die Bewertung des deliktischen Handelns lebt mit der utilitaristischen Philosophie Benthams in Italien und Frankreich wieder auf, wo doch durch den Freiheitsdrang der Aufklärungszeit der Boden vorbereitet war für die nun in philosophischem Gewande auftretende Lehre.

§ 2. Die Weiterbildung der Benthamschen Lehre von dem durch den Täter „verursachten" sozialen Schaden als Grundlage für die Bewertung des deliktischen Verhaltens. Das Rückfallsproblem und die auf dem „Verursachten" aufbauende Zurechnungslehre.

I. Carmignani.

Den Typus für eine konsequente Durchführung dieses Wertungsstandpunktes, der das deliktische Verhalten nur als Ursache betrachtet und nach Maßgabe der, von dieser Ursache ausgehenden Folgen bewertet, bildet Carmignanis Lehre.

Der „danno sociale risultante dal dellitto"[1]) bildet die ausschließliche Grundlage für den, in der Strafgröße zum Ausdruck kommenden Wert des deliktischen Handelns.

Nur das kann in concreto die Deliktsgröße beeinflussen, was den danno sociale in concreto beeinflußt. Der Täter kommt hierbei nur als Ursache in Betracht, indem seine Freiheit diesen Schaden auslöst (S. 31 c. l.).

So spricht Carmignani dem Rückfall folgerichtig eine Bedeutung für das Strafmaß ab, „in quanto non trovava nel concorso di questa circonstanza aumentato il danno materiale, ne il danno morale o politico del reato."[2])

Ist der Rückfall nicht mit der Verursachung eines größeren sozialen Schadens verbunden, so ist für Carmignani kein Grund für die Erhöhung der Strafe vorhanden, gestützt hierbei auf das, von seinem Standpunkt vollkommen berechtigte Dilemma (c. l.): „o la pena decretata pel primo reato e sufficiente ostacolo politico contra il reato stesso o non; — nella prima ipotesi la ricaduta devesi attribuire non all' insufficienza della prima

---

[1]) Carmignani, Elementi del diritto criminale. 1854. S. 44.

[2]) Carmignani, Teoria delle leggi della sicurrezza sociale. t. III cap. XI. § 2, zitiert bei V. Manzini, La Recidiva, Firenze 1899, S. 414, und Tuozzi, Corso di Diritto penale, 2. Ausg., I. Bd. Napoli 1899, S. 356.

pena, ma ai calcoli sbagliati di colui che si decide (bei Tuozzi c. l. si accinse) al secondo reato; nella seconda ipotesi devesi accrescere la pena del primo reato, ma non esasperarla nel caso della recidiva."

II. Carnot und Tissot.

In Frankreich können vor allem Carnot und Tissot als konsequente Vertreter dieser Wertungslehre im Strafrecht angesehen werden.

Bereits Carnot kam in seinem „Commentaire sur le Code pénal" (Paris 1823) vom Standpunkt der angeführten Deliktsgröße zur Konstatierung der Verletzung des „non bis in idem" bei der höheren Bestrafung des Rückfalls, da das neue Delikt vom Standpunkt dieser Lehre gegenüber dem Vordelikt nicht verändert erscheint.

Denn wenn es richtig ist, wie auch der französische Kassationshof in einer Entscheidung vom 11. Januar 1813 entschieden hat, „que la récidive n'est pas une circonstance morale et matérielle du délit," ist Carnots Frage (S. 167 c. l.) berechtigt: „mais si la récidive n'est pas une circonstance morale ni matérielle du crime, comment pouvoir y appliquer une peine lorsqu'il ne s'agit que de la répression du crime auquel on prétend la rattacher?"

So ist auch die Kritik des Art. 56 Code pénal (S. 162 c. l.) vom Standpunkt dieser Lehre vollkommen gerechtfertigt.

„S'ils ont commis un premier crime, ils en ont été punis, leur infliger une nouvelle peine à raison de ce crime, n'est-ce pas ouvertement violer à leur égard, le non bis in idem, qui fait l'une des bases fondamentales de toute législation, en matière criminelle? D'une autre part, la peine du crime ne peut être aggravée qu'à raison des circonstances qui s'y rattachent, qui lui sont concomitantes, et qui en font un tout indivisible.

Schärfer noch tritt die Unvereinbarkeit dieser Lehre mit Rückfall und Gewohnheitslehre bei J. Tissot hervor.[1])

Hat man die auf der Verursachung aufgebaute Zurechnungslehre einmal angenommen, dann erscheint, unter Heranziehung

---

[1]) J. Tissot, Le Droit Pénal. Deuxième Édition. 2 Bd. Paris 1879/80.

der im Proportionalitätsgedanken sich aussprechenden Idee des gerechten Strafmaßes der Satz vollkommen berechtigt: „que le maximum de sa (scilic. der Strafe) mesure est marqué par le degré du mal physique occasioné par le délit, et que la justice s'oppose absolument, quel que soit le profit qu'on pourrait s'en promettre, à ce qu'on dépasse cette mesure" (c. l. I. Bd. S. 278).

So muß auch Tissot sich gegen eine Rechtfertigung der Beachtung des Rückfalls unter dem Gesichtspunkt des excès de perversité (c. l. I. Bd. S. 145) wenden, mit der Begründung, daß dies ein Verirren in das Gebiet der Moral bedeute.

„Ces faits internes ne sont pas eux-mêmes des délits, bien qu'ils soient des péchés. Sans doute, on ne doit punir que les délits commis avec intention, avec connaissance légale de cause; mais nos lois n'exigent rien de plus; elles ne s'occupent pas du degré de la volonté, du désir, de l'intention. Elles ne pourraient le faire alors même qu'elles voudraient. Il suffit donc, pour qu'il y ait peine applicable, qu'il y ait imputabilité légale. Le surplus des sentiments de l'agent est abandonné a son for intérieur ou au jugement de la divinité, qui seule est capable de l'apprécier avec une parfaite justesse" (c. l. S. 145).

Daher kann auch bei der gewohnheitsmäßigen Begehung eines Delikts der rein interne Vorgang, der allein den Unterschied bildet, von der sonstigen Begehung desselben Deliktes als rein interner Vorgang nicht bei der strafrechtlichen Imputation berücksichtigt werden.[1])

Um jedoch trotzdem dem Bedürfnis nach der Berücksichtigung des Rückfalls nachzukommen, wird neben dem Strafrecht ein weitergehendes Defensionsrecht des Staates konstruiert. Anstatt auf Grund der realen Verhältnisse die Lehre von der Deliktsgröße und der Imputation zu revidieren und ihr eine

[1]) c. l. S. 148. Or, je le demande, où est ici cette perversité dont on parle, punissable pour elle-même, ou parce qu'elle se trouve suivie d'un acte dommageable? Est ce donc le fait extérieur? Non, il est par lui-même dépourvu de toute moralité. Est-ce dans l'impulsion interne? Non, elle n'est pas légalement imputable.

Form zu geben, die dem Leben entspricht, wird willkürlich ein besonderes Verteidigungsrecht konstruiert, mit dem man das zu rechtfertigen sucht, was nach dem, in der positiven Strafgesetzgebung zum Ausdruck kommenden Volksbewußtsein eigentlich in das System des Strafrechts gehört.

So kommt Tissot konsequenterweise (c. l. S. 163) dazu, zu sagen: „Dans le système du droit de punir, l'aggravation pénale de la récidive est donc absolument inexplicable."

Vom Standpunkt des droit de défense (c. l. S. 163) jedoch wird die härtere Bestrafung gerechtfertigt, da „le législateur qui en présence d'une récidive possible après un premier châtiment enduré peut raisonnablement penser que les moyens de défense établis pour le premier délit, et fondés uniquement sur le principe de l'équité pénale ou de la réciprocité, ne sont pas suffisants pour garantir la société" (S. 164).

§ 3. Die auf dem „Verursachten" aufbauende Zurechnungslehre und die Versuche zur Rechtfertigung der Straferhöhung beim Rückfall.

I. Carrara.

Carrara[1]) nimmt die dargestellte Lehre von der Bestimmung der Deliktsgröße auf:

„Aumentare la imputazione, vuol dire aumentare la quantità del delitto, ma la quantità del delitto è tale, quale la constituiscono le circonstanze del fatto."[2]) Die Quantität des Delikts wird bestimmt durch die malvagità dell'azione, die ihrerseits durch den danno dall'azione medesima cagionato determiniert erscheint. Die malvagità dell'azione, nicht die malvagità dell' uomo muß für die Deliktsgröße maßgebend sein, soll nicht die Tätigkeit des Gesetzgebers mit der des Moralisten vertauscht werden.[3])

---

[1]) Opuscoli vol. II, Prato 1885. Quarta ediz. Stato della Dottrina sulla recidiva.

[2]) c. l. S. 129.

[3]) c. l. S. 129. I precedenti reati, in ordine ai quali il delinquente saldò il suo debito verso la società, non aumentano la gravità del delitto succesivo.

Die Deliktsgröße wird nun beim Rückfall nicht verändert, da der Verbrecher die, aus den frühern Delikten herstammende Quantität bereits durch die Strafe dem Staate abgezahlt hat, und die persönliche Schlechtigkeit als persönliche Eigenschaft auf die Strafgröße keinen Einfluß ausüben kann.[1]) Anders sei es allerdings dort, wo persönliche Verhältnisse auf die Größe des Dolus Einfluß haben, wie z. B. bei der Minderjährigkeit, ferner bei jenen persönlichen Verhältnissen, mit denen ein Bruch besonderer Pflichten verbunden ist, wie z. B. beim Vatermord (c. l. S. 130).

Nicht die Imputation also werde beim Rückfall geändert, sondern die höhere Strafe werde durch die relative Insuffizienz der gewöhnlichen Strafe gegenüber der Empfindlichkeit eines besondern Menschen gerechtfertigt.[2]) Carrara glaubt damit noch immer an der Deliktsgröße festzuhalten, die durch das, in der Außenwelt vom Täter Verursachte gegeben ist, der eine Strafgröße entspricht, die diese Wirkungen wieder aufhebt, indem er als Strafzweck bezeichnet: „il ristabilimento dell'equilibrio morale, della opinione della sicurezza vulnerata dal delitto"; daß damit die Besserung des Delinquenten zum Strafzweck gemacht werde, sucht er abzuweisen (S. 133); ebenso glaubt Carrara die Straferhöhung beim Rückfall durch seinen Lösungsversuch nicht auf eine Präsumtion gegründet zu haben, „ma sopra un fatto positivo, la cui significazione indubitata è la insensibilità di quell'uomo alla prima pena" (S. 134).

Es ist jedoch eine Selbsttäuschung, wenn Carrara damit seine, auf der Verursachung aufgebaute Imputationslehre noch aufrechtzuhalten, hier die Strafgröße nicht durch die Schlechtigkeit des Menschen zu bestimmen vermeint.

Denn es läßt sich eine feste Scheidung zwischen der Schlechtigkeit des Menschen und seiner Unempfindlichkeit gegen-

[1]) Egli è ormai principio generalmente concordato, non doversi punire la malvagità dell'uomo, ma la malvagità dell'azione, se non vuolsi confondere l'ufficio del legislatore penale con quello del moralista.

[2]) c. l. S. 133. La imputazione rimane l'istessa. Ma la pena è dimostrata dal fatto insufficiente relativamente alla sensibilità di quell'uomo.

über der Strafe nicht machen. Vielmehr ist die zweite ein Indiz für die erste.

Denn diese mangelnde Sensibilität ist nichts als ein Zeichen schwerer Motivirbarkeit durch Hemmungsvorstellungen, wie sie durch das Strafübel unmittelbar oder mittelbar dargeboten werden; dieser Mangel der Hemmung durch die Strafe ist aber wieder nichts anderes als ein Zeichen weitgehender Verrohung oder einer derartigen Stärke der, zum Verbrechen antreibenden Motive, daß ihnen gegenüber wenigstens diese Hemmung als zu schwach erscheint. Dieses Überwiegen der, zum Verbrechen treibenden Motive werden wir aber als Zeichen einer besonderen Schlechtigkeit des Verbrechers betrachten müssen[1]) Findet Carrara seinerseits die Straferhöhung beim Rückfall dadurch gerechtfertigt, daß hier die traurige Gewißheit besteht, daß die erste Strafe nicht ausreichend sei, so muß doch angenommen werden, daß bereits die erste Strafe durch ihr Maß die Aufgabe haben soll, jene Zustandsänderung bei dem Verbrecher herbeizuführen, bei der die Gesellschaft von dem Verbrecher nichts mehr zu fürchten hat, daß also die erste Strafe ihr Maß in dem, durch die erste Tat gezeigten Motivationsbedürfnis finden müsse, so daß also das Ziel der Strafe, das moralische Gleichgewicht, erst dann erreicht wäre, wenn die verbrecherische Potenz im Täter beseitigt ist.

Damit ist aber die Imputationslehre,[2]) die die Größe des Delikts in dem, durch die konkrete Tat hervorgebrachten sozialen Schaden findet, verlassen, die reale Bedeutung des Delikts mit der symptomatischen als Wertungsgrundlage des deliktischen Verhaltens vertauscht.

---

[1]) Auch die von Carrara herangezogene Verminderung des Dolus bei Jugendlichen ist nichts anderes als ein anderer Ausdruck dafür, daß die, bei diesen sich findenden verbrecherischen Vorstellungsmassen noch nicht innig mit der Individualität des Verbrechers verbunden sind.

[2]) Als Anhänger dieser Lehre werden bei Manzini, Recidiva S. 435 zitiert Nicolini, Questioni di diritto (Napoli 1888) II. pag. 551 Canonico, Del reato e della pene, pag. 338. Über Brusa, der hier ebenfalls zitiert ist: vgl. unten. S. 134 ff.

II. Die französische Schule.

Die französischen Anhänger dieser Imputationslehre ententzogen sich den Schwierigkeiten, die sie vielfach bei der Rechtfertigung der positivrechtlichen Strafgrößen, insbesondere der Straferhöhung beim Rückfall, bereitet, dadurch, daß sie zwar die interne Bedeutung der Delikte nach Maßgabe des, vom Täter verursachten Schadens bestimmt wissen wollen, daneben jedoch dem besonderen Zustand der täterischen Psyche einen selbständigen Einfluß auf das Strafmaß gewähren.

Den Forderungen des positiven Rechtes und der Kriminalpolitik an das Strafmaß konnte so, trotz der übernommenen Imputationslehre, dadurch nachgekommen werden, daß Strafgrößen, die sich mit der Imputationslehre nicht rechtfertigen ließen, einfach auf Rechnung des besonderen Zustandes im Täter gesetzt wurden.

Solange eine eklektische, aus General- und Spezialprävention gemischte Strafrechtstheorie herrscht, kann eine derartige Bewertungslehre weiter wuchern.

Sobald jedoch, der Gerechtigkeitsidee entsprechend, die Forderung nach einer, der konkreten Verschuldung entsprechenden Strafgröße aufgestellt wird, muß ein solches System ins Gedränge geraten.

Soll die sogenannte innere Kriminalität der Tat nicht eine bloße Scheinexistenz führen, so muß der, vom einzelnen Delikt gesonderte Zustand aus den Kreis der Faktoren, die die, dem Proportionalitätsgedanken entsprechende Strafgröße bestimmen, herausfallen, um höchstens für Sicherungsmaßregeln Bedeutung zu erlangen.

Die Lehre Chauveaus und Faustin Heliés[1]) ist für die ganze französische Richtung charakteristisch.

Die criminalité intrinsèque de l'action wird nach Maßgabe der Imputationslehre durch den sozialen Schaden bestimmt.[2])

---

[1]) Théorie du code pénal. 1. Bd. 6. Aufl. 1887

[2]) Siehe c. l. S. 17. „La gravité des actes sur le trouble qu'ils ont causé, et la moralité des agents sur les indices extérieurs qu'elle saisit", soll für die Wertung des deliktischen Handelns maßgebend sein.

Dieser matérialité du fait wird die moralité, culpabilité de l'agent (c. l. S. 324 I. B.), die criminalité extrinsèque de l'agent an die Seite gestellt. Bald wird zugestanden, daß dieser Zustand des Täters „etrangère au fait“ sei (S. 326 u. 345 c. l.), bald wird betont (S. 327 I. B. c. l.): „c'est le fait aggravé par une volonté plus criminelle et plus manifeste, qui alarme à un plus haut degré la sécurité publique“.

Die Straferhöhung beim Rückfall konnte mangels einer Vergrößerung der Imputation nicht durch eine Vergrößerung der Deliktsgröße gerechtfertigt werden, sondern nur dem besonderen Zustand des Täters zu Lasten geschrieben werden; deshalb wird die Straferhöhung beim Rückfall nicht den Geschworenen, sondern, im Anschluß an die konstante Praxis des französischen Kassationshofes,[1]) dem Richterkollegium zugewiesen (S. 345/246 c. l.).

Bei der Bestimmung der Strafgröße erscheint dieser Zustand des Täters neben der internen Bedeutung des Delikts zurückgesetzt, indem er nur innerhalb des, durch den materiellen Charakter der Tat bestimmten Strafrahmens berücksichtigt werden darf (S. 330 I. B. c. l.).[2])

Denselben Standpunkt vertritt eine Reihe von französisch schreibenden Schriftstellern, z. B. Haus (Principes généraux du droit pénal belge, II. B., 1879, S. 161), der zwischen dem caractère matériel du fait incriminé und der moralité de ce fait ou la culpabilité de l'auteur, Ortolan (Éléments de droit pénal, 1886, S. 565), der die éléments de fait und den état moral des Täters, Garraud (Traité théorique et pratique du droit pénal français. Deux. Ed. 1898. II. S. 518), der die criminalité de l'action und die culpabilité de l'agent unterscheidet. Bei Vidal (Cours de droit criminel. Trois. Ed. 1906) wird der

---

[1]) Siehe Entscheidungen vom 11. VI. 1812, 13. V. 1859, 21. VII. 1871, 20. IX. 1888.

[2]) Siehe auch S. 95. Chauveau-Helie, c. l. La pénalité doit donc être mesurée sur la gravité intrinsèque du délit, mais elle doit l'être a la fois sur l'impulsion criminelle qui porte à le commettre.

interne Charakter der Tat mit der getrennt behandelten temibilité zur quantité politique vereinigt. (S. 374. c. l.).[1][2][3]

Für eine Kritik dieser Lehre, die Schwere der Tat und Gefährlichkeit des Täters nebeneinander als selbständige Wertungsfaktoren für das Strafmaß betrachten will, sei auf die Stellungnahme zu der ähnlichen Lehre eines Zweiges der deutschen „klassischen Schule“ verwiesen.[4]

III. Der Rückschlag gegen den französischen Eklektizismus in den Bewertungsgrundlagen; die Versuche, durch die angebliche Erhöhung des „sozialen Schadens“ die erhöhte Strafbarkeit des Rückfalls zu rechtfertigen.

a) Brusa.

Einen Rückschlag gegen diesen, der französischen Lehre eigentümlichen Eklektizismus bei der Wertung des deliktischen Verhaltens, in Gestalt einer konsequenten Durchführung der,

---

[1]) Auch Bonneville de Marsangy, De la récidive, 1844, S. 26, unterscheidet die „gravité du délit en lui même“ und den „degré de perversité du coupable“.

[2]) Wie wenig das Verhältnis dieser beiden Faktoren zu Geschehnissen in der Außenwelt, die für die Strafgröße bestimmend sein sollen, geklärt ist, zeigt Laborde (Cours de droit criminel, 1898, S. 306). Nach ihm soll der Rückfall im Code pénal une circonstance aggravante de cette infraction sein; denn hätte man einen besonderen Zustand des Thäters auf die Strafgröße wirken lassen wollen, so hätte man für diesen Zustand ein Spezialdelikt schaffen müssen. Nach dem Rezidivistengesetz von 1885 sei es jedoch ein état de l'infracteur, où la culpabilité de l'agent ne joue aucun rôle, der die Zusatzstrafe rechtfertige (siehe Anm. 1 c. l.). Für die Frage, ob die, die Straferhöhung beim Rückfall rechtfertigenden Momente zur Kriminalität der Tat oder zu einem, von jener getrennten Zustand des Täters gehören, gibt es nur eine Antwort, mag jemand nach dem Code pénal oder nach dem Rezidivistengesetz von 1885 rückfällig werden.

[3]) Alimena (I limiti e i modificatori dell'imputabilità, 1899) sucht diesem Eklektizismus dadurch zu entgehen (I B. S. 392), daß er die temibilità des Delinquenten, den danno sociale und die minorata possibilità della difesa privata nur als die drei Seiten d'una stessa reita bezeichnet (III. B. S. 571). Der Rückfall mostra maggiore attitudine a ripetere il maleficio. Diese attitudo vergrößert den danno e il pericolo sociale und vermindert die Möglichkeit der Verteidigung, so daß auch er innerhalb der gravità des Deliktes Platz findet (III. B. S. 571).

[4]) Siehe unten II. Kap. § 3. IV. S. 192, 193.

auf der Verursachung aufbauenden Imputation, stellt die Wertungslehre E. Brusas[1]) dar, der darin der Schopenhauer-Merkelschen sehr nahe kommt.

Die Lehre, daß das Delikt seine Existenz im sozialen Schaden habe, seine Größe durch ihn bestimmt werde, die Psyche des Täters aber nur soweit in Betracht komme, als sie Ursache, wirkende Kraft ist, die diese Veränderungen in der Außenwelt hervorbringt, wird hier als Fortbildung der Lehre Carmignanis und Carraras (siehe c. l. S. 52) konsequent durchzuführen gesucht.

„Una giusta intelligenza della dottrina di sopra esposta sul valore obiettivo della intenzione criminosa[2]) deve aver posto in chiaro il principio, che l'essenza del reato sta nel danno giuridico, danno giuridico, il quale risulta, e dalla lesione della sicurezza del diritto (danno immediato), e dal turbamento della opinione di questa sicurezza nell'animo dei consociati (danno mediato).“[3])

„Il delitto risulta dalla intenzione criminosa in quanto è estrinsecata nel turbamento morale pubblico“.[4])

Die verschiedene Beschaffenheit des menschlichen Willens hat nach dieser Lehre nur Bedeutung, wenn und soweit sie sich in der Außenwelt verursachend zeigt.

„In diritto criminale la intenzione che determina al fatto imputabile ha un valore oggetivo per ciò che è un elemento della forza costitutiva del delitto, che è il turbamento della opinione della sicurezza giuridica.“[5])

Die Pflichtwidrigkeit kommt nur als Bedingung in Betracht, unter der der Wille des Menschen als Ursache eines sozialen Schadens angesehen werden kann. Ist einmal festgestellt, daß sie besteht, dann ist ein Weitereindringen in die Psyche des Täters für das Strafrecht nicht mehr am Platze; geschieht dies

---

[1]) Saggio di una dottrina generale del reato, Torino 1884; siehe daselbst die scharfe Kritik des französischen Dualismus S. 145 ff.

[2]) Er verweist auf §§ 56 ff. c. l.

[3]) § 147 S. 144 c. l.

[4]) S. 145 c. l.

[5]) § 63 S. 65 c. l.

doch in der Doktrin, dann ist es ein Verfallen in einen Subjektivismus, der nur als Ruin des Strafrechtes bezeichnet werden kann.[1])

„Per un turbamento dell' ordine morale, sebbene esterno, si richiede soltanto la condizione che l'agente fosse responsabile davvero quale causa volontaria; e questa è la ragione per cui contenuto del danno criminale è la intenzione soggetiva. Contenuto, però, e non contenente. Nel primo caso la intenzione è apprezzata unicamente nell'effetto morale esterno, timore cagionato ai cittadini onesti, male esempio ai malinclinati. Nel secondo caso l'intenzione porge pretesto al moralista, e all' utilitario per applicare il diritto, punitivo alle cause intime od esterne del reato e fare così dell'imputato, od uno strumento della giustizia intima e, nella sua idealità, anco arbitraria, ovvero uno strumento della utilità altrui, affine che sia risparmiata ai tristi e malinclinati la penalità, che imitando il colpevole essi incorrerebbero.

Il soggettivismo è la rovina del diritto criminale."

Diese ganze Lehre ist auf der Auffassung des menschlichen Willens als wirkende Kraft aufgebaut, der menschliche Wille als freie Kraft gefaßt, aus deren Mißbrauch das Delikt entsteht.[2])

Von diesem Standpunkt aus erscheint die Lehre über die Größe des Delikts und der ihr entsprechenden Strafe — das Fundament der Lehre als richtig vorausgesetzt — einer einheitlichen Durchführung möglich, nur muß stets mit dem Satze Ernst gemacht werden: Il delitto è un turbamento **concreto** dell'ordine giuridico positivo; e rapporto parimenti concreto è la proporzione fra il delitto e la sua imputazione o la sua pena.[3]) Es muß also stets die nötige Konsequenz beibehalten werden und **nur das** die Deliktsgröße und somit die Strafgröße in einem konkreten Fall beeinflussend angesehen werden, was an

---

[1]) S. 83 § 84.

[2]) L'atto della potenza delittuosa, cioè la forza costitutiva del delitto, sta nel mal uso delle forze libere. S. 54.

[3]) § 50 S. 54/55. Brusa bekennt hier auch die Ähnlichkeit seiner Lehre mit der Schopenhauers, Welt als Wille und Vorstellung, ed. Frauenstädt, Bd. I p. 408, B. II p. 685. „La differenza, apertissima a primo aspetto, è però solo di formula."

vorhandenen Veränderungen in der Gesamtpsyche des Volkes sich auf den Willen des Täters als Ursache zurückführen läßt, und umgekehrt nur das in concreto aus dem Innenleben des Täters berücksichtigt werden, was sich in concreto als wirkende Kraft in der Hervorbringung einer besonderen Veränderung in der Außenwelt, einem besondern sozialen Schaden sich geäußert hat.

Demgegenüber muß es jedoch als eine Unterstellung bezeichnet werden, wenn nun, um diese Theorie auch für moderne kriminalpolitische Probleme als brauchbar zu erweisen, von treuen Anhängern Brusas einfach behauptet wird, daß die Gefährlichkeit des Täters auch nach dieser Theorie ihre genügende Berücksichtigung finden könne, da diese sich stets als eine, einen besonders großen Schaden bewirkende Kraft auch in concreto darstellt.

b) Impallomeni.

So behauptet G. B. Impallomeni (Concorrenza reale e concorrenza formale, Catania 1884) einfach (S. 104): „Il danno pubblico del reato non può mai però essere concepito disgiunto dalle pericolosità del reo: la speciale temibilità del reo influisce sempre sulla temibilità del fatto, e perciò è uno elemento del danno sociale, giusto per il timore della riproducibilità relativamente più facile del delitto.

Il carattere del delinquente si comunica al carattere del delitto, sia che si manifesti in forma di motivi dell' azione, sia che si rilevi da quello insieme di qualità congenite o acquisite che mostrano una particolare eccitabilità al delitto, sia che dalla condotta anteriore, legalmente accertata, quali la recidiva, la qualità di ozioso e vagabondo."

Um insbesondere die Straferhöhung beim Rückfall nach dieser Theorie zu rechtfertigen, müßte nachgewiesen werden, daß der Täter infolge seiner Qualifikation, die ihm durch den Rückfall gegeben wird, einen größeren sozialen Schaden verursacht, und die weitere Folgerung gezogen werden, daß die Bedeutung des Rückfalls in concreto von der Größe der in concreto dadurch in der Außenwelt hervorgerufenen Störungen abhänge.

Es sucht wohl auch Impallomeni die Bedeutung des Rückfalls auf dieser Basis zu rechtfertigen. „E, poichè, a norma dei principî fondamentali da noi ritenuti, la quantità del reato cresce in ragione del danno stesso sociale col medesimo cagionato, la recidiva è una circonstanza che aggrava la responsabilità penale del delinquente, perchè ne aggrava l'imputazione."[1])

Führt aber der von ihm hier herangezogene soziale Schaden wirklich die „esistenza di un fatto reale", die ihm beigelegt wird?[2])

Impallomeni sagt uns selbst, worin dieser soziale Schaden besteht:

„Questo danno è il pericolo della riproduzione del reato, o per opera dello stesso reo, o per opera dei male inclinati: la qual cosa non è un semplice male di opinione, ma è un danno tanto positivo, quanto quello della violazione della legge, poichè è la consequenza diretta del fatto del reato, qual' esso realmente è, con tutti gli elementi, personali o materiali che servono a caratterizzarlo."[3])

Also die Gefahr der Wiederholung des Deliktes — vor allem auf seiten des Delinquenten —, die auf Grund seiner psychischen Eigenschaft sich ergebende Wahrscheinlichkeit der Wiederholung soll diesen besonderen sozialen Schaden darstellen, der beim Rückfall die höhere Bestrafung rechtfertigt!

Dazu ist jedoch zu bemerken, daß nur dann die, auf Grund des deliktischen Verhaltens festgestellte Wiederholungswahrscheinlichkeit im Täter unter dem Gesichtspunkt des verursachten Schadens bei der angeführten Imputationslehre im Strafmaß gewertet werden kann, wenn die diese Wahrscheinlichkeit bestimmenden Elemente sich in concreto in der Außenwelt manifestiert haben.

---

[1]) Impallomeni, La recidiva secondo il nuovo codice penale italiano. Rivista penale Bd. XXX S. 223.

[2]) S. 226 La recidiva c. l.

[3]) S. 226 La recidiva c. l.

Nur dann könnte man sagen, daß eine besondere Erregung in der Volkspsyche als Wirkung dieser Elemente, als sozialer Schaden, die Gefährlichkeit im Täter widerspiegele; dann könnte umgekehrt eine der Gefährlichkeit des Delinquenten entsprechende Strafe auch vom Standpunkt der auf der Verursachung aufbauenden Zurechnungslehre gerechtfertigt erscheinen, da dann der verursachte Schaden stets der Gefährlichkeit entsprechen würde.

Wenn man aber bedenkt, wie schwer die Psyche des Delinquenten auf ihre soziale Gefährlichkeit hin erforscht werden kann, da oft erst nach längerer Beobachtung über die Zeit der Tat hinaus eine annähernd sichere Diagnose über die soziale Gefährlichkeit eines Menschen abgegeben werden kann, dann wird die Behauptung, daß soziale Gefährlichkeit des Delinquenten und die durch die Tat verursachten Veränderungen in der Gesamtpsyche des Volkes in ihren Größen stets korrespondierend seien, zurückgewiesen werden müssen.

Impallomeni sucht sich gegen diese Vorwürfe, die vor allem gegen die, auf der Verursachung aufbauende Lehre in der Benthamschen Form[1]) erhoben wurden, dadurch zu schützen, daß er erklärt, daß dieser Schade mit dem Delikt, mit der Rechtsverletzung, zusammenfalle, indem er sei „un danno che nasce col reato medesimo" (S. 226 Recid. c. l.). Damit wird aber der Boden einer Lehre betreten, die das Kriterium der Ursächlichkeit auf die Beziehung von Abstraktionen anwendet, eine Lehre, die auf einer Substantiierung von Recht und Rechtsverletzung beruht,[2]) die mit der Erkenntnis fällt, daß es sich hier nicht um Geschehen handelt, die kausal miteinander verbunden sind, sondern um einen mehr oder minder zutreffenden Ausdruck für den Bestand eines bestimmten Zustandes in der Psyche bestimmter Personen, der gegenüber dem, durch die Norm geforderten, eine größere oder geringere Divergenz zeigt; damit wird aber der Rückfall, für dessen Beachtung im Strafmaß als

---

[1]) Der allarme sociale, der durch den Täter verursacht ist, als Grundlage für die Bewertung des Delikts.

[2]) Siehe Hold v. Ferneck, Die Rechtswidrigkeit. I. B. 1903. S. 213.

legislativer Grund angegeben ist der „ostinato disprezzo della legge e della guistizia“,[1]) „una mera presunzione“[2]) für das Vorhandensein dieser Stimmung im Delinquenten, während Impallomeni selbst durch seine Theorie der Begründung des Rückfalls durch eine Präsumtion entgehen will.[3])

c) V. Manzini.

Auf der Basis der Verursachung versucht auch V. Manzini (La Recidiva nella sociologia, nella legislazione e nella scienza del diritto penale, Firenze 1899, S. 443 ff.) die Straferhöhung beim Rückfall zu rechtfertigen, indem er die beim Rückfall erfolgte größere Verletzung des allgemeinen Rechts auf Sicher heit als Grund der Straferhöhung anführt.

Er konstruiert nämlich bei jedem Delikt die Verletzung zweier Rechte: „1. la violazione di un particolare diritto, che dà forma e carattere speciale al reato; 2. la violazione del diritto generale della sicurezza, spettante ad ogni cittadino“ (c. l. S. 443).

Während beim Erstdelikt die Verletzung dieses generellen Rechtes von der des partikulären Rechtes absorbiert wird, muß beim Rückfall ein Plus an Strafe hinzukommen, da ein Zuwachs der Verletzung des Rechtes auf Sicherheit dazu kommt.

„La ripetizione della violazione generale offende maggioramente, che la prima volta, il diritto alla sicurezza a ciascuno spettante . . .“ (c. l. S. 444).

Überdies zeige die Statistik, daß sehr oft auf das zweite Delikt ein drittes folge, wenn nicht eine adäquate Strafe den Rückfälligen treffe.

Mit dieser ganzen Lehre werde jedoch nicht die Lehre von allarme sociale als Grundlage für die Deliktsbewertung angenommen; denn nicht die Bürger sind es, die die Wiederholung des Deliktes voraussehen, da diese oft gar nicht merken, daß ihr Recht auf Sicherheit des Zusammenlebens verletzt ist, sondern der Staat hat vorzusehen, daß sein Schutz sich nicht

---

[1]) Recidiva c. l. S. 227.

[2]) Recidiva c. l. S. 225.

[3]) Recidiva c. l. S. 225.

allein auf ein partikuläres Recht beschränke, sondern vor allem die innere Rechtsordnung sichere, die am meisten durch die Tat des Rückfälligen gestört werde.

Die Schlußfolgerung aus der beim Rückfall erfolgenden stärkeren Verletzung ist, daß „le forze morali del reato commesso in recidiva sono quindi aumentate" (c. l. S. 444); damit ist das Wachsen der imputabilità und weiter das der responsabilità des Delinquenten erwiesen und die Straferhöhung beim Rückfall gerechtfertigt (c. l. S. 445).

Dagegen ist vor allem zu bemerken, daß die Aufstellung dieses allgemeinen Rechtes auf Sicherheit mancherlei Bedenkliches hat. Dieses Recht, das sich auf alle Bürger beziehen soll (siehe oben Zit. von S. 443), wird gegen die Auffassung, daß es sich hierbei um eine „astrazione" (c. l. S. 444 unten) handle, dadurch verteidigt, daß darauf hingewiesen wird, daß hier eine notwendige Bedingung des Zusammenlebens und der moralischen Entwicklung der Menschen im Spiele sei.

Daraus dürfte sich aber ergeben, daß die Bürger Träger dieses Rechtsgutes sind, dieses also in concreto nur dann durch den Rückfälligen besonders verletzt werden könnte, wenn die Qualifikation als Rückfälliger ein Plus an Beunruhigung im Zeitpunkt der Tat an den Trägern des Rechtsgutes hervorruft.

Dieser Auffassung wird von Manzini widersprochen durch den Hinweis, daß diese Veränderungen nicht in den Bürgern hervorgerufen zu werden brauchen, da diese Verletzung den Staat als solchen treffe.

Also der Staat, von dem Volke gesondert, soll Gegenstand der besonderen Verletzung beim Rückfall sein, diese als besondere Folge einer besonderen Kraft als Ursache gefaßt! Kann man aber bei einer solchen Auffassung — der Staat als solcher als Objekt der Verletzung — dem Ausdruck, daß das Recht auf Sicherheit durch den Rückfälligen mehr verletzt werde, noch reale Bedeutung beimessen, in dem Sinn, daß es sich hier um kausal zu betrachtende Veränderungen handelt, die wegen der besonderen moralischen Kraft des Deliktes eingetreten sind? — Auch hier dürfte es sich doch wieder um eine jener Substantiierungen handeln, die bereits früher hervorgehoben sind.

Und der Inhalt der besonderen Verletzung, die durch den Rückfälligen verursacht ist! Das hier ausschlaggebende Plus soll in der, im Staate wegen künftiger Rückfälle eintretenden Beunruhigung bestehen.

Diese Wahrscheinlichkeit künftiger Rückfälle wird sich vor allem auf die, durch den konkreten Rückfälligen dargebotene Wahrscheinlichkeit für die Begehung künftiger Delikte beziehen.

Daß die Größe der, durch die Psyche des Delinquenten bestimmten Wahrscheinlichkeit für die Deliktswiederholung nicht der Größe der, durch die verbrecherische Tat hervorgerufenen Wirkungen proportional sein wird, darauf wurde bereits hingewiesen.

Bezüglich der Störung der Ordnung durch den Rückfall wird aber weiter auch auf die Beunruhigung verwiesen, die durch das Aufmerksamwerden auf das, in der Statistik sich aussprechende „Gesetz der großen Zahl" hervorgerufen wird, das uns die Befürchtung nahelegt, daß bei anderen Personen ebenfalls Rückfälle eintreten werden.

Kann man aber die Größe dieser in concreto eintretenden Wirkung auf die forza morale des Delikts zurückführen, in der Art, daß diese Wirkung nur Manifestation der im Delikt angenommenen Kraft sei?

Operiert man hier mit der Kraft als dem, die Deliktgröße bestimmenden Faktor, so muß man auch weiter das Energiegesetz hier akzeptieren, d. h. nur soweit etwas als Wirkung einer Kraft bezeichnen, soweit nicht andere Kräfte mitgewirkt haben, denen ihrerseits zu einem großen Teile die Wirkungen zuzuschreiben sind.

Dies muß auch hier geschehen.

Die Größe der Störung der Rechtssicherheit, wie sie auf Grund der Beachtung der Statistik erfolgt, kann mit der sogenannten moralischen Kraft des Deliktes nicht in die unmittelbare Beziehung von der Folge zur Ursache gebracht werden.

Die Größe der Störung der Rechtssicherheit wird nicht auf der, in dem konkreten Delikt sich äußernden Kraft beruhen sondern auf der durch die Statistik gewonnenen Erkenntnis von dem Bestande gewisser konstanter Faktoren, die ebenso wie sie bei dem konkreten Rückfall mitgewirkt haben, auch in anderen Fällen fortwirken werden.

Die auf Grund der Kenntnis der statistischen Feststellungen eintretende Beunruhigung, die hier als Grund für die höhere Bestrafung des Rückfalls angeführt wird, ist aber durchaus nichts dem Rückfall Eigentümliches.

Sie wird bereits bei Erstdelikten deutlich hervortreten, bei denen die Statistik ein „sozialpathologisches" Anschwellen dieser Deliktsspezies zeigt.

Deshalb ist es gar nicht abzusehen, warum beim Erstdelikt einfach diese Störung der Rechtssicherheit in der Verletzung des konkreten Rechtsgutes — wie es Manzini darstellt — aufgehen soll, während ihr auf einmal beim Rückfall solch große Bedeutung beigelegt wird.

So dürfte auch dieser Versuch, auf dem Boden der, auf dem Verursachten aufgebauten Deliktsgröße dem Rückfall die in der positiven Gesetzgebung beigelegte und von der Kriminalpolitik geforderte Bedeutung zu sichern, als nicht geglückt erscheinen.[1][2]

---

[1]) Betreffs der von Manzini (S. 445) nebenbei aufgenommenen Theorie von dem durch den straordinario disprezzo della legge e del magistrato verursachten danno sociale gilt das bei Impallomeni Gesagte.

[2]) In der deutschen Literatur ist eine ähnliche Lehre von der beim Rückfall eintretenden Idealkonkurrenz bereits von Schröter, Handbuch des peinlichen Rechts etc., Leipzig 1818, I. Bd., vertreten. S. 188. Von dem Zusammentreffen mehrerer Rechtsverletzungen. Die Rechtsverletzungen, deren Schuld bereits getilgt ist, kämen insofern hier in Betracht, „als die nach erlittener, insonderheit nach mehrmals erlittener Strafe, wiederholte selbige Rechtsverletzung (delictum repetitum sive reiteratum), nicht bloß aus dem allgemeinen Gesichtspunkte, sondern auch aus dem besondern einer, durch auffallenden Trotz gegen die Gesetze der Staatsgewalt zugefügten Beleidigung anzusehen ist. Welcher Fall einer von denen ist, die unter der, im folgenden zu erklärenden Benennung einer mehrfachen Rechtsverletzung begriffen werden."

II. Kapitel.

Die deutsche Doktrin.

§ 1. Kant.

I. Kants Lehre von der Gleichheit zwischen Verbrechen und Strafen.

Zu einer Klärung der Lehre von den, die Wertung des Deliktes bestimmenden Faktoren, die am Ende des 18. Jahrhunderts, einem prinzipienlosen Eklektizismus huldigend, die reale und die symptomatische Bedeutung des deliktischen Verhaltens willkürlich nebeneinander bei der Bestimmung des Strafmaßes verwendete, führte das Eindringen der Kantischen Philosophie in die Strafrechtsdoktrin. Kants Lehre brachte das Prinzip des gerechten Strafmaßes, das in dem Gedanken der Proportionalität zwischen Verbrechen und Strafen liegt, von neuem, in seiner normativen Bedeutung für die Strafgröße, zur Geltung.

Das Prinzip der Gleichheit zwischen Verbrechen und Strafen, das sich auf Grund einer Analyse der, den kategorischen Imperativ darstellenden Tatsache unseres Bewußtseins als das Kriterium der Richtigkeit des Strafmaßes ergibt,[1]) fordert eine Auseinandersetzung über die Deliktsgröße und deren Bestimmungsfaktoren.

Erst dann kann das Prinzip der Gleichheit in seiner normativen Funktion für die Strafgröße einsetzen, sobald in der Gleichung der Platz der Verbrechensgröße ausgefüllt ist.

---

[1]) I. E. Kant, Metaphysik der Sitten. I. Teil. Metaph. Anfangsgr. der Rechtslehre. Ausg. v. Hartenstein. VII. B. Leipzig 1868. S. 150. „Welche Art aber und welcher Grad der Bestrafung ist es, welche die öffentliche Gerechtigkeit, sich zum Prinzipe und Richtmaße macht? Kein anderes als das Prinzip der Gleichheit (im Stande des Züngleins an der Wage der Gerechtigkeit), sich nicht mehr auf die eine als auf die andere Seite hinzuneigen . . . Nur das Wiedervergeltungsrecht (ius talionis), aber wohl zu verstehen, vor den Schranken des Gerichts (nicht in deinem Privaturteile), kann die Qualität und Quantität der Strafe bestimmt angeben; alle anderen sind hin und her schwankend und können anderer sich einmischender Rücksichten wegen keine Angemessenheit mit dem Spruch der reinen und strengen Gerechtigkeit erhalten."

Denn dieses hier aufgestellte Prinzip ist vor allem ein rein formales[1]) als Ausdruck der Tatsache unseres Bewußtseins welche Gleichheit zwischen Delikt und Strafe fordert. Diese kann unwandelbar sein, trotzdem sich die Deliktsgröße inhaltlich und dadurch auch die Strafgröße in der Zeit verändern kann.

Bars Kritik,[2]) der der Straftheorie Kants kaum die Bezeichnung eines wissenschaftlichen Versuches zuteil werden läßt und insbesondere ihre Unvereinbarkeit mit der Entwicklungsgeschichte der Moral behauptet, ist, soweit es die rein formale Bedeutung dieser Theorie anbelangt, nicht zutreffend.[3])

Denn die Delikts- oder Schuldgröße, die in diese Form eingesetzt werden soll, kann verschieden ausfallen, je nachdem man die Bedeutung des Delikts in dem sieht, was es uns im Verbrecher enthüllt, oder in dem, was es in der Außenwelt

---

[1]) Anhang erläuternder Bemerkungen zu den metaphysischen Anfangsgründen der Rechtslehre für die Besitzer der ersten Auflage. Königsberg 1798. c. l. S. 116. „. . . indem ich das ius talionis der Form nach noch immer für die einzige a priori bestimmende (nicht aus der Erfahrung, welche Heilmittel zu dieser Absicht die kräftigsten wären, hergenommene) Idee als Prinzip des Strafrechtes halte."

[2]) Handbuch S. 242.

[3]) v. Bar, Handb. S. 242. „Sie (die Strafrechtstheorie) ist nichts als einfache Berufung auf das unmittelbare und in der Zeit, in welcher Kant lebte, doch schon individuell recht verschiedene Gefühl. Schwerlich wird heutzutage noch ein wissenschaftlich Gebildeter behaupten wollen, daß es einen kategorischen, in der Weise wie Kant annahm, stets sich gleichbleibenden Imperativ gebe. Die Ethik hat ihre Entwicklungsphasen in der Geschichte, und diese Betrachtung wie die Rechtsgeschichte zerstört unerbittlich die Annahme einer, vom Uranfange an geltenden Todesstrafe des Mörders." So hat auch Hepp (Darstellung und Beurteilung der deutschen Strafrechtssysteme, Heidelberg 1843, I. S. 79, 95 u. 98) mit Recht dieses Gleichheitsprinzip gegen die ungerechten Angriffe verteidigt; die Frage, ob der Inhalt jener Tatsache des Bewußtseins, welches sich der Form nach als Proportionalität zwischen Schuld und Strafe darstellt, richtig aufgefaßt ist (S. 79), ist von der Frage nach der Gültigkeit der Form zu trennen. Für Kant will er die Frage, ob er die Talion inhaltlich gefaßt, durchaus nicht bejahen (S. 96); selbst dieses zugegeben, würde nur folgen, daß „Kant den Satz der Gleichheit oder der völligen Ebenmäßigkeit der Strafe mit dem Verbrechen unrichtig angewendet habe, die unrichtige Anwendung eines Begriffes aber noch nicht die Unrichtigkeit des Begriffes selbst beweist". Hepp sieht auch in Kants Ausführungen nur das Prinzip der formellen Talion, die nur bei den angeführten Beispielen, beim Morde zufällig mit der materiellen zusammenfällt (S. 98).

wirkt. So kann der Wert des Verbrechens verschieden sein, dem nach Kants reformatorischem Schlagwort die Quantität und Qualität der Strafe entsprechen müsse.[1])

II. Die Ausfüllung der, in dem Gleichheitsprinzip vorhandenen Form in Kants eigener Lehre.

Wie Kant selbst diese konkreten Werte bestimmt, darüber herrscht nicht völlige Klarheit.

Während z. B. Kuno Fischer (S. 159 Gesch. d. neuer. Philosophie, V. Bd. II. T., IV. Aufl., 1899) in der materiellen Talion, in „Auge um Auge, Zahn um Zahn" die Formel der strafenden Gerechtigkeit findet, wendet sich Hepp (I. Bd. S. 97 Strafrechtssysteme) gegen diese Auslegung der Kantischen Talionsidee im Sinne der alttestamentarischen, dessen von Fischer angeführte Rechtsparömie sich bei Kant nirgends findet (c. l. S. 98).

Für die Annahme, daß dieses Prinzip bei Kant im Sinn einer Gleichung mit dem durch den Täter verursachten Schaden gefaßt ist, sprechen vor allem Kants Beispiele, die leicht im Sinn einer materiellen Talion zu deuten sind.

Wieweit dagegen Folgerungen aus Kants Zurechnungslehre, die vor allem für das Gebiet der Moral gilt, auch für das Rechtsgebiet zu ziehen sind, ja, welche Bedeutung diese Zurechnungslehre überhaupt hat, ist nicht völlig unzweifelhaft.

„Zurechnung (imputatio) in moralischer Bedeutung ist das Urteil, wodurch jemand als Urheber (causa libera) einer Handlung, die alsdann Tat (factum) heißt und unter Gesetzen steht, angesehen wird; welches, wenn es zugleich die rechtlichen Folgen aus dieser Tat bei sich führt, eine rechtskräftige (imputatio iudiciaria s. valida), sonst aber nur eine beurteilende Zurechnung (imputatio diiudicatoria) sein würde." [2])

Damit hat Kant die bereits geschilderte naturrechtliche Zurechnungslehre aufgenommen und ihr so durch seine Autorität die Kraft zu weiterem Leben in der Doktrin eingehaucht.

---

[1]) Wahlberg, Das Maß und die Wertsberechnung im Strafrechte, S. 12. Gesammelte kleinere Schriften und Bruchstücke über Strafrecht usw. Wien 1875. 3 Bd.

[2]) c. l. S. 24/25.

Stützt man auf dieser Lehre die Bewertung der Tat, so muß sie, wie bereits dargelegt, zur Bewertung der Tat nach ihrer realen Bedeutung kommen, die durch die im Einzelfall in der Außenwelt hervorgerufenen Veränderungen bedingt ist.

Allein Kant dürfte diese Lehre nicht in diesem Sinn gefaßt haben. Vielmehr setzt er, wenigstens bei der imputatio iudiciaria, die Bewertung des einzelnen Verhaltens in der Gestalt von rechtlichen Folgen, die an dasselbe im Gesetz geknüpft sind, bereits voraus.[1]

Von welchen Grundsätzen diese, bereits als gegeben vorausgesetzte rechtliche Bewertung ausgegangen ist, darüber sagt uns dieses Zurechnungsurteil nichts, vielmehr stellt es nur fest, daß in concreto der Fall eingetreten ist, für den ein bereits fertiges Werturteil bereit steht.

Während dieses Zurechnungsurteil, als Grundlage der materiellen Bewertung, da auf der konstanten Basis der Kausalität aufgebaut, keine intensiven, sondern nur extensive, durch das Maß dessen, was zugerechnet wird, bestimmte Abstufungen kennt, spricht auch Kant von Graden der Zurechnungsfähigkeit einer Handlung, die auf der ebenfalls naturrechtlichen Motivehre aufgebaut sind und für die der Zusammenhang des einzelnen ursächlichen Verhaltens mit dem Gesamtcharakter der Persönlichkeit ausschlaggebend ist.[2]

Diese Bewertung des äußeren Verhaltens auf Grund der Erforschung seiner psychischen Grundlage, als deren Symptom die einzelne Tat erscheint, auch für die Bestimmung der Schuldgröße im Strafrecht zu verwenden, steht durchaus nicht im Widerspruch mit Kants Auffassung über die Grenzen des Rechtes gegenüber der Moral.[3]

---

[1]) Siehe oben Feuerbach. S. 112.

[2]) S. 25 c. l. „Subjektiv ist der Grad der Zurechnungsfähigkeit (imputabilitas) der Handlungen nach der Größe der Hindernisse zu schätzen, die dabei haben überwunden werden müssen ... Dagegen je kleiner das Naturhindernis, je größer das Hindernis aus Gründen der Pflicht, desto mehr wird die Übertretung (als Verschuldung) zugerechnet. — Daher der Gemütszustand, ob das Subjekt die Tat im Affekt oder mit ruhiger Überlegung verübt habe, in der Zurechnung einen Unterschied macht, der Folgen hat."

[3]) S. 16 c. l. „Alle Gesetzgebung also ... kann doch in Ansehung der

Kants Scheidung zwischen Moral und Recht gestattet die Berücksichtigung des gesamten internen Prozesses im Täter im Gebiet des Strafrechtes. Nur ist das „Wie" seiner Beurteilung im Strafrecht und in der Moral verschieden.

Für das Strafrecht kommt es nur darauf an, im Täter das Bestehen jenes psychischen Gleichgewichtszustandes zu erhalten, resp. herzustellen, der niemals in Handlungen ausarten kann, die sich unter dem gegebenen Einfluß der, aus dem Milieu stammenden Reize als ein Abweichen von dem normalen Verhalten der Menschen darstellt, jenes Zustandes, bei dem nur solche äußere Verhalten vorkommen können: „die oder nach deren Maxime die Freiheit der Willkür eines jeden mit jedermanns Freiheit nach einem allgemeinen Gesetze zusammen bestehen kann." [1]) Durch welche Motive im einzelnen Fall dieses Gleichgewicht erhalten wird, ist für das Strafrecht gleichgültig, während dies für die Moral nicht gilt.

Das Abweichen von diesem Gleichgewichtszustand bildet uns das Maß für die innere Bosheit des Täters und zugleich für die Strafe.

So sagt auch Kant S. 151 c. l.: „Diese Gleichheit der Strafen . . . offenbart sich darin, daß dadurch allein proportionierlich mit der inneren Bösartigkeit der Verbrecher das Todesurteil über alle . . . ausgesprochen wird."

III. Die Spaltung bei der Weiterbildung der Kantischen Lehre.

Der Satz Kants, daß in dem einzelnen Verbrechen die Grundlage für die Bewertung durch die Strafe gefunden werden

---

Triebfedern unterschieden sein. Diejenige, welche eine Handlung zur Pflicht, und diese Pflicht zugleich zur Triebfeder macht, ist ethisch. Diejenige aber, welche das letztere nicht im Gesetze mit einschließt, mithin auch eine andere Triebfeder, als die Idee der Pflicht selbst zuläßt, ist juridisch. . . . Man nennt die bloße Übereinstimmung oder Nichtübereinstimmung einer Handlung mit dem Gesetze, ohne Rücksicht auf die Triebfeder derselben, die Legalität (Gesetzmäßigkeit); diejenige aber, in welcher die Idee der Pflicht aus dem Gesetze zugleich die Triebfeder der Handlung ist, die Moralität (Sittlichkeit) derselben."

[1]) c. l. S. 27.

müsse, führte in seiner Anwendung zu verschiedenen Strafgrößen, je nachdem man der Bewertung des Deliktes seine reale oder seine symptomatische Bedeutung zugrunde legte.

Die letztere wurde von Henke und den Hegelianern angenommen, wenn auch bei den letzteren eine gewisse Ungenauigkeit der Terminologie Zweifel hierüber erregen konnte.

Die reale Bedeutung des Delikts, bestimmt durch den, von dem Delinquenten verursachten Schaden, tritt zuerst bei Zachariae auf, um dann in den Vergütungstheorien wenigstens scheinbar die Grundlage für das Strafmaß zu bilden (Welcker). Einen größeren Einfluß bekam jedoch diese Lehre erst durch die Aufnahme Schopenhauerscher Ideen im Strafrecht (Merkel). Erst dadurch konnte die, auf der Verursachung aufgebaute Bewertungslehre ein weiteres Feld auch in der Strafrechtsdoktrin erobern, gegenüber der, bis dahin geltenden, an Hegel anschließenden subjektivistischen Wertung.

§ 2. Die „Symptomatiker".

I. Henke.

Nach Henkes[1]) Theorie beruht das Strafrecht auf der Gerechtigkeitsidee, die sich in einem jeden durch jene innere Stimme äußert, welche die Vergeltung jeglicher bösen Tat durch Strafe fordert.[2])

Diese Bewußtseinstatsache sucht Henke weiter dadurch zu rechtfertigen, daß in Verfolgung dieser Idee „der Staat, als innerer Organismus gedacht, jedes krankhafte Leiden[3]) eines seiner Glieder (das Verbrechen aber ist die äußere Erscheinung einer inneren Zerrüttung) notwendig mitempfindet, und nicht eher die verlorene Gesundheit wiedererlangt, als bis dem Verbrecher durch Strafe sein Recht widerfahren und er entweder physisch oder bürgerlich vernichtet ist, oder durch die Unter-

---

[1]) Ed. Henke, Lehrbuch der Strafrechtswissenschaft. Zürich 1815; Handbuch des Kriminalrechts und der Kriminalpolitik. Berlin und Stettin 1823.

[2]) Lehrbuch § 3.

[3]) Lehrbuch S. 6 § 4.

werfung unter eine andere, seine Existenz nicht aufhebende Strafe sich als dienendes Glied des Ganzen und als unterworfen dem gemeinsamen Gesetze bekannt hat, und somit in das richtige Verhältnis zum gesamten Organismus des Staates zurückgetreten ist".

Ausfluß dieser Gerechtigkeitsidee ist es, daß jeglicher nach seinem Verdienst gestraft werden soll, wodurch sich als höchster Maßstab der Strafe die Verschuldung ergibt.[1]) Diese Verschuldung ist bei Henke durch besondere Qualifikationen des täterischen Willens bestimmt. Da diese dem irdischen Richter nicht unmittelbar zugänglich sind, müssen sie durch das unserer Beobachtung unmittelbar Zugängliche, durch die äußerlichen Veränderungen erschlossen werden.

So kommt Henke von seinem Prinzip der Wiedervergeltung, wie einst Grotius, von dem er offenbar beeinflußt ist,[2]) zu einem Wertungsstandpunkt, der dem der relativen Theorie Grolmanns sehr ähnlich ist, wenn er sagt:[3]) „daß die, durch das Verbrechen in der Außenwelt hervorgebrachte Wirkung zur Bestimmung des Maßes der Strafe nur insofern dienen mag, als daraus ein Schluß gezogen werden kann auf den Umfang und die Stärke des widerrechtlichen Willens".[4]) Henke hat damit die, zu einer völligen Sterilität gelangte rechtliche Zurechnungslehre, die sich in dem Urteile der Willenskausalität für die Rechtsverletzung erschöpfte, verlassen. Während diese Lehre zur materiellen Bewertung verwendet nur eine Bewertung des Delikts nach Maßgabe des Erfolges zuläßt, da es für sie nur eine Zurechnung von mehreren und nicht ein mehr Zurechnen gibt,[5]) suchte Henke die Zurechnungslehre im Anschluß an E. F. Klein psychologisch zu vertiefen. Bereits

---

[1]) Lehrbuch S. 81 § 96.

[2]) Er zitiert ihn auch S. 6 c. l. bei Darlegung des Strafgrundes.

[3]) Handbuch S. 500.

[4]) Diese Lehre findet sich bereits bei dem von Henke zitierten Weber, Arch. d. Kriminalrechts VII. B. 2. St. S. 239. Ansichten über die Zurechnung der Verbrechen und den obersten Grundsatz und Maßstab peinlicher Strafen.

[5]) Kleinschrod, Grundzüge der Lehre von der Zurechnung der Verbrechen. N. Arch. des Kriminalrechts I. B. 1. St. S. 12.

E. F. Klein[1]) hat darauf hingewiesen, daß bei der Zurechnung eine Wertbestimmung des Handelnden stattfinde, nach dem gesellschaftlichen Wert des Menschen, der bei dem Verbrecher in der bösen Maxime[2]) liegt, nach welcher sich der Mensch, ohne Rücksicht auf das Gesetz und die Rechte anderer, seine Lüste ohne Rückhalt zu befriedigen erlaubt. Von Klein beeinflußt, hat auch Henke[3]) daran festgehalten, daß, ebenso wie die moralische Beurteilung einer Tat sich nicht auf die Gesinnung beschränken dürfe, auch die juridische Wertung sich nicht lediglich auf den Körper der Tat, abgesondert von der Gesinnung, beschränken dürfe. Das einzige, was die Tätigkeit des juridischen von dem moralischen Richter unterscheide, ist nicht das „Was“ sondern das „Wie“ der Beurteilung.[4])

Damit hat er auch den Vorwurf, der vielfach gegen ein derartiges Vorgehen gemacht wurde, daß damit der Strafrichter zum Sittenrichter werde, daß damit die nur Gott allein zugängliche innere Bosheit, die für die Welt gar nicht erkennbar sei, als Beurteilungsmaßstab eingeführt werde, beseitigt.

Aufgabe der Strafrechtswissenschaft ist es vor allem, den Umfang und die Stärke des widerrechtlichen Willens zu erforschen. So kommt es daher darauf an, „die Bestimmungsgründe für die Größe der Verschuldung aufzusuchen, und von allen, zunächst von der objektiven Gestalt einer verbrecherischen Tat hergenommen nachzuweisen, in wiefern aus ihnen auf Stärke und Umfang des widerrechtlichen Willens geschlossen werden kann.“[5]) „Je wichtiger sich die, dem Verbrecher entgegenstehende Verbindlichkeit in dem Bewußtsein des Verbrechers ankündigen mußte und mit je größerer Kraft die Einwirkung

---

[1]) E. F. Klein, Über die Schätzung des Menschen und seiner Handlungen usw. Arch. des Kriminalrechts IV. B. 4. St. 1802. S. 52.

[2]) E. F. Klein, c. l. S. 72.

[3]) Henke, Handbuch S. 301.

[4]) Henke, Handbuch S. 302. „Das einzige, worin beide sich unterscheiden, ist, daß der juridische Richter aus dem Äußeren auf das Innere, aus der Tat auf die sittliche Schuld und auf den Grad derselben schließt, während der moralische Richter die Tat nach der Gesinnung richtet.“

[5]) Henke, Handbuch S. 506 § 75.

der Vorstellung auf das Begehrungsvermögen des Verbrechers unterdrückt worden ist, um so strafbarer ist das Verbrechen."[1])

So kommt die Wichtigkeit des verletzten Rechtsgutes,[2]) der Umfang und die Ausdehnung der Verletzung, die Motive, die nach den besonderen Verhältnissen des Verbrechers der Gesetzesübertretung entgegenwirken müssen, als Erkenntnismittel seiner rechtswidrigen Gesinnung in Betracht.[3]) Die Bestrafung von Vorsatz und Fahrlässigkeit, Täterschaft und Beihilfe, Art der Ausführung wird ebenfalls unter diesem Gesichtspunkt gewertet.

So ist es Henke auch möglich, als Schuldsymptom Rückfall und Gewohnheitsmäßigkeit entsprechend zu werten, wo es sich um die Verwertung der früheren Handlungen des Verbrechers als Erkenntnismittel seiner, im Zeitpunkt der abzuurteilenden Tat vorhandenen Verschuldung handelt. Daß durch die erlittene Strafe der verbrecherische Wille noch nicht gebeugt ist, daß die frühere Strafe unzulänglich ist,[4]) rechtfertigt die höhere Strafe, indem dies einen, gegen das Gesetz bestehenden Trotz des Verbrechers beweise. Von einem solchen könne man nur bei Gleichartigkeit der Verbrechen und bei Wiederholung nach völliger Verbüßung der Strafe sprechen.

Bezüglich der Berücksichtigung der Gewohnheitsmäßigkeit ist ein gewisser Zwiespalt in seinen Ansichten zu verzeichnen. In seinem Lehrbuch[5]) stellt er den allgemeinen Satz auf: „Verbrechen, die aus einer zur Gewohnheit gewordenen Stimmung oder aus einer zur herrschenden Leidenschaft gewordenen Begierde entsprungen sind, erscheinen als besonders strafbar." Diese in sein System völlig hineinpassende Stellung hat er jedoch in dem mehrfach zitierten Handbuch dahin modifiziert, daß beim Verbrecher die Gewohnheit nicht als solche, sondern

---

[1]) Im Anchluß an Grolmann (siehe Henke, Handbuch S. 517 Anm. 2).
[2]) Handbuch S. 508.
[3]) Handbuch S. 516.
[4]) Handbuch S. 538 ff.
[5]) Lehrbuch S. 88 IV. B. § 110.

nur insofern, als er die verbrecherische Neigung zu solcher Stärke in sich erwachsen ließ,[1]) in Betracht komme.

Dieser Erkenntnis der unsicheren Schulddiagnose auf Grund der Symptome, entspricht auch die Bestimmung des, der konkreten Verschuldung entsprechenden Strafmaßes; als das gerechte wird jenes angesehen, welches den rechtswidrigen Willen zu beugen imstande ist; allerdings wird diese Beugung in einseitiger Weise als Besserung aufgefaßt. In konsequenter Durchführung dieses Gedankens kommt Henke auch zur kriminalpolitischen Forderung relativ bestimmter Strafurteile, da der Richter nach geschlossener Untersuchung selten ein ganz bestimmtes Urteil über das Innere des Verbrechers wird fällen können.[2]) Der Richter soll innerhalb des gesetzlichen Maximums und Minimums einen entsprechenden peremptorischen Besserungstermin für den Verbrecher festsetzen, nach dessen fruchtlosem Ablauf dieser bis zur weiteren Besserung angehalten werden soll; tritt die Besse-

---

[1]) Von dieser theoretischen Frage, wie der psychische Tatbestand aussehen müsse, damit erhöhte Strafe eintreten könne, trennt er die zweite beim Rückfall ebensolche Schwierigkeiten wie die erste bereitende, gesetzestechnische Frage. Vom Standpunkt seiner symptomatischen Bewertung des Täterverhaltens und der alleinigen Berücksichtigung des, im Zeitpunkt der Tat vorhandenen Innenlebens im Täter als Grundlage für das Strafmaß, erkannte er das Trügerische dieser Symptome, die mangelnde Sicherheit bei dem Schluß aus gewissen Erscheinungen auf die Ursache derselben. So tritt er auch dem Rückfall als Symptom einer höheren Verschuldung skeptisch entgegen (S. 540 des Handbuchs), nachdem er theoretisch die Bedeutung des Rückfalls im Trotz gegen die Gesetze gefunden: „Sodann aber zweitens die noch wichtigere Vorfrage, ob denn wirklich aus der Wiederholung eines bereits bestraften Verbrechens ein größerer Trotz gegen das Gesetz, als aus dessen erster Begehung hervorleuchtet, eine Frage, die unmöglich eine, für alle Fälle gleich gültige Beantwortung zuläßt." Trotzdem er für die Ausgestaltung des, in den Rückfallbestimmungen liegenden Indizes eintritt (er fordert volle Verbüßung der Strafe, Beachtung des größeren oder geringeren Zeitraumes zwischen den Straftaten), kehrt er sich entschieden dagegen, im Rückfall eine (S. 541), alles richterliche Ermessen ausschließende Regel aufzustellen, deren Härte und Unanwendbarkeit sich alsbald durch die Erfahrung aufdrängt und die man daher durch die gezwungensten Deutungen möglichst zu beschränken sich genötigt sieht.

[2]) Bei Hepp c. l. S. 139 zitiert.

rung früher ein, so soll er auch früher entlassen werden.[1])

So kommt Henke vom Standpunkt seiner Auffassung der Zurechnung als Erforschung des inneren Wertes oder Unwertes des Handelnden zu dem Postulat der unbestimmten oder relativ bestimmten Verurteilung, da er die Unsicherheit in der Bestimmung der Schuld und des ihr entsprechenden Strafmaßes, wenn diese lediglich auf Grund des, bis zur Urteilsfällung gezeigten äußeren Verhaltens des Täters erfolgt ist, erkannt hat.

Hepps Einwendungen c. l., daß damit an die Stelle der Verschuldung zur Zeit der Tat ein später eintretender Umstand, die „zufällig" eintretende Besserung gesetzt werde, sind nicht stichhaltig, da eben die verbrecherische Potenz im Zeitpunkt der Tat durch die Größe der, zu ihrer Beseitigung erforderlichen Gegenmotive erkannt wird. Es ist eben eine petitio principii, wenn von Hepp (c. l. S. 143) bemerkt wird, schwerere Verbrecher bedürfen oft einer geringeren Strafe als die, die sich minder schwerer Übertretungen schuldig gemacht haben; denn es fragt sich ja erst, ob die Personen, die objektiv wertvollere Rechtsgüter in concreto verletzt haben, auch stets das Prädikat der schwereren Verbrecher gegenüber denen verdienen, deren einzelne Tat sich als geringer darstellt. So ist Henke durchaus zuzustimmen, daß die, der inneren Verschuldung vollkommen entsprechende Strafe das Rechtsideal bilde, dem man auch möglichst nahe kommen müsse, wenn eine völlige Realisierung dieser Idee auch nie möglich ist; trotzdem ist es wichtig, den Richtpunkt damit erfaßt zu haben, der für die kriminalpolitischen Vorschläge maßgebend sein soll, indem man die Entwicklungstendenz, die auf dieses Ziel hinweist, als Grundlage seiner kriminalpolitischen Vorschläge verwertet, die jenem Ziel näher kommen als der bisherige Rechtszustand.[2])

---

[1]) Bei Hepp I. Bd. S. 136 wörtlich angeführt: „Weil aber die innere Schuld nicht a priori bekannt werden kann . . . und inkommensurabel ist, so soll die Strafe der Dauer nach bestimmt werden durch die eingetretene Besserung, weil eine Strafe, die hinreichend war, die Besserungen zu bewirken, als der inneren Schuld vollkommen angemessen betrachtet werden muß."

[2]) Bei Hepp c. l. zitiert S. 128. „Alles Bestreben des Staates muß . . . auf die

II. Die Schule Hegels.

a) Hegel und die älteren Hegelianer.

Die Lehre Hegels[1]) und seiner Schule steht in der Frage nach den Faktoren, die für die Bewertung des deliktischen Handelns durch die Strafe maßgebend sind, auf einem der Lehre Henkes nahe kommenden Standpunkt. Die durch den Delinquenten in der Außenwelt hervorgerufenen Veränderungen haben keine primäre Bedeutung für das Werturteil über die deliktische Handlung, können vielmehr nur auf einem Umwege, als Indiz für eine bestimmte Qualifikation des Willens, dasselbe beeinflussen. — Allerdings findet sich bei Hegel selbst, eine Terminologie, die einer anderen Auslegung fähig ist, mehr auf die Wertung des Deliktes nach seiner realen Bedeutung hinweist.

Denn das Verbrechen ist nach Hegels Terminologie Rechtsverletzung.[2]) Durch ein Verbrechen wird irgend etwas verändert und die Sache existiert in dieser Veränderung, und das „wirkliche Recht ist nun Aufhebung dieser Verletzung, das eben darin seine Gültigkeit zeigt, und sich als ein notwendiges vermitteltes Dasein bewährt“.

Diese Erörterungen über das Wesen des Verbrechens legen einem die Meinung nahe, daß Hegel das Wesen des Verbrechens in einem vom Täter verursachten, in einem vom Täter geschaffenen Zustand finde.[3]) Diese Auffassung wird

---

Realisierung der Idee sich richten, und die Unmöglichkeit, diese jemals vollständig in der Darstellung zu erreichen, kann ihn von dem Bestreben danach nicht lossprechen. Wenn es ihm daher auch niemals gelingen wird, selbst in einem konkreten Falle die individuelle Schuld genau zu erforschen, und eine ihr völlig korrespondierende Strafe auszumitteln, wenn daher auch die Idee der Gerechtigkeit in der Kriminaljustiz nie vollständig wird realisiert werden können, so berechtigt dies dennoch keineswegs zu der Folgerung, daß das Wesen und der Rechtsgrund der Strafe ein anderes sein müsse als die moralische Vergeltung, und daß es eine, von der moralischen Strafe gänzlich getrennte und verschiedene bürgerliche Strafe gebe.“

[1]) G. W. Hegels Werke, herausgegeben von Gans. VIII. Bd. Grundlinien der Philosophie des Rechts. Berlin 1833.

[2]) c. l. § 97 S. 136.

[3]) Laistner, a. a. O. S. 189.

noch bestärkt, wenn man das Verbrechen als „Verletzung der allgemeinen Sache, die eine in sich feste und starke Existenz hat“ (§ 218, S. 283 c. l), bezeichnet findet. „Es tritt damit der Gesichtspunkt der Gefährlichkeit der Handlung für die Gesellschaft ein, wodurch einerseits die Größe des Verbrechens verstärkt wird, andererseits aber setzt die ihrer selbst sicher gewordene Macht der Gesellschaft die äußerliche Wichtigkeit der Verletzung herunter ...“ „Daß in einem Mitgliede der Gesellschaft die anderen alle verletzt sind, verändert die Natur des Verbrechens nicht nach seinem Begriffe, sondern nach der Seite der äußeren Existenz der Verletzung, die nun die Vorstellung und das Bewußtsein der bürgerlichen Gesellschaft, nicht nur das Dasein des unmittelbar Verletzten trifft.“[1])

Die Ausführungen über das Wesen des Verbrechens müssen bei Hegel für die Bewertung desselben in der Strafe maßgebend sein, da doch die Strafe als Negation des Unrechts, aus der Tat ihren Maßstab zu nehmen hat,[2]) und weil als Wiedervergeltung,[3]) da „dem Dasein nach das Verbrechen einen bestimmten qualitativen und quantitativen Umfang hat, hiermit auch dessen Negation als Dasein einen ebensolchen hat.“

„Diese auf dem Begriffe beruhende Identität ist aber nicht Gleichheit in der spezifischen, sondern in der an sich seienden Beschaffenheit der Verletzung — nach dem Werte.“

Dieser Wert wird aber bei Hegel rein subjektiv bestimmt, da er nach seiner Lehre von besonderen Qualifikationen des verbrecherischen Willens abhängt.

Denn „die positive Existenz der Verletzung ist nur als der besondere Wille des Verbrechers“ (S. 137 c. l.).

Die Wertung der Rechtsverletzung im Strafmaß hängt somit bei Hegel von der Beschaffenheit des verbrecherischen Willens ab, die auf Grund des äußeren Verhaltens ergründet wird, da die Strafe als Negation des Unrechts die besondere Beschaffenheit am Willen des Delinquenten zu beseitigen hat.

Die Hegelsche Lehre vom Unrecht, dessen Existenz im

---

1) § 218 S. 283.

2) c. l S. 140.

3) c. l S. 140/141.

verbrecherischen Willen liegt, mußte bei einer konsequenten Durchführung im Strafrecht zu einem Siege des Prinzipes führen, das das gesellschaftsschädigende Verhalten nur als Symptom eines psychischen Defektes im Täter gewertet wissen will.

Denn die Diskrepanz zwischen dem verbrecherischen Individualwillen und dem, sich in der Rechtsnorm ausdrückenden Allgemeinwillen bildet nach Hegels Lehre doch die alleinige Grundlage für das, in der Strafgröße auszusprechende Werturteil, da in der Aufhebung dieses Unterschiedes, in der Negation des Unrechtes das Wesen der Strafe erblickt wird.

Während Wächter,[1]) unter offenbarem Einfluß der Lehre Welckers, noch nicht ganz den verursachten Erfolg als Wertungsfaktor aufzugeben wagt,[2]) trotzdem er bereits den Einfluß des, auf Hegels Lehre aufgebauten Subjektivismus zeigt,[3]) so daß seine Bewertungslehre eine Mittelstellung zwischen der realen Bewertung der Vergütungstheorie und reiner Symptomatik einnimmt, tritt bei Jarcke[4]) schon die Hegelsche Unrechtslehre, wenn auch in theologischer Einkleidung, hervor.

Die „Unsittlichkeit des Willens, deren Grad sich aber hauptsächlich aus der Tat erkennen läßt",[5]) wird in erster Linie bei der Bewertung durch die Strafe in Rechnung gezogen.

So sucht er auch die Schädlichkeit der Handlung vor allem als Symptom der Unsittlichkeit zu werten;[6]) allerdings führt Jarcke diesen Gedanken nicht völlig konsequent durch,

---

[1]) C. G. Wächter, Deutsches Strafrecht. Leipzig 1881. — Beilagen zu Vorlesungen über das deutsche Strafrecht. Stuttgart 1877.

[2]) Deutsches Strafrecht S. 23. IV. „Die Art und Größe der Strafe für das einzelne Verbrechen muß sich bestimmen ... 1. nach einem subjektiven Maßstabe, 2. nach einem objektiven Maßstabe, d. h. nach Art, Größe und Gefährlichkeit des vom Täter verübten Eingriffs in die Rechsordnung und in die Rechte des verletzten Individuums, also namentlich nach der Wichtigkeit des verletzten Rechts und nach dem Umfange, in welchem es verletzt wird, weil ja die Strafe zugleich eine Genugtuung wegen des, gegen das Recht gerichteten Angriffs enthalten soll."

[3]) Siehe darüber unten S. 185.

[4]) C. E. Jarcke, Handbuch des gemeinen deutschen Strafrechts. Berlin 1827.

[5]) c. l. S. 311/312.

[6]) c. l. S. 315.... 3. „Ein Verbrechen ist um so strafbarer, je größer der materielle Schaden ist, den dasselbe anrichtet. Auch hier wächst in der Regel mit der Schädlichkeit die Unsittlichkeit der Handlung."

legt vielmehr mit Rücksicht auf altgermanische Prinzipien dem „Faktum des wirklich eingetretenen Schadens und Effekts“[1]) eine selbständige Bedeutung bei der Bewertung zu.

Konsequenter erscheint bereits Luden,[2]) der die Hegelsche Lehre in etwas veränderter Form wiederbringt. Bei ihm kommt es auf die Unvernünftigkeit der Handlung bei der Bemessung der Strafe an.[3])

Die besondere Beschaffenheit des verbrecherischen Willens bildet somit den ausschlaggebenden Faktor für die, in der Strafe sich aussprechende Bewertung; das äußere Verhalten erscheint nur als deren Darlegung, bildet bloß die Voraussetzung, daß es zu einer Bewertung des Willens kommen kann.[4])

Die Funktion des äußeren sinnfälligen Verhaltens als gesetzliche Voraussetzung für den Nachweis der Unvernünftigkeit des Willens, tritt besonders in der Lehre vom subjektiven und objektiven Tatbestand hervor; Luden verlangt nämlich zum Verbrechen ein derartiges äußeres Geschehen, das bei einer vernünftigen Beurteilung schon seiner äußeren Gestalt nach auf den verbrecherischen Willen hinweist.[5])

Nicht alle möglichen Beweismittel für einen derartigen unvernünftigen Willen sollen schon genügen, daß die Untersuchung desselben eingeleitet werden kann, sondern es wird ein solches äußeres Verhalten postuliert, das schon, seiner äußeren Be-

---

[1]) c. l. S. 315.

[2]) H. Luden, Handbuch des deutschen gemeinen und partikularen Strafrechtes. I. Bd. Jena 1847.

[3]) c. l. S. 17ff.

[4]) c. l. S. 17. „Daraus ergeben sich zwei Bestandteile oder Erfordernisse, welche so wesentlich in dem Begriffe des Verbrechens enthalten sind, daß ohne sie ein Verbrechen nicht gedacht werden kann. Das erste dieser Erfordernisse ist der Wille, die in dem Verbote gemeinte Handlung zu begehen; das andere die Darlegung dieses Willens durch eine äußere Handlung.“ c. l. S. 22. „Der Maßstab, nach welchem die zulässigen Strafübel angewendet werden dürfen, muß sich nach dem Grade bestimmen, in welchem die zu bestrafende Handlung für unvernünftig gehalten werden muß.“

[5]) a contrario aus S. 230. c. l. „. . . ebensowenig kann eine Handlung, deren äußere Beschaffenheit von der Art ist, daß sie nach einer vernünftigen Beurteilung nicht aus verbrecherischer Willensbestimmung hergeleitet werden kann, als die verbotene angesehen werden.“

schaffenheit nach, mit bedeutender Wahrscheinlichkeit auf das Vorhandensein eines verbrecherischen Willens hinweist.[1])

b) Abegg und Heffter.

Die auf Hegels Unrechtslehre zurückgehende Wertung des äußeren Verhaltens nach Maßgabe des internen Zustandes des Täters, als dessen Folge es erscheint, verleiht auch der Bewertungslehre der „rein" Hegelianischen Schule im Strafrecht den Charakter des Subjektivismus.

Deutlich tritt dies in dem Systeme Abeggs[2]) und in dem Heffters[3]) hervor, der sich in der Bewertungslehre eng an Abegg anschließt.

Abeggs Lehre ist im wesentlichsten folgende:

Das staatliche Strafrecht,[4]) beruhend auf der Gerechtigkeit, kann den Widerspruch mit dem Rechte, das Unrecht, indem der Täter seiner widerrechtlichen Gesinnung durch die Tat ein Dasein in seiner äußeren Erscheinung gibt, nicht neben sich dulden, muß vielmehr die Quelle der Verletzung, den widerrechtlichen Willen beugen. Grundlage für das Strafmaß ist daher die durch die Tat bekundete Schuld.[5])

Durch dieses Gleichmaß zwischen Schuld und Strafe wird dem Vergeltungsgedanken Genüge geleistet, der nichts anderes ist als das auf der Vernunft beruhende Prinzip einer Gleichwertigkeit zwischen Verbrechen und Strafe. Welche konkreten Werte dieser abstrakten Formel Genüge leisten, ist nach Volksansicht, Kulturstufe und Zeitverhältnissen verschieden.[6]) Indem Abegg als Grundlage für die Bestimmung

---

[1]) c. l. S. 230. „Außerdem würde man den bloßen Gedanken bestrafen, indem eine Handlung, deren äußere Beschaffenheit nicht dafür spricht, daß sie aus der verbrecherischen Willensbestimmung hervorgegangen, gar nicht als aus derselben hervorgegangen angesehen werden kann."

[2]) J. F. Abegg, Die verschiedenen Strafrechtstheorien. Neustadt 1835. Lehrbuch der Strafrechtswissenschaft. 1836.

[3]) A. W. Heffter, Lehrbuch des gemeinen deutschen Strafrechts. VI. Aufl. Braunschweig 1857.

[4]) Abegg, Lehrbuch S. 71.

[5]) Abegg, Strafrechtstheorien S. 57, Lehrbuch S. 73.

[6]) Abegg, Strafrechtstheorien S. 58—60.

der Strafgröße die durch die Tat bekundete Schuld aufstellt, ist er sich des Zusammenhanges mit den relativen Theorien wohl bewußt; er verweist z. B.[1]) mit Recht darauf, daß die, bei den relativen Theorien für das Strafmaß bedeutenden Momente ebenso für die Schuldgröße der Vergeltungsstrafe konstitutiv wären, so daß auch diese bei der Bestimmung der Strafe, wie sie der Verbrecher verdient habe, Berücksichtigung finden müssen, nur nicht ausschließlich, sondern als im Begriff des Verbrechens gelegen.[2])

So ist auch für ihn „das Äußere, die Tat für sich nichts, gleichgültig und leblos, wenn es nicht durch das Innere den Willen und die Absicht seine Bedeutung erhält";[3]) denn nur dann kann das richtige Verhältnis zwischen Schuld und Strafe erreicht werden, wenn die Handlung mit ihrer ganzen sie auszeichnenden Eigentümlichkeit gewürdigt wird. So verschwimmt für ihn auch vollkommen der Unterschied zwischen der objektiven und der subjektiven Seite der Verbrechen,[4]) indem die objektive Seite nur insofern in Betracht kommt, als sie eben Schuldsymptom ist. Auf diesem Standpunkt stehend, wird Abegg auch Rückfall und Gewohnheitsmäßigkeit als Zeichen einer erhöhten Schuld gerecht.

Die Wiederholung, ungeachtet früher erlittener Strafe,[5]) ist wie die sonstige Nichtachtung äußerer oder innerer Abhaltungsgründe für die Schuldgröße bestimmend. „Wo die innere Bestimmung zum Bösen sich zur Neigung und Leidenschaft gesteigert, wo die Verachtung von Recht und Gesetz zur Gewohnheit geworden, da muß auch die Strafbarkeit größer sein. Die höchste Stufe wäre das Wollen des Bösen als solchen, ohne Rücksicht auf den Zweck."

So kommt Abegg durch die Psychologisierung der Hegelschen Lehre zu einer prinzipiellen Würdigung des im Rückfall

---

[1]) Abegg, Strafrechtstheorien S. 65.
[2]) Abegg, Lehrbuch S. 214.
[3]) Abegg, Lehrbuch S. 123.
[4]) Abegg, Lehrbuch S. 218.
[5]) Abegg, Strafrechtstheorien S. 160.

und in der Gewohnheitsmäßigkeit liegenden Schuldsymtoms, einer Lehre, die „den, der Gerechtigßeit entsprechenden Grundsatz befolgt, der auch die Rechtspolitik auf seiner Seite hat".[1])

Das Unrecht hat also nach Abeggs Lehre seine Existenz im Willen des Verbrechers. Der Wille ist es, der negiert werden soll.

Das zu dieser Negation erforderliche Strafmaß zu finden, ist Sache des Verstandes. Da Abegg von der Bewußtseinstatsache, die Wiedervergeltung fordert, ausgeht, ist es vollkommen konsequent, wenn er bei der Bestimmung der, dem Werte des Verbrechens entsprechenden Strafe wieder auf das Bewußtsein zurückgeht.[2])

Mag auch die Negation nach Hegels dialektischer Methode jedenfalls zunächst ein logisches Verhältnis bedeuten: „das Verhältnis zwischen Begriffen, nicht zwischen Erscheinungen und äußeren Vorgängen",[3]) die strafrechtliche Schule, die an Hegel anknüpfte, suchte diese Begriffe mit einem psychologischen Inhalt zu erfüllen und kam dadurch zu dem Subjektivismus in der Wertungslehre, wie ihn die geschilderte Lehre Abeggs zeigt und der auch in Heffters Lehre sich klar widerspiegelt.

Denn auch nach Heffter ist die Strafe Vernichtung der Schuld am Schuldigen.[4]) Die innere Grundlage für die Strafbarkeit ist die spezielle Rechtswidrigkeit des Willens.[5])

„Die objektive Bedeutung der durch das Verbrechen verletzbaren Rechte kommt für die Schuldgröße insofern in Betracht, als die Bestimmtheit, Heiligkeit, Wichtigkeit und Evidenz derselben eine rechtswidrige Willensbestimmung dagegen mehr oder weniger zurückhalten und unterdrücken mußte."[6])

---

[1]) Arch. d. Kriminalrechts, N. F., 1834, S. 446. Abegg, Praktische Bemerkungen zur Lehre vom wiederholten Diebstahl.

[2]) Abegg, Lehrbuch S. 141. „Die innere Identität, die am äußerlichen Dasein sich für den Verstand als Gleichheit reflektiert." — S. 143. „Es ist dann, wie bemerkt, die Sache des Verstandes, die Annäherung an die Gleichheit dieses ihres Wertes zu suchen."

[3]) Die Strafrechtstheorien Kants und seiner Nachfolger usw. von H. Seeger, S. 31.

[4]) Heffter, Lehrbuch S. 5.

[5]) c. l. S. 80 § 93.

[6]) c. l. S. 81 § 95.

c) Köstlin. Die auf der Hegelschen Terminologie beruhenden Zweideutigkeiten in der Lehre von der Wertungsgrundlage im Strafrecht.

Die Hegelsche Terminologie, die mit der Bezeichnung des Verbrechens als Rechtsverletzung den Bestand eines, mit dem Allgemeinwillen in Widerspruch stehenden besonderen Willens ausdrücken will, brachte in der doktrinellen Weiterentwicklung der Bewertungslehre durch Köstlin[1]) manche Widersprüche hervor. Durch die Hegelsche Bezeichnung des Verbrechens als Verletzung ist die Bewertung desselben nach Maßgabe des verursachten Erfolges nahe gelegt; hat dagegen — wie das nach der Hegelschen Auffassung doch der Fall ist — das Verbrechen seinen Bestand in einer besonderen Willensbeschaffenheit, so muß die Wertung des äußeren Verhaltens nach dem erfolgen, was es uns enthüllt.[2])[3])

Für Köstlin ist das Verbrechen objektiv Rechtsverletzung, subjektiv Schuld,[4]) die beide im Begriff der verbrecherischen Handlung zu einer Einheit verbunden werden.

Diesen Zwiespalt zwischen den beiden Auffassungen zu vereinigen, ist Köstlin nicht gelungen. Einerseits finden wir Gedanken, die schon deutlich an die Merkelsche Vergeltungsstrafe erinnern. Das Verbrechen wird als „Produkt" einer freien, zurechenbaren Handlung bezeichnet (c. l. S. 639), die Wiedervergeltung soll nach Maßgabe der vom Willen ausgegangenen Verletzung erfolgen. Durch das Verbrechen erscheinen „in einem Mitglied der Gesellschaft alle verletzt, . . . woraus sich dann besondere Gesichtspunkte für die Wiederaufhebung des Verbrechens ergeben".[5])

---

[1]) Köstlin, Neue Revision der Grundbegriffe des Kriminalrechtes. Tübingen 1845. System des deutschen Strafrechtes. Tübingen 1855.

[2]) Laistner, a. a. O. S. 186ff.

[3]) Bereits Krug, Arch. d. Kriminalrechts, 1854, S. 509, Über die Berechtigung des subjektiven Standpunktes im Strafrecht, verweist darauf, daß bei Köstlin die Verletzung bald im subjektiven, bald im objektiven Sinn genommen werde.

[4]) Neue Revision S. 38.

[5]) Neue Revision S. 675. Schon sehr an Merkel erinnernd S. 676: „Es (nämlich das Verbrechen) stellt sich hiemit als ein nicht isoliertes, sondern weitere Gefahren, teils von seiten des bestimmten Individuums, welches eben das Ver-

Trotz dieser an die Schopenhauer-Merkelsche Vergeltungstheorie erinnernden Fassung überwiegt doch die subjektive Auffassung des Verbrechens. Das Verbrechen erscheint als ein besonders qualifizierter Wille, als Schuld,[1]) die sich als die Identität von Wille und Tat darstellt, welche durch das Bewußtsein der Pflichtwidrigkeit ihre nähere Charakterisierung findet. „Denn diese Handlungen (zu ergänzen: die eigentlichen Verbrechen) haben ihre allgemeine Qualität an und für sich, sie erhalten dieselbe nicht durch den zufällig damit verknüpften Umstand des positiven Verbotes, dessen Nichtwissen als ein bloße culpa begründender Irrtum erscheinen könnte. Wer sie mit Absicht begeht, der kann nur doloser Verbrecher sein, weil in dem Gewissen eines jeden Zurechnungsfähigen das Wissen um die Substanz des Wollens der Potenz nach liegt und deshalb hier nie von einem bloßen Irrtum die Rede sein kann“ (N. Rev. S. 613). Die Rechtsverletzung wird damit bloß zur Umschreibung des Bestandes des verbrecherischen Willens, der, soweit er verbrecherischer Wille ist, wieder aufgehoben werden muß.[2])

Als Aufgabe der Wissenschaft erscheint es daher, die Intensität des verbrecherischen Willens, dadurch auch die Schuldintensität zu erforschen.[3]) Denn in dem Willen liegt das Maß der Strafe, indem diese nach Art und Maß sich nach der im verbrecherischen Willen liegenden Negation richtet.[4]) Doch es handelt sich bei dieser Gleichung nicht um die für das Privatrecht geltende Form der Gerechtigkeit[5]) im Sinn einer äußeren

brechen begangen hat, teils von seiten der übrigen, welche daran ein böses Beispiel nehmen können, drohender Akt, hiemit als ein Akt dar, der über seine Besonderheit hinaus, eine allgemeine Wirkung, die Erschütterung der gesamten Rechtsordnung zur Folge haben kann, bei dessen Wiederaufhebung daher auch nicht bloß auf seine Besonderheit, sondern eben auf jene seine allgemeine Bedeutung gesehen werden müsse. Es entsteht hiemit für diese Wiederaufhebung die Forderung, daß sie zur Sicherung aller dienen und im Bewußtsein aller die Macht des Rechts gegen das Unrecht wiederherstellen solle.“

[1]) Neue Revision S. 447.

[2]) Neue Revision S. 767/768 u. 783.

[3]) Neue Revision S. 869.

[4]) Neue Revision S. 45.

[5]) Neue Revision S. 772.

Gleichheit, sondern um eine Gleichheit der Verletzungen hinsichtlich ihrer Reflexion in den Willen.[1])

Die Philosophie hat durch das Aufstellen der Rechtsidee ihre Aufgabe erfüllt, sie hat zwar damit „nicht ein, für alle Zeiten, Nationen, Sitten und Kulturstufen usw. passendes Universalrezept, dagegen allerdings einen untrüglichen Prüfstein für den Wert jeder zeitlichen Entwicklungsstufe“ aufgestellt und damit ein Mittel gegeben, um zu erkennen, wie die Bildung dieser Zeit weiter zu fördern sei; durch Rechtsvergleichung und Rechtsgeschichte ist die Entwicklungstendenz zu erforschen, der „gemäß das Absehen derer gerichtet sein müsse, denen es zukommt, die Weiterbildung jenes positiven Rechts zu leiten“.[2])

Bei der Bewertung des zu negierenden Willens muß die subjektive Innerlichkeit in Betracht gezogen werden, da ohne Aufhebung der verbrecherischen Qualitäten derselben die Aufhebung des Willens, der als Ausfluß der Innerlichkeit erscheint, nicht möglich ist.[3])

Die Psychologisierung der Hegelianischen Begriffe zeigt sich bei Köstlin dadurch, daß er, die zur Negation des Willens erforderlichen Strafgrößen in der Züchtigung, Abschreckung und Unschädlichmachung[4]) findet, da das Verbrechen kein einzelner Akt ist, vielmehr stets ein, in der Subjektivität mehr oder weniger vorhandenes negatives Ferment und die „Geneigtheit, der sittlichen Idee zu widerstreiten,“ anzeigt.[5])

Dem bereits erwähnten Schwanken Köstlins zwischen realer und symptomatischer Bedeutung des äußeren Täterverhaltens als Grundlage der Deliktsbewertung, entspricht auch seine Stellung zu Rückfall und Gewohnheitsmäßigkeit.[6])

---

[1]) Neue Revision S. 854.

[2]) Neue Revision S. 652. Bedeutsam erscheint diese Stelle dadurch, hier v. Liszts und Stammlers Gedanken über das richtige Recht vereint zu finden.

[3]) Neue Revision § 161 S. 627.

[4]) c. l. §§ 162 ff.

[5]) Neue Revision § 163 S. 628.

[6]) Ebenso bei der Realkonkurrenz. S. 880 verweist er auf den richtigen, von Schröter, Savigny, Grolmann, Wächter vorgezeichneten Weg, zu unterscheiden, ob es gerecht sei, bei der Realkonkurrenz über den Verbrecher alle verdienten Strafen zu verhängen, von der Frage, was zu tun sei, wenn die zu häufenden Strafen aus

Während er[1]) die größere oder geringere Intensität des verbrecherischen Willens mit einer größeren oder geringeren Intensität der Schuld identifiziert, und „die Wiederholung von Verbrechen, besonders von gleichartigen, einen festgewordenen selbständigen Hang dazu, und damit eine größere Intensität des verbrecherischen Willens“ anzeigen läßt,[2]) verwirft er[3]) an anderer Stelle als rechtlichen Zumessungsgrund die, zur Leidenschaft und Gewohnheit gewordene Begierde, respektive überhaupt den, durch frühere Verbrechen oder durch notorische Immoralität bewiesenen Hang zu Verbrechen. „Dies sind Momente, welche den Verbrecher polizeilich als sehr gefährliches, moralisch als sehr verdorbenes Subjekt darstellen, mit dem bestimmten Verbrechen dagegen gar nichts zu schaffen haben.“

Ebenso wendet er sich[4]) gegen die Begründung der erhöhten Strafbarkeit des Rückfalls durch den Hang zum Verbrechen. Es liege hierin eine durchaus verwerfliche Unterschiebung des moralischen Gesichtspunkts, indem nicht auf den in der Tat geoffenbarten verbrecherischen Willen, sondern auf die allgemeine Lasterhaftigkeit des Subjekts gesehen und ganz willkürlich präsumiert werde, daß dieser tiefere Grund des Bösen auf ideelle Weise in jedem verbrecherischen Einzelakte gegenwärtig sei.[5])

---

irgend einem Grund sich nicht häufen lassen. Trotzdem es doch als Grundprinzip aufgestellt ist, daß die Größe des widerrechtlichen Willens für die Strafgröße entscheide, sei es als ein „nicht hinwegzuräsonierendes Gebot der Gerechtigkeit anzusehen, daß jedem besonderen Verbrechen seine besondere Strafe entspreche“ (!?) (N. Rev. S. 882).

[1]) Neue Revision S. 869.

[2]) Ebenso System § 142 S. 591.

[3]) System § 142 S. 609.

[4]) System S. 622.

[5]) Diese Unsicherheit in seinem Standpunkt, bei der es nicht mehr klar ist, was als Intensität des Willens erscheint, was das Gegenwärtigsein derselben in dem einzelnen Willensakt bedeutet (so erklärt auch Hälschner, Preußisches Strafrecht S. 422 Anm. 16 mit Recht, daß nicht einzusehen ist, wie sich Köstlins Auffassung, wonach die größere Energie des bösen Willens den Grund der Straferhöhung bilden soll, von der unterscheidet, die die Steigerung des Bösen zum Laster als Grund der erhöhten Strafbarkeit anführt, die von Köstlin als eine verwerfliche Unterschiebung des moralischen Gesichtspunktes bezeichnet wird), dürfte darauf

Andererseits wird Köstlins Gegensatz gegenüber einer Straferhöhung beim Rückfall dadurch prinzipiell beseitigt, daß Köstlin[1]) den Satz ausspricht, daß nur dann die Strafbarkeit gesteigert sein solle, wenn eine gesteigerte Energie des bösen Willens im konkreten Fall bewiesen wird. Damit aber der Rückfall für diese ein Symptom sein könne, sei es erforderlich, daß man auf eine intensive Wirksamkeit der Strafe, insbesondere auf einen bessernden Einfluß derselben rechnen darf; eine Voraussetzung, die auch von jedem Anhänger der Rückfallstheorie, die auf die Gefährlichkeit des Täters das Hauptgewicht legt, wird angenommen werden können.[2])

---

zurückzuführen sein, daß Köstlin die zwei Fragen nicht trennt: Wie soll der psychische Tatbestand aussehen, dem das Prädikat einer besonderen Intensität des verbrecherischen Willens beigelegt werden kann, und wie sollen die Symptome gefaßt werden, aus denen auf den psychischen Zustand geschlossen werden kann, bei denen dann die Fehlerquelle berücksichtigt werden muß, die jeder Schluß aus gewissen Erscheinungen auf die Ursachen derselben in sich trägt. Bei einer derartigen Scheidung hätte er nicht auf den Gegensatz seiner Auffassung mit der hinweisen können, die in dem Rückfall nur die gesteigerte Gefährlichkeit sieht, die, als die Annahme eines polizeilichen Standpunktes im Strafrecht, durchaus zurückzuweisen wäre, S. 621 § 142 (siehe Anm. 11). Denn die Not, Verführung, Gelegenheit, die erS. 609 § 142 anführt als Fälle, wo trotz Rückfall kein intensiver rechtswidriger Wille sich äußert, müssen doch in der gleichen Weise vom Standpunkt der Gefährlichkeit in Betracht gezogen werden. Denn das Urteil über die Gefährlichkeit ist doch nur ein, auf Grund einer bestehenden psychischen Beschaffenheit des Täters gefälltes Wahrscheinlichkeitsurteil, basierend auf den durch diese gebotenen Spielraum für den Eintritt gemeinschädlicher Handlungen, das dadurch erheblich beeinflußt wird, daß sich die Tat unter dem Druck der äußeren Reize verübt darstellt.

[1]) System S. 624 § 142.

[2]) Unrichtig daher die Nebeneinanderstellung (bei Manzini, La recidiva, Firenzi 1899, S. 415) Köstlins neben Merkel als Rückfallsgegner mit der Begründung: che lo Stato punisce nella recidiva la pessima organizzazione delle sue carceri e la Società le sue colpe; che si abbandona il campo del diritto penale per invadere quello della morale, in quanto la sola reale manifestazione della volontà criminosa può dar luogo a pene, non la generale immoralità dell'individuo. Während Köstlins Abneigung gegen den Rückfall hauptsächlich durch die Mangelhaftigkeit des, in den Rückfallsbestimmungen liegenden Indizes begründet erscheint, beruht Merkels Gegnerschaft gegen den Rückfall auf seiner realistischen Schuldwertung.

d) Die Hegelsche Wertungsgrundlage und die Zurechnungslehre.

α) Berner.

Die doppelte Fassung des Verbrechensbegriffes in der Hegelschen Lehre, einerseits als besonders gearteter Wille einer Person, andererseits als Rechtsverletzung, äußert auch in den Lehren Berners und Hälschners von den, die Größe des Verbrechens bestimmenden Faktoren ihren Einfluß.

Während in den älteren Werken noch der reine Hegelianische Verbrechensbegriff — das Verbrechen als besonders gearteter Wille — und die dadurch bedingte Wertung des äußeren Verhaltens nach seiner symptomatischen Bedeutung vorherrscht, tritt später die Rechtsverletzung im Verbrechensbegriff hervor, die eine gewisse Annäherung an die Schopenhauer-Merkelsche Bewertungslehre ermöglichte. —

Berner[1]) geht im Anschluß an Kant und Hegel von der Bewußtseinstatsache aus, daß dem Verbrechen eine Strafe folgen soll, die dem Verbrechen entspricht; in dem Verbrechen ist die Strafe begründet, und da das Begründete nicht weiter reichen kann als sein Grund, auch das Strafmaß.[2]) „Das unmittelbare Gerechtigkeitsgefühl ist es, welches den Maßstab der Strafen zu allen Zeiten und an allen Orten gebildet hat. Wahre Strafgesetzbücher sind weiter nichts als getreue Abdrücke dieses im Volke lebenden Bewußtseins der Strafbarkeit, dieses objektiven Gewissens, welches durch die Wissenschaft wohl ausgebildet, aber nie ersetzt werden kann.[3]) Dieses Gerechtigkeitsgefühl fordert, daß die Strafe dem Werte des Verbrechens entsprechen soll, indem durch den Wert das tertium comparationis[4]) gefunden wird für die Vergleichung sonst inkommensurabler Größen.“

---

[1]) A. F. Berner, Lehrbuch des deutschen Strafrechts, 1. Aufl. 1857, 18. Aufl. 1898; Grundlinien der kriminalistischen Imputationslehre, Berlin 1843; Die Lehre von der Teilnahme, 1847.

[2]) Entwurf einer phänomenologischen Darstellung der bisherigen Straftheorien. Arch. d. Kriminalrechtes, N. F., 1845, S. 166.

[3]) Entw. usw. c. l. S. 163.

[4]) Entw. usw. c. l. S. 161.

Berner hat damit in richtiger Weise den Vergeltungsgedanken als Tatsache des Volksbewußtseins gekennzeichnet, dessen unmittelbare Analyse nichts anderes ergibt, als die Notwendigkeit einer bestimmten Relation zwischen Verbrechen und Strafen, „so daß man das Vergeltungsprinzip als das Prinzip der Proportionalität" bezeichnen kann.[1])

Solange jedoch nicht gesagt ist, welche Faktoren für die Bewertung maßgebend sind, wäre man bei der Bestimmung des Strafmaßes mit Hilfe des Vergeltungsgedankens in einem konkreten Fall lediglich auf die Empirie angewiesen.[2])

Berner begnügt sich jedoch mit dieser Lösung nicht, sondern sucht die Werturteile über die Verbrechen in ihren Grundlagen zu analysieren.

In der Darlegung der, den Wert des Verbrechens bestimmenden Faktoren laufen auch bei Berner jene beiden Auffassungen nebeneinander, die auf der ungenauen Terminologie Hegels, die für den Bestand eines rechtswidrigen Willens den Ausdruck Rechtsverletzung setzt, fußen. Liegt das Wesen des Verbrechens im rechtswidrigen Willen, dann kommen das äußere Verhalten des Verbrechers und seine Folgen nur als Symptome besonderer Willensqualitäten in Betracht.

Dieser Gesichtspunkt tritt auch bei Berner zutage, indem Vergeltung zu üben ist, nicht bloß nach dem Werte des äußerlich verletzten Rechtes, sondern gleichzeitig nach Maßgabe des in der äußeren Verletzung erschienenen subjektiven Willens.[3])

Deutlicher noch wird Berners Subjektivismus in folgendem:[4])

„Im objektiven corpus delicti erscheint uns zunächst nur der tote Körper der Handlung. Dieser Körper muß geistiges Leben gewinnen, muß uns der Reflex des inneren Geistes werden. Wir haben seine Physiognomie zu erkennen, aus diesem Leibe auf die innwohnende Psyche, den animus, den Willen zu schließen. Dieser innere Werkmeister ist aus

---

1) S. IX. Vorrede zur 18. Aufl.

2) Lehrbuch, 1. Aufl., S. 30. „Solchen Wert aufzufinden ist Aufgabe der Empirie, mehr als der förmlichen Berechnung."

3) Imputationslehre S. 30.

4) Imputationslehre S. 43/44.

seinem Werke zu erraten. . . . Wie aus der Wirkung die Ursache, wie aus der Erscheinung das Wesen erkannt wird, so soll aus der Tat, aus dem objektiven corpus delicti, der Wille hervorgehen. Das nennen wir Zurechnung."

Von diesem Standpunkt aus faßt er auch den Rückfall nur als Symptom der Gewohnheitsmäßigkeit, in der sich eine tiefere Bosheit des Willens offenbart.

„Nur wo der Rückfall ein Beweis des tieferen Grundes des Bösen, ein Beweis einer eingewurzelten verbrecherischen Gewohnheit ist, kann er Steigerung der Strafe bewirken."[1])

Die Gewohnheit erscheint als die Erscheinungsform einer besonderen Bosheit des Willens, die ihre höhere Bestrafung rechtfertigt.

„Mögen immerhin die einzelnen bösen Akte bei dem Gewohnheitsverbrecher eine geringere Konzentration des bösen Willens erfordern, sie gehen aus einem tieferen Grunde des Bösen hervor, und dieser tiefere Grund ist in jedem einzelnen Akte, in dem er sich manifestiert, gegenwärtig."

Ist Berner auch in späterer Zeit davon abgegangen, die Bedeutung des Rückfalls in der der Gewohnheitsmäßigkeit aufgehen zu lassen, indem er das Beharren in der Mißachtung des Strafgesetzes als selbständigen legislativen Grund für die Bestrafung hervorhob,[2]) so liegt doch in dieser Bewertung des Rückfalls der Gedanke der Wertung des deliktischen Verhaltens nach seiner symptomatischen Bedeutung.[3])

---

1) Teilnahme S. 140 u. 141.

2) Lehrbuch 18. Aufl., S. 311 § 151.

3) Wenn die Mißachtung des Strafgesetzes als Grund der erhöhten Bestrafung angeführt wird, kann die Unbestimmtheit des Ausdrucks manche Schwierigkeit bei der Auslegung bereiten. Denn bei dem Rückfall in kulpose Delikte kann doch von einem Auftreten des Strafgesetzes als Hemmungsvorstellung im Zeitpunkt der Handlung, die den strafbaren Erfolg zur Folge hatte, nicht die Rede sein, daher auch von einer Mißachtung des Strafgesetzes nicht gesprochen werden. Bei den dolosen Delikten kann von einer Mißachtung des Strafgesetzes nur dann gesprochen werden, wenn man das Bewußtsein der Strafbarkeit zum Dolus-Merkmal stempelt; denn damit etwas als Hemmungsvorstellung nicht geachtet werde, muß es vor allem vorhanden sein. Diese Konsequenz wird auch von

Daß Berner diese Hartnäckigkeit in der Verachtung der Strafgesetze als Grund für eine Erhöhung der Strafbarkeit des Delinquenten bezeichnet, paßt jedoch nicht so recht in seine dolus-Lehre.

Der dolus muß doch bei den Delikten, bei denen er vorkommt den ganzen strafrechtlich relevanten, psychischen Tatbestand umfassen. Strafrechtlich relevant können daher nur jene psychischen Eigenschaften des Delinquenten sein, die sich auf Modifikationen des Inhalts des dolus-Begriffes zurückführen lassen.

Nun sagt aber Berner: „Unter Vorsatz verstehen wir den Willen als wirksame Ursache.“[1]) Ebenso S. 47 der Imputationslehre:[2]) „In der Imputationslehre handelt es sich einzig und allein um die Frage, ob das Geschehene ein Gewolltes, oder, wie sich später zeigen wird, wenigstens etwas in den Willen Reflektiertes sei, nur dies, und durchaus nichts anderes, kommt hier in Betracht. Zieht man noch andere Fragen hieher, so verwirrt man sich. Namentlich muß man die Lehre von den Strafmilderungsgründen streng von der Imputationslehre absondern.“

Wird aber hier der dolus als Kraft gefaßt, dann läßt sich die beim Rückfall zeigende Hartnäckigkeit hier so lange nicht unterbringen, als nicht nachgewiesen ist, daß es sich beim Rückfälligen um einen „wirksameren“ Willen handelt.

Bei einer Definition des dolus als besondere Kraft läßt sich aus dem gleichen Grunde die primäre Beachtung der „Tiefe“[3]) des verbrecherischen Willens nicht rechtfertigen. Die Tiefe und Entschiedenheit des Willens kann bei einer, den Willen lediglich als causa betrachtenden Auffassung gar nicht **selbständig** in Betracht kommen.

Berner gezogen, indem er davon ausgeht, daß die Strafbarkeit krimineller Handlungen jedem Zurechnungsfähigen klar ist, selbst ohne Kenntnis des Gesetzes (Lehrbuch, 18. Aufl., S. 250) ein Satz, der für ihn so feststeht, daß er keine Berufung auf die Unkenntnis des Gesetzes zulassen will, damit allerdings im Prozesse an die Stelle materieller Wahrheit Präsumtionen einführend.

[1]) Lehrbuch, 18. Aufl., S. 125.

[2]) Allerdings im Widerspruch mit der oben (S. 168) aus S. 43/44 zitierten Stelle.

[3]) Lehrbuch, 18. Aufl., S. 125.

Bei dieser kausalen Betrachtung wird vom Willen das ausgesagt, was von einer Spiralfeder ausgesagt wird, wenn sie als die Ursache einer Bewegung bezeichnet wird. Daß diese Spiralfeder dabei aus blau angelaufenem Stahl ist und daß sie einen kreisrunden, nicht einen viereckigen Durchschnitt hat, kann bei einer Betrachtung, lediglich vom Standpunkt des Ursacheseins selbständig nicht in Frage kommen. Hier wird es sich immer nur fragen, ob kausal oder nicht kausal; wenn die Kausalität bejaht wird, so kommt lediglich die, in der Außenwelt geleistete Arbeit in Betracht, die dann als Maß der, in der Feder aufgespeicherten potentiellen Energie in Betracht kommt. — Das in der Außenwelt Geleistete wird dann auf Rechnung der Feder gesetzt, ebenso wie bei dieser Fassung der Zurechnung[1]) etwas Objektives dem Subjekt auf die Rechnung geschrieben wird.

Dieser Fassung, die bereits sehr an die Schopenhauer-Merkelsche Theorie erinnert, entspricht auch seine Unterscheidung von Absicht und Zweck:

„Die Absicht verkörpert sich in dem Erfolge. Sie löst sich auf diese Weise ganz von der Innerlichkeit des Subjektes. Sie nimmt den Charakter der Individualitätslosigkeit und Allgemeinheit an . . .

Weil sie sich ihrem ganzen Umfang nach in äußeren Merkmalen ausprägt, so ist sie äußerlich erweisbar . . .

Der Zweck dagegen ist etwas ganz Innerliches, durchaus Individuelles und Unsichtbares.

Auf die Absicht kommt es wesentlich bei der juridischen, auf den Zweck bei der moralischen Beurteilung an. Das Recht hat es mit dem äußerlich hervorgetretenen Willen, die Moral mit der innersten Triebfeder des Handelns zu tun."[2])

Wenn Berner daher den Zweck als für den Tatbestand gleichgültig bezeichnet und lediglich für seine Berücksichtigung in der Strafzumessung eintritt, so kommt er dadurch wieder in Kollision mit dem von ihm selbst[3]) aufgestellten Grundsatz, daß der

---

[1]) Imputationslehre S. 39.

[2]) Lehrbuch, 18. Aufl., S. 128.

[3]) Teilnahme S. 135.

Richterspruch so beschaffen sein müsse, daß das Gesetz, wenn es im konkreten Fall sprechen könnte, ebenso sprechen würde. Der Unterschied zwischen den, nach dem gesetzlichen Tatbestand für die Bewertung des deliktischen Handelns maßgebenden und den sonstigen, vom Richter zu beachtenden Faktoren ist nur ein gesetztechnischer, kein prinzipieller.

Nimmt man nun, entsprechend der Auffassung des dolus als wirkende Kraft, das durch das Verbrechen verursachte Übel zur Grundlage der Bewertung, dann darf auch der Richter nicht anderen Momenten, wie z. B. der, in Rückfall und Gewohnheitsmäßigkeit sich ausdrückenden Schlechtigkeit, im Strafmaß eine Bedeutung beilegen.[1])

So ist die Bernersche Bewertungslehre zwar aufgebaut auf der, von Hegel stammenden Grundlage; das äußere Geschehen wird als Symptom des widerrechtlichen Willens, der zu negieren ist, betrachtet.

Doch zeigt sie bereits einen bedeutenden Einfluß des, auf der naturrechtlichen Imputationslehre aufgebauten Wertungsprinzips bei der Bestimmung der Deliktsgröße.

Dieser Dualismus zeigt sich bei Berner auch darin, daß er die Möglichkeit einer Diskrepanz der, nach den beiden Methoden bestimmten Strafgrößen ins Auge faßte; die eine Methode zur Bestimmung des Strafmaßes bot sich ihm dadurch, daß empirisch von der im Volksbewußtsein lebenden Tatsache ausgegangen wird, die Proportionalität der Strafe mit der Deliktsgröße fordert. Der zweite Weg ist der, daß durch die Erforschung des täterischen Willens das zur Negation seiner Widerrechtlichkeit erforderliche Strafmaß aufgefunden wird. Nur dann, wenn man die Bestimmung der Deliktsgröße auf der Verursachung aufbaut,[2]) läßt es sich denken, daß die, dieser Deliktsgröße entsprechende

---

[1]) Lehrbuch, 18. Aufl., S. 310. „Die Handlung (beim Rückfall) bleibt nicht bloß objektiv, sondern auch subjektiv genau dieselbe, mögen ihr gestrafte Handlungen derselben Person vorangegangen sein oder nicht; auch die Gewohnheit ändert an der einzelnen Handlung durchaus nichts. Man muß das subjektive Element, welches in die Handlung übergeht und sich in der Handlung ausprägt, von dem persönlichen Element der Strafbarkeit wohl unterscheiden" (?).

[2]) Lehrbuch, 1. Aufl., S. 32; 18. Aufl., S. 7.

Strafgröße von der abweiche, die auf einer besonderen Beschaffenheit des verbrecherischen Willens fußt.

Nur so ist es zu erklären, daß Berner die beiden Bestimmungsmethoden des gerechten Strafmaßes, die rein empirische, auf dem Rechtsbewußtsein des Volkes ruhende und die auf der Erforschung des verbrecherischen Willens beruhende nicht nebeneinander, sondern nacheinander in Funktion treten läßt.

Das im Volksrechtsbewußtsein vorhandene Vergeltungsbedürfnis soll primär für die Bestimmung der Strafgröße herangezogen werden.[1])

Dieses läßt aber nach Berners Lehre für die gerechte Strafgröße einen Spielraum übrig, innerhalb dessen erst die Besserung und Abschreckung die nähere Bestimmung vorzunehmen hätten.

Allein dieser nach dem Vergeltungsbedürfnis für das gesetzte Strafmaß bestehende Spielraum, ist nur so lange vorhanden, als man nur die objektive Rechtsvérletzung im Auge hat, er geht jedoch verloren, wenn es sich um einen konkreten Fall, um einen bestimmten Delinquenten handelt. Hier fordert die Vergeltungsidee, daß nur eine ganz bestimmte Strafe als die gerechte verhängt werden soll, wenn auch auf rein empirischem Wege, durch Analyse des Bewußtseins, auf das die Vergeltungsidee gestützt wird, kein so scharf bestimmter konkreter Wert angegeben werden kann.

Wir werden allerdings auf Grund dieser Analyse des Bewußtseins nicht sagen können, ob im konkreten Fall 1002 oder 1003 Tage Zuchthaus verhängt werden sollen;[2]) andererseits haben wir doch das Bedürfnis zu sagen, daß der Delinquent nicht um eine Stunde mehr leiden soll als gerecht ist.

Wenn einem Menschen auf beide Handflächen Gewichte gelegt werden, so wird er sie bis zu einer bestimmten Grenze noch dann als gleich groß bezeichnen, wenn sie es tatsächlich nicht mehr sind. Hat er aber mittels einer Wage sich einmal von der Ungleichheit überzeugt, so wird er diese Gewichte

---

[1]) Arch. d. Kriminalrechtes, N. F., 1845, S. 168ff.

[2]) Arch. c. l. S. 169.

nicht mehr als gleich bezeichnen, selbst wenn sie ihm auf Grund seines unvollkommenen Empfindens als gleich erscheinen.

Ebenso müssen wir sagen, das Rechtsbewußtsein hat die Vorstellung, daß nur eine bestimmte Strafgröße dem Prinzip des gerechten Strafmaßes entpricht. Nicht um einen Tag mehr soll der Verbrecher leiden als er verdient hat.

Trotzdem ist es jedoch nicht ausgeschlossen, daß die unmittelbare Analyse unseres Bewußtseins dasselbe als ungenaues Meßinstrument erscheinen läßt, das aus sich selbst heraus nicht jenen Anforderungen im Einzelfall genügen kann, die es selbst als die richtigen aufgestellt.[1])

Ein feineres Meßinstrument ist hier notwendig; dieses kann nur in den Strafzwecken der Spezialprävention gefunden werden.

Doch darf deren bestimmende Funktion nicht unabhängig gemacht werden von der, durch die Bewußtseinstatsache der gerechten Vergeltung bereits dargebotenen Normierung. Nicht im Verhältnis des Nacheinander, sondern des Nebeneinander müssen die Quellen für die Bestimmung des Strafmaßes betrachtet werden, indem durch die erste der aus der zweiten geschöpfte Gedanke, der eine bestimmte Strafgröße als gerechte fordert, erfüllt wird.

β) Hälschner.

Wohl den Abschluß der direkt auf Hegel in der Wertungslehre des Strafrechts zurückgehenden Doktrin bildet Hälschners[2]) idealistische Theorie vom Wesen des Verbrechens.

---

[1]) Zu ähnlichen Resultaten wie Berner kommt auch v. Bar (Handb. I. B.) vom Standpunkt seiner Theorie der sittlichen Mißbilligung. Sein Strafprinzip enthält überhaupt keinen Wertungsmaßstab, da jeder Ausdruck der Mißbilligung Recht ist (S. 317 c. l.), nur die Tradition bestimmt nach Tat und Täter die Strafgrößen; dabei werden nur gewisse Spielräume für das gerechte Strafmaß angegeben (S. 331), innerhalb welcher nach den Schutzstrafzwecken das Strafmaß bestimmt werden kann (siehe v. Bar, Die Grundlagen des Strafrechts, Leipzig 1869, S. 72).

[2]) Hälschner, System des preußischen Strafrechtes, Bonn 1858; Das gemeine deutsche Strafrecht, Bonn 1881; Die Lehre vom Unrecht und seinen verschiedenen Formen, G. S., 21. Jahrg., 1869; Nochmals das Unrecht und seine verschiedenen Formen, G. S. B. 28, 1876. Dieser Idealismus tritt in seinem Preußischen Strafrecht klar zutage. Das Unrecht ist „die in einer menschlichen Handlung in die Erschei-

Das Verbrechen hat nach Hälschners Auffassung seine Existenz im Willen des Verbrechers. In dem Gegensatz seines Individualwillens gegenüber dem zum Recht objektivierten Gesamtwillen liegt das Wesen des Verbrechens. Nach Hälschners Lehre kommt es daher für die Bewertung im Strafrecht vor allem darauf an, diesen Willen genauer zu erforschen; die durch ihn im konkreten Fall hervorgerufene Veränderung in der Außenwelt, die Zerstörung oder Beschädigung sozialer Güter tritt hierbei an Bedeutung zurück.[1]

Damit ist Hälschners idealistische Auffassung des Verbrechens und der Vergeltungstrafe, damit auch sein Subjektivismus in der Wertung des deliktischen Handelns gekennzeichnet und sein Gegensatz zur Schopenhauer-Merkelschen[2] Auffassung gegeben.

Mit einer derartigen rein subjektiven Auffassung verträgt sich die, im Urteile der Willenskausalität für einen bestimmten Erfolg erschöpfende Zurechnungslehre als Grundlage materieller Bewertung des Deliktes nicht.

So legt auch Hälschner zunächst dem Zurechnungsurteil, daß die Beschädigung eines rechtlichen Gutes ihre Ursache in dem Willen eines Menschen habe, nur formelle Bedeutung bei.[3]

Der Wert dieses Urteils erschöpft sich darin, daß ein Fall der Bewertungsmöglichkeit eines bestimmten Willens konstatiert wird.

---

nung tretende Entgegensetzung gegen das Recht" (S. 1, II. Bd.). „Ein absolutes Unrecht ist das Verbrechen darum, weil die Handlung an sich selbst, ihrem Inhalte nach dem Rechte, der Gerechtigkeit entgegengesetzt ist, so daß die besondere Form und Gestalt des Rechtes, welches das nächste Objekt des Verbrechens ist, nur das Mittel bildet, an welchem jene dem Rechte an sich wider strebende Willensbestimmung in die Erscheinung tritt" (S. 3 c. l.).

[1]) Das Verbrechen hat seine Existenz nicht in der, durch das Verbrechen verursachten Beschädigung, diese ist lediglich das Mittel, durch welches der von der subjektiven Willkür ausgehende Bruch des Rechtes in die Erscheinung tritt, sein Dasein hat das Verbrechen lediglich im Willen des Handelnden (siehe S. 13 c. l.).

[2]) Siehe A. Merkel, Über „das gemeine deutsche Strafrecht" von Hälschner und den Idealismus in der Strafrechtswissenschaft. Gesammelte Abhandlungen aus dem Gebiete der allgemeinen Rechtslehre und des Strafrechts. II. Hälfte. S. 429—472.

[3]) Preuß. Strafrecht II. S. 97. Gem. deutsches Strafrecht S. 197 ff.

Solange diesem Zurechnungsurteil kein anderer Wert beigelegt wird, läßt sich dasselbe mit Hälschners Subjektivismus vereinigen.

Allein es bleibt doch nicht bei diesem bloß formellen Wert dieses Urteils.

Wenn Hälschner auch in seinem gemeinen Strafrecht nicht mehr[1]) Prämeditation und Affekt in dieser formalen Zurechnungslehre behandelt, so dürfte doch auch schon die Lehre von dolus und culpa hier nicht mehr am Platze sein, da insbesondere der culpa-Begriff eine materielle Bewertung enthält.

Hälschner sucht jedoch noch in weiterem Maß auf diesem Zurechnungsurteil die materielle Bewertung aufzubauen.

So erklärt er,[2]) daß es sich auch bei der sittlichen Bewertung des Willens um das ursächliche Verhältnis des Willens zur Tat handle, „aber nicht mehr nur rücksichtlich der formellen Frage, ob und inwieweit das Geschehene ein Gewolltes und das Gewollte ein Geschehenes ist, sondern rücksichtlich der Frage: welchen Wert und welche Bedeutung die Handlung rücksichtlich ihres Inhaltes als eine aus sittlicher Schuld entspringende Rechtsverletzung habe."

Wird das Zurechnungsurteil definiert als:[3]) „Das Urteil, daß, was geschehen ist, in kausaler Verbindung mit der Tätigkeit eines Menschen steht, wird Zurechnung genannt", und dieser Zurechnungsbegriff auch für die materielle Zurechnung verwendet, dann muß es zu einer Bewertung des Deliktes auf Grund der, vom Täter hervorgerufenen Veränderungen kommen, bei der eine feinere psychologische Analyse des Verbrechers nicht in Betracht kommt.

Diese Konsequenz scheint auch Hälschner zu ziehen durch die Aufnahme des Begriffs der Rechtsgüterverletzung in die Deliktsdefinition, indem bei der Rechtsverletzung, als die das Delikt erscheint, das Recht in seinem endlichen Dasein in der Form von rechtlichen Gütern Objekt des Angriffs ist.[4]) Wird

---

[1]) Wie im Preuß. Strafrecht S. 158.

[2]) Preuß. Strafrecht II. S. 217.

[3]) c. l. 197 § 89.

[4]) Gem. Strafrecht S. 450.

das Verbrechen durch Veränderungen in der Außenwelt charakterisiert, dann muß es auch nach deren Maßgabe gewertet werden. So ist es nur konsequent zu sagen: „Insoweit das Verbrechen als Rechtsverletzung in Betracht kommt, bestimmt sich das Maß der Schuld nach dem Maße, in welchem die konkreten rechtlich geordneten Zustände durch das Verbrechen beschädigt wurden. Das Maß der Beschädigung aber ist abhängig von dem Werte des rechtlichen Gutes, das Objekt des Verbrechens ist, und dem Umfange, in welchem es beschädigt wurde."[1])

Die Psyche des Täters käme nur als diese Beschädigungen verursachende Kraft in Betracht.[2])

Allein Hälschner sucht trotzdem wieder mit dieser Zurechnungslehre zu einer weiteren Bewertung der Innerlichkeit des Täters zu kommen, allerdings auf dem Wege einer Inkonsequenz.

Denn, kann auch vom Standpunkt dieser Zurechnungslehre der Satz als gerechtfertigt erscheinen: „Das Verbrechen ist Rechtsverletzung und als solche zuzurechnen nur unter der Voraussetzung, daß es zugleich sittlich schuldhafte Handlung ist",[3]) so muß doch stets betont werden, daß bei einer derartigen Formulierung die sittliche Schuld nur als Bedingung der Zurechnung in Betracht kommt.

Steht einmal der Bestand der sittlichen Schuld fest, dann sollte sie das Maß der Zurechnung nicht weiter beeinflussen können.

Trotzdem führt Hälschner an dieser Stelle die Rücksichtnahme auf die Gesamtpersönlichkeit bei der Wertung des deliktischen Verhaltens ein und kommt so zu einem Unrechtsbegriff, der der Hegelianischen Auffassung wieder voll entspricht.

So bleibt für Hälschner das Wesen des Verbrechens in einem besonders gearteten Willen des Verbrechers bestehen. Am deutlichsten wird wohl diese Auffassung in G. S. Bd. 28 S. 412, wo er in der Polemik gegen Merkels Theorie von der prinzipiellen Gleichheit zwischen Schadensersatz und Strafe

---

[1]) Gem. Strafrecht S. 455 § 282.

[2]) Gem. Strafrecht B. 21 S. 19.

[3]) Gem. Strafrecht S. 503 § 199.

ausführt: „Rechtliche Schuld ist das in der Handlung sich äußernde Verhältnis des Widerspruchs der Willensbestimmung zum Rechte“ . . .

„Eben dieses in der Tat nicht erschöpfte, sie überdauernde ideelle Verhältnis des schuldhaften Willens zur rechtlichen Norm ist aber so wenig ein nur für den Denker existierendes, so wenig nur eine juristische Abstraktion, daß vielmehr umgekehrt im Rechtsleben seine Bedeutung die der Störung der konkreten Rechtszustände weit überwiegt.“

S. 416 c. l. „Das Strafrecht würdigt die verbrecherische Tat nicht als eine einzelne in ihrem die konkreten Rechtszustände störenden Erfolge, sondern in ihrer allgemeinen Bedeutung, nach welcher sie als ein Zeugnis der bleibenden Stellung erscheint, welche der schuldhafte Wille zum Rechte eingenommen hat.“

So erscheint auch Hälschners Abwehr gegen Heyßler, „Das Zivilunrecht und seine Formen“, der das Unrecht in der Verrückung der konkreten Rechtswirklichkeit erblickt (Heyßler c. l. S. 8), äußerst bezeichnend (G. S., Bd. 28. S. 412. Anm.): „Aber das Delikt bedeutet nach Heyßler Zurückbeziehung der Tat auf den Willen als ihren ursächlichen Grund. Wozu nun diese Rückbeziehung und die ihr folgende Strafe? Kann die Strafe irgend etwas beitragen, die Verrückung der Rechtswirklichkeit aufzuheben?“ Trotzdem dieser Standpunkt Heyßlers sich mit dem, von Hälschner in der Zurechnungslehre eingenommenen deckt, hat Hälschner doch den, auf der Verursachung aufgebauten Deliktsbebegriff verlassen und ist zu dem zurückgekehrt, der das Wesen des Delikts in einem bestimmten Sein des Willens erblickt, dessen auf Grund des äußeren Verhaltens erkannte Qualitäten die Grundlage für die Bewertung des deliktischen Handelns bilden.[1])

---

[1]) In der konsequenten Durchführung dieses Gedankens rechtfertigt er die vom positiven Rechte aufgestellte Forderung eines bestimmten äußeren Verhaltens, insbesondere durch die Schwierigkeit des Nachweises eines festen Willens (gegen Laistner, Das Recht der Strafe S. 188ff., G. S. B. 21 S. 422), „sondern auch deshalb, weil, solange die entsprechende Tat fehlt, die Frage, ob die Macht des bösen Willens mächtig genug ist, um den Entschluß zur rechtswidrigen, zu dieser oder jener verbrecherischen Tat zu erzeugen, sich aller menschlichen Erkenntnis entzieht.“

Durch dieses Verlassen des objektiven Standpunktes,[1]) dem die Zurechnungslehre entspricht, wird es ihm möglich, unter dem Gesichtspunkt einer erhöhten Verschuldung Gewohnheitsmäßigkeit und Rückfall hinreichend zu würdigen.

Die Begründung der erhöhten Schuld in der Gewohnheit wird darin gefunden, daß die Beschaffenheit des Charakters das Ergebnis seiner eigenen freien Willensbestimmung ist,[2]) diese in die Form des Triebes sich einkleidende Willensbeschaffenheit ein Ergebnis des Wollens und freier Willensentscheidung ist.[3])

Auch der Rückfall wird im gemeinen Strafrecht Hälschners nur als Symptom dafür angeführt, daß der Täter in schuldhafter Weise die verbrecherische Willensdisposition, aus der die Tat hervorging, in seinem Gemüte zu erhöhter Macht hat heranwachsen lassen, daß er damit als gefährlicher Verbrecher erscheint,[4]) indem kein anderer Umstand wie der Rückfall beweist, daß es sich um einen bleibenden, die einzelne Tat überdauernden Widerspruch des Willens gegen das Recht handelt.[5])[6])[7])

---

[1]) Merkel wirft ihm in der zitierten Revision S. 467 und S. 470 auch deshalb vor, daß in dem Ringen nach einer Vereinigung der objektiven und der subjektiven Seite des Delikts die objektive zu kurz komme.

[2]) Gem. Strafrecht S. 541.

[3]) c. l. S. 197.

[4]) c. l. S. 550.

[5]) c. l. S. 551 Anm.

[6]) Im Preußischen Strafrecht Hälschners (S. 418) geht der Rückfall vollkommen in der Gewohnheitsmäßigkeit auf, die als gesteigerte Energie des bösen Willens stets einer erhöhten Strafbarkeit würdig angesehen wird. Überall da, wo die Gewohnheit vorhanden ist, ist sie zu strafen, mag sie sich in gleichartigen oder ungleichartigen Delikten, in Rückfall oder in noch unbestraften Delikten äußern.

[7]) Ist das Wesen der Gewohnheitsmäßigkeit und des Rückfalls richtig darin gefunden, daß die „Fähigkeit“, sich den von außen kommenden Anreizen gegenüber als eine selbständige, auf sich ruhende Potenz geltend zu machen . . ., als eine geminderte erscheine (Merkel, Gem. deutsches Strafrecht von Hälschner, c. l. S. 466), so muß auch hier wieder gegen die alte Begründung der höheren Verschuldung bei Gewohnheitsmäßigkeit und Rückfall vom Standpunkt der Willensfreiheit eingewandt werden, es werden damit actus mere interni gestraft, die ihr Dasein gar nicht im Augenblicke der Tat, sondern im Vorleben hatten, wodurch man mit dem Satze, daß nur die Schuld im Momente der Tat gestraft werden dürfe, in Widerspruch kommt.

Ist so die Deliktsgröße nach der besonderen Beschaffenheit des verbrecherischen Willens bestimmt und andererseits als Aufgabe der Strafe bezeichnet, das Verbrechen zu tilgen, so ist damit auch das gerechte Strafmaß darin gegeben, daß die Strafe hinreichend sein muß, das Verbrecherische am Willen zu beseitigen.[1]) Daß damit notwendig das, auch von der Schutzstrafe geforderte Strafmaß erreicht würde, dürfte offenbar sein. Trotzdem werden von Hälschner nicht die Konsequenzen aus seinen obersten Prinzipien gezogen.

Gerade in der konsequenten Durchführung des Gedankens, — der als ein Fortschritt gegenüber der Bernerschen Auffassung zu betrachten ist —, daß das Maß der Strafe durch die Gerechtigkeit genau dahin bestimmt ist, daß es in jedem Falle nur **ein** ihr entsprechendes Maß der Strafe geben kann,[2]) und dieses durch das Maß der Schuld bedingt ist, müßte Hälschner zu einem Strafmaß kommen, wie es die Besserung und Abschreckung erfordert.[3])[4])

---

[1]) Gem. deutsches Strafrecht S. 14 u. 574. „Jede dieser besonderen Zweckbestimmungen findet ihre Maßbestimmtheit in der Gestaltung und dem Maße der Schuld, und daß ihr die Strafe in eben diesem Maße diene, ist selbst eine Forderung des Rechtes. In solchem Maße geltend gemacht, ordnen sich alle besonderen Zweckbestimmungen der Strafe dem einen, absoluten und allgemeinen Zwecke derselben, das Verbrechen zu tilgen, unter, sind Mittel für ihn und schließen jede Möglichkeit eines, unter ihnen sich ergebenden Widerspruches aus.“ (S. 574 c. l.)

[2]) Gem. Strafrecht S. 565.

[3]) In seinem Preuß. Strafrecht S. 439 kommt er auch dazu: „Es ist darum allerdings die weitere Aufgabe der Strafe, nicht bloß den verbrecherischen Willen durch die Macht des Rechtes zu brechen und dieser unterzuordnen, sondern auch die innere sittliche Schuld zu tilgen, teils indem sie, als sinnliches Übel gegen die Sinnlichkeit des Verbrechers sich richtend, ihm als Züchtigung und Warnung dient und ihn damit von ferneren verbrecherischen Taten abhält, teils indem sie, an die sittliche Natur des Willens anknüpfend, dem Verbrecher zum wesentlichen Hilfsmittel der Besserung und inneren sittlichen Herstellung gereicht.“

[4]) So kommt er auch dazu, im Rückfall nicht unbedingt einen Strafschärfungsgrund zu sehen, überläßt es vielmehr der Erfahrung, ob die, im Strafgesetze vorgesehenen Maxima noch als ausreichend angesehen werden können, die im Rückfall sich äußernde Verschuldung aufzuheben. Nur darin glaubt er eine Inkonsequenz des Gesetzgebers zu finden, daß nur bei einzelnen Delikten die Strafschärfung vorgesehen wird, bei andern dagegen nicht, während die Erfahrung zeigt, daß Rückfälligkeit und verbrecherische Gewohnheit auch bei anderen Verbrechen

Daß in diesem, durch die absolute Gerechtigkeit geforderten Strafmaß zugleich das, von der Spezialpräventionstheorie geforderte notwendig enthalten sein müsse, würde die folgerichtige Durchführung der dargelegten Auffassung des, seine Bewertungslehre bestimmenden Deliktsbegriffes ergeben.

§ 3. Die Entwicklung der Lehre von der Bewertung des Delikts nach Maßgabe der vom Täter hervorgerufenen Veränderungen in der Außenwelt.

I. Zachariae.

Im Anschluß an Kants Lehre, die im einzelnen Verbrechen das Strafmaß findet, suchte Zachariae,[1] offenbar beeinflußt durch die, auf die materielle Talion weisenden Stellen der Kantischen Formulierung — auf dem Boden der Bewertung des deliktischen Verhaltens nach Maßgabe der durch den Täter in der Außenwelt hervorgerufenen Veränderungen — ein Strafrechtssystem aufzubauen.[2])

„Die Dauer der Freiheitsstrafe (des Gefängnisses) ist nach dem Rechte der Wiedervergeltung zu bestimmen. 1. Das Recht

---

nicht selten vorkomme (Gem. Strafrecht S. 552). In dieser Allgemeinheit kann dieser Vorwurf einer Inkonsequenz nicht aufrechterhalten werden, da eben von der verschiedenen Weite der Strafrahmen in den einzelnen Fällen die Beantwortung der Frage abhängt, ob die im ordentlichen Strafrahmen sich bewegende Strafe genügend erscheint zur Tilgung der, im Rückfall als geäußert angesehenen Schuld.

[1]) Karl Salomo Zachariae, Anfangsgründe des philosophischen Kriminalrechtes. Leipzig 1805. — Strafgesetzentwurf. (Mit einer Darstellung der Grundlagen des Entwurfes.) Heidelberg 1826.

[2]) Zu einer Wertung des deliktischen Verhaltens nach Maßgabe der in der Außenwelt hervorgerufenen Veränderungen kommt auch die Theorie E. F. Kleins von der Genugtuungsstrafe; hier wird das Delikt gewertet nach Maßgabe des durch den Delinquenten hervorgerufenen Reizes zu neuen Verbrechen, der durch die Strafe aufgehoben werden soll (Grundsätze des gemeinen deutschen und preußischen peinlichen Rechts von E. F. Klein, Halle 1796, S. 5.). Zur Kritik möge hier Feuerbachs Beurteilung (Feuerbach, Über die Strafe als Sicherungsmittel, Chemnitz 1800, S. 146) angeführt werden, der darauf hinweist, daß bei einer derartigen Theorie bewiesen werden müsse 1. daß überhaupt ein Reiz in andern Bürgern entstanden sei, 2. es müßte genau erwiesen werden, daß dieser erwiesene Reiz durch den Verbrecher bewirkt worden sei.

der Wiedervergeltung bezieht sich weder auf die Maxime des Handelnden, noch auf den schmerzhaften Eindruck, den die Tat auf den Verletzten machte; sondern es ist a) an sich das Recht, die äußere Freiheit des Täters in dem Grade zu beschränken, in welchem er die äußere Freiheit anderer beschränkt hat, b) in Verbindung mit dem ersten Grundsatze aber das Recht, die Dauer der Gefängnisstrafe nach dem Grade zu bestimmen, in welchem der Verbrecher die Freiheit anderer beeinträchtigt hat."[1]) Also lediglich die, durch den Delinquenten hervorgerufene Veränderung in der Außenwelt, und zwar an den angegriffenen Personen, ist für die Deliktsgröße maßgebend; die Psyche des Täters kommt nur insofern in Betracht, als sie Ursache derselben ist; diesem Standpunkt entspricht auch seine Lehre von der Zurechnung, die sich in dem Urteil über die Kausalität des verbrecherischen Willens für den Erfolg erschöpft. Zachariae war in der Durchführung der naturrechtlichen Imputationslehre wenigstens dadurch konsequent, daß er nicht bei einem derartigen Inhalt des Zurechnungsurteils ein Mehr oder Weniger beim Zurechnen im Sinne einer **qualitativen** Verschiedenheit der Wertung unterschied, da das Urteil des Kausalseins ein mehr oder minder Kausalsein nicht duldet. So faßt er[2]) die Zurechnung als das Urteil, daß jemand der Urheber einer gewissen Tat, d. h. die Ursache einer gewissen Wirkung nach Freiheitsgesetzen sei, und das Vorhandensein des Willens lediglich als eine Bedingung der Strafbarkeit auf. In der Angst, das Rechtsgebiet bei einer tieferen Würdigung der täterischen Psyche zu verlassen und sich in das Gebiet der Ethik zu verlieren,[3]) kommt er zu dem Satz: „Das Rechtsgesetz abstrahiert gänzlich von der subjektiven Qualität der Handlungen und fordert nur, daß diese als Handlungen überhaupt betrachtet werden können."[4])

Die konsequente Durchführung der angegebenen Wertungsprinzipien, nach denen die Beachtung von Rückfall und Ge-

---

1) Zachariae, Anfangsgründe S. 32 § 45.

2) Zachariae, c. l. S. 19 § 31.

3) Anm. zu § 38. c. l.

4) S. 24 § 38. c. l.

wohnheitsmäßigkeit im Strafmaß nur als die Heranziehung strafrechtsfremder Faktoren erscheinen muß, dürfte wohl Zachariae selbst die Unbrauchbarkeit seiner Lehre für die Erfüllung der Forderungen, die das reale Leben an das gerechte Strafmaß stellt, gezeigt haben.

In seiner zweiten Schrift, die offenbar[1]) für das praktische Leben bestimmt sein sollte, finden wir auch ganz andere Elemente für die Deliktsgröße als maßgebend. Im direkten Gegensatz zu der oben angegebenen Bestimmung der Deliktsgröße stellt er den Satz auf:[2]) „Eine Handlung, welche der Staat . . . zu bestrafen berechtigt ist, ist nicht in dem Grade mehr oder weniger strafbar, in welchem sie die Rechte anderer mehr oder weniger verletzt oder mehr oder weniger äußerlich gefährdet, sondern in dem Grade, in welchem sie mehr oder weniger unsittlich ist.“[3])

II. Welcker und die Weiterbildung dieser Wertungslehre bis zum Eindringen der Schopenhauerschen Unrechtslehre in die Strafrechtsdoktrin.

Die Fortführung der Theorie, die das Delikt nach Maßgabe der durch den Delinquenten hervorgerufenen Veränderungen wertet, erfolgte durch C. Th. Welcker.[4])

Welcker geht davon aus, daß der gesamte materielle und intellektuelle Schaden, der bei einer Rechtsverletzung erzeugt wird, aufgehoben werden muß. Während die Beseitigung des materiellen Schadens Aufgabe des Zivilrechtes ist,[5]) liegt die des Strafrechtes in der Aufhebung des intellektuellen Schadens.

Aus der konsequenten Durchführung einer derartigen Wiedererstattungstheorie würde sich eine Bewertung des deliktischen Verhaltens nach seinem realen Erfolge als maßgebendes

---

[1]) Sie soll im Auftrage der badischen Regierung verfaßt sein. Siehe Hepp, c. l. I. B. S. 117.

[2]) Strafgesetzentwurf S. 6.

[3]) Es ist daher gar nicht verständlich, wie Hepp I. B. S. 117 sagen konnte, daß Zachariae auch noch später seiner Theorie treu geblieben.

[4]) C. Th. Welcker, Die letzten Gründe von Recht, Staat und Strafe. Gießen 1813.

[5]) c. l. S. 251.

Prinzip des Strafrechtes ergeben; der Wille käme nur als die, diese Veränderungen hervorbringende Ursache in Betracht. Aus Welckers Polemik gegen die Strafrechtstheorien, die in der Widerrechtlichkeit des Willens die Bewertungsgrundlage finden,[1]) und aus den verschiedenen Formulierungen des Vergütungsgedankens als Strafzweck scheint sich auch diese Konsequenz zu ergeben. Allein nur zu bald verflüchtigt sich bei Welcker die Bewertung nach dem, durch den Verbrecher verursachten intellektuellen Schaden zu einem bloßen Schein, indem neben der realen Bedeutung des Delikts auch die symptomatische als Wertungsgrundlage herangezogen wird.

Nicht nur dasjenige, was durch das Verbrechen erzeugt wird, sondern auch das, was es beweist, wird bei der Bestimmung des Strafmaßes gewertet.[2])

Dadurch, daß Welcker das, durch das Verbrechen bewiesene Bestehen eines widerrechtlichen Willens im Verbrecher als verursachten Schaden[3]) bezeichnet, erscheint der Schadensbegriff vollkommen zersetzt.

Der widerrechtliche Wille ist doch Ursache, nicht Folge des Verbrechens. Infolge dieses Mißbrauchs mit dem Begriff des Schadens, macht es Welcker keine Schwierigkeiten, die Unschädlichmachung der Unverbesserlichen[4]) auch nach seiner Theorie zu rechtfertigen und die Besserung des Verbrechers als einen Zweck der Strafe zu bezeichnen.[5])

Überhaupt löst sich seine Wertungslehre in einen prinzipienlosen Eklektizismus auf, wenn man seine sieben Strafzwecke[6]) zu Folgerungen über die, die Deliktsgröße bestimmenden Faktoren verwerten wollte. Denn nur durch eine rein willkürliche Terminologie können sie alle unter das oberste Prinzip: „Vergütung des verursachten Schadens“ gebracht werden.

---

[1]) c. l. S. 198 ff.

[2]) c. l. S. 252.

[3]) c. l. S. 236. „Also auch der erwiesene Mangel des rechtlichen Willens ist Rechtsverletzung.“

[4]) c. l. S. 261.

[5]) c. l. S. 265.

[6]) c. . S. 265 u. 266.

Diese auf der Verursachung aufgebaute Wertungslehre konnte, bei dem überwiegenden Einfluß der Lehren Hegels auf die Strafrechtsdoktrin, lange Zeit in dieser keine festen Wurzeln fassen.

Wohl führt Mittermaier[1]) die Aufhebung des verursachten Schadens als Strafzweck auf, was eine Bewertung des deliktischen Handelns durch den verursachten Schaden vermuten läßt. Da daneben aber auch die Besserung des Verbrechers als Strafzweck erklärt wird,[2]) die zu einer Wertung des Täterverhaltens nach Maßgabe seiner symptomatischen Bedeutung führt, kann von einer konsequenten Durchführung der auf der Kausalität aufbauenden Zurechnungslehre keine Rede sein.

Wächter, der mit dem Satz, „daß der, durch dessen Schuld ein Unrecht besteht, verbunden ist, sich allem zu unterwerfen, was notwendig ist, um das Unrecht wieder zu tilgen und gutzumachen,“[3]) doch Welckers Lehre von den, die Größe des Verbrechens bestimmenden Faktoren am nächsten steht, kommt doch unter offenbarem Einfluß Hegelscher Lehren dazu, den Bestand des Unrechtes in einem besonders gearteten Willen zu finden,[4]) wodurch die symptomatische Bedeutung des Deliktes zur Bewertungsgrundlage gemacht wäre.[5])[6])

Zu einer Weiterentwicklung und zu größerer Verbreitung in der Strafrechtsdoktrin gelangte die Lehre, die in den von dem

---

[1]) Lehrbuch des peinlichen Rechts von Feuerbach, 14. Aufl., herausgegeben von Mittermaier. Gießen 1847. S. 43.

[2]) c. l. S. 43.

[3]) Beilagen in Vorlesungen über das deutsche Strafrecht von C. G. Wächter. Stuttgart 1877. S. 47, siehe auch S. 46.

[4]) c. l. S. 48.

[5]) Dagegen spricht seine Auffassung (c. l. S. 4, 8) des Täters als verantwortliche Ursache des Geschehenen, des widerrechtlichen Willens als Bedingung der Schuld, sowie die Beilegung einer selbständigen Bedeutung an den Erfolg für die Bestimmung des Strafmaßes (Wächter, Deutsches Strafrecht, Leipzig 1881, S. 23 IV_2) mehr für die Welckersche Bewertungslehre.

[6]) Auch Th. Marezoll, Das gemeine deutsche Kriminalrecht, III. Ausg., Leipzig 1856, legt wohl, trotz seiner von Hegel beeinflußten Auffassung des Unrechts (S. 13), dem verursachten Schaden primäre Bedeutung bei der Bewertung bei.

Delinquenten hervorgerufenen Veränderungen in der Außenwelt die Bewertungsgrundlage findet, die menschiiche Psyche hierbei nur als Ursache derselben in Betracht zieht, erst durch das Eindringen der Schopenhauerschen Unrechtslehre im Strafrecht.

III. Schopenhauer.

Nach Schopenhauer[1]) ist das Unrecht Verneinung eines fremden Willens, die durch den Willen des Übeltäters verursacht wird.[2])

Dadurch, daß jemand „die seinem Willen dienende Kraft über die seines eigenen Leibes hinaus vermehrt, folglich seinen eigenen Willen über seinen eigenen Leib hinaus bejaht, mittelst Verneinung des, in einem fremden Leibe erscheinenden Willens", begeht er Unrecht.[3])

So erscheint nach Schopenhauer das Wesen des Unrechtes und seine Größe gegeben durch eine bestimmte Veränderung außerhalb des Täters, die der als Kraft aufgefaßte Wille verursacht. Die Bewertung des Unrechtes und somit auch des Verbrechens im Recht gründet sich auf diese verursachten Veränderungen; denn man hat das „Recht, jene fremde Verneinung mit der zu ihrer Aufhebung nötigen Kraft zu verneinen";[4]) diese Verneinung muß daher in dem durch das Täterverhalten Verursachten ihr Maß finden. „Die Tat, die Begebenheit" allein kümmert den Staat, „die Gesinnung, die Absicht wird bloß erforscht, sofern aus ihr die Bedeutung der Tat erkenntlich wird".[5])

Allerdings identifiziert Schopenhauer Gesinnung mit dem „ewig freien Willen",[6]) die daher keiner äußerlichen Modifikation und Beeinflussung unterzogen werden kann.

Bei Schopenhauer selbst treten die Folgen aus einer

---

[1]) Arthur Schopenhauer, Die Welt als Wille und Vorstellung. Herausgegeben von Ed. Grisebach. (Reclam.)

[2]) c. l. I. B. S. 437.

[3]) c. l. I. B. S. 432.

[4]) c. l. I. B. S. 438.

[5]) c. l. I. B. S. 444.

[6]) c. l. I. B. S. 445.

derartigen Bewertungslehre für das Strafrecht noch nicht so deutlich hervor, da er den Standpunkt, der im einzelnen Delikt das Strafmaß sucht, zugunsten der Generalprävention verläßt. Der einzelne ist die, durch die Forderungen der Generalprävention bestimmte Strafe auf sich zu nehmen durch einen Vertrag verpflichtet, da das positive Gesetz von allen Bürgern des Staats sanktioniert und anerkannt ist.[1])

Doch nimmt auch er die wohl am meisten seiner Unrechtsauffassung entsprechende Lehre Beccarias auf, daß die Strafe nach dem zu verhütenden Schaden und nicht nach dem moralischen Unwert der Handlung bestimmt werden solle.[2])

Die Konsequenzen aus dieser Unrechtsauffassung werden erst dann deutlich, wenn man auf sie den im Volke lebenden Gedanken der Gerechtigkeit, die im Delikt das Strafmaß findet, anwendet.

IV. Die Lehre Adolf Merkels und seiner Schule.

a) Die vom Täter verursachten Veränderungen als Grundlage des Strafmaßes.

Am deutlichsten treten die Konsequenzen aus dem Schopenhauerschen Unrechtsbegriff in A. Merkels Lehre zutage.

Das Unrecht, welches durch die, als Vergeltung erscheinende Strafe[3]) den Forderungen des Gemeinwohles entsprechend aufgehoben werden soll, hat seine Existenz nicht im rechtswidrigen Willen oder Entschluß, sondern in den Momenten, in denen sich der Wille objektiviert, den Zuständen, die er hervorgebracht und die auf ihn als auf ihren Erklärungsgrund zurückweisen.[4])

---

[1]) c. l. I. B. S. 448.

[2]) c. l. II. B. S. 704.

[3]) Adolf Merkel, Vergeltungsidee und Zweckgedanke im Strafrecht. Gesammelte Abhandlungen aus dem Gebiet der allgemeinen Rechtslehre und des Strafrechts. II. Hälfte. Straßburg 1899. S. 691.

[4]) Adolf Merkel, Kriminalistische Abhandlungen. Zur Lehre von den Grundeinteilungen des Unrechts und seiner rechtlichen Folgen. Leipzig 1867. S. 57 Anm. 8. Ähnlich R. Loening, Über die Begründung des Strafrechts. Jena 1889. S. 18.

So definiert er auch das Verbrechen als eine Interessenverletzung, insofern sie eine Pflichtverletzung zur Ursache hat.[1])

Ebenso ist sein Zurechnungsurteil vor allem auf der Kausalität aufgebaut; dieses enthält „erstlich" ein, die Kausalität betreffendes und zweitens ein Werturteil.[2])

„Wir führen nämlich erstlich den Vorgang auf den Willen des betreffenden Individuums als auf die, in ihm sich manifestierende Macht zurück, und wir erkennen zweitens dieser Manifestation einen positiven oder negativen Wert vor dem Forum des Rechts und bzw. der Moral zu."[3])

Die Schuld[4]) wird als das, an den geltenden Werturteilen gemessene und demnach in Anrechnung gebrachte kausale Verhalten bezeichnet. „Der A hat dieses Unglück verschuldet" . . . heißt soviel wie: „A hat das Übel im Widerspruch mit einer, sei es moralischen, sei es rechtlichen Pflicht verursacht und sein moralisches oder rechtliches Konto dementsprechend belastet".[5])

Diese Ausführungen genügen, um Merkels Standpunkt in seiner Wertungslehre zu charakterisieren.

Maßgebend hierfür ist, daß die Psyche des Menschen im Strafrecht nur als Wille, der Wille wieder nur als wirkende Kraft in Betracht kommt, die sich in der Außenwelt manifestiert, objektiviert.[6])

Bei einer konsequenten Durchführung einer derartigen Lehre darf eine Wertung nur nach Maßgabe der in der Außenwelt verursachten Veränderungen stattfinden. Denn ein derartiges auf der Kausalität aufgebautes Zurechnungsurteil enthält zwei

---

[1]) Adolf Merkel, Lehrbuch des deutschen Strafrechts. Stuttgart 1889. S. 10 u. 12.

[2]) Adolf Merkel, Über das gemeine deutsche Strafrecht von Hälschner und den Idealismus in der Strafrechtswissenschaft. Gesammelte Abh. usw. S. 440.

[3]) c. l. S. 440.

[4]) Merkel, Lehrbuch S. 71.

[5]) Merkel, Lehrbuch S. 70.

[6]) Von diesem Standpunkt aus ist es erklärlich, daß für Merkel kein prinzipieller Unterschied zwischen zivilem und kriminellem Unrecht und seinen Folgen besteht. Siehe Ad. Merkel, Krimin. Abhandlungen, Zur Lehre von den Grundeinteilungen des Unrechts. Leipzig 1867.

Elemente: erstens ein in allen Fällen konstantes, die Aussage der Willenskausalität, die die Bedingung der Zurechnung bildet, zweitens ein variables, das die verschiedene Bewertung der Veränderungen in der Außenwelt, für die der Wille Ursache war, enthält.[1])

Die auf der Kausalität aufgebaute Wertung deliktischen Handelns charakterisiert auch die gesamte an Merkel sich anschließende Schule, die gewöhnlich in der Merkelschen Einkleidung als „Vergeltungstheorie" ihre Lehren und kriminalpolitischen Forderungen darbietet.

So bewertet Birkmeyer[2]) das Verbrechen nach Maßgabe des verursachten Übels, das maßgebend sein soll für die Strafgröße.[3]) Der Nachweis der Kausalität wird als erste Grundlage für die Strafbarkeit gefordert.

In den, Merkels Spuren folgenden Lehren Liepmanns, van Calkers und auch noch M. E. Mayers dringt noch diese Bewertung der Delikte nach der realen Bedeutung durch.

Am deutlichsten zeigt sich dies in folgender Stelle aus Liepmanns Einleitung in das Strafrecht:[4]) „Aber auch die Höhe und der Grad der Schuld bestimmen sich nicht nach gedanklichen Prozessen, sondern nach dem Umfang dessen, was der Schuldige im Widerspruch mit dem Recht gewirkt hat, und den Umständen, unter denen dies geschehen ist."

Van Calker läßt primär das Schuldurteil auf dem Urteil der Kausalität[5]) beruhen und M. E. Mayer gewährt dem

---

[1]) Die sich aus dieser Lehre ergebende Stellung zur Kausalität bei den Unterlassungsdelikten kann hier nicht erörtert werden. Siehe Merkel Lehrb. S. 93. Aus dem auf der Kausalität aufgebauten Schuldbegriff sucht auch M. Liepmann, Einleitung in das Strafrecht, Berlin 1900, S. 61 die Kausalität der Unterlassung nachzuweisen. Der Beweis fällt mit dem auf der Kausalität aufgebauten Unrechtsbegriff.

[2]) Birkmeyer, Gedanken zur bevorstehenden Reform der deutschen Strafgesetzgebung. Goltdammers Arch. 1901 Heft 1, S. 68. „Dem Verbrecher soll für das Übel, das er getan, vergolten werden durch ein Übel, das dem begangenen Verbrechen entspricht."

[3]) c. l. S. 73.

[4]) Liepmann, Einleitung S. 65.

[5]) van Calker, Ethische Werte im Strafrecht. Berlin 1904. S. 21.

Erfolge eine selbständige Bedeutung bei der Deliktsbewertung.[1][2]

Eine konsequente Durchführung dieser realistischen Bewertungslehre, die das Verhalten des Täters nach Maßgabe des durch den als Kraft gefaßten Willen verursachten intellektuellen Schadens wertet, mag sie nun den Strafzweck in der Aufhebung des intellektuellen Schadens erblicken und hierfür den Ausdruck „Vergeltung“ usurpieren (Merkel), oder in der Beseitigung eines, durch die Tat verursachten pathologischen Zustandes[3]) sehen, darf nie die gesamte Innerlichkeit des Täters als solche bei der Bestimmung des Strafmaßes in Betracht ziehen.

Dem entspricht es auch, wenn Merkel die im Rückfall sich äußernde Hartnäckigkeit des Verbrechers nicht als Grund einer besonderen Bestrafung angesehen wissen will. „Es handelt sich hiebei um eine Eigenschaft des Täters, nicht der Tat.“[4] — Für Merkels Standpunkt ist dies ja nur folgerichtig, da bei ihm das Verbrechen nur aus dem Verursachten und dem Willen als Ursache besteht.[5]

b) Die symptomatische Bedeutung der verbrecherischen Handlung in Merkels Wertungssystem.

Um wohl die aufgenommene Bewertungslehre nicht in offenem Widerspruch zu den Forderungen einer jahrhunderte-

¹) M. E. Mayer, Die schuldhafte Handlung und ihre Arten. Leipzig 1901. S. 109.

²) Auf der Verursachung bauen primär die Schuld noch auf z. B. Zucker, G. S. Bd. 44, Der ursächliche Zusammenhang zwischen Delikt und Strafe S. 424 ff.; Finger, Der „objektive Tatbestand“ als Strafzumessungsgrund, Wien 1888, S. 22 ff.; Högel, Straffälligkeit und Strafzumessung, Wien 1897, S. 29.; Jellinek, Die sozialethische Bedeutung von Recht, Unrecht und Strafe, Wien 1878, bes. S. 116.

³) Zucker, G. S. B. 44 c. l.; ähnlich Jellinek, Die sozialethische Bedeutung, c. l.

⁴) Merkel in Holtzend. Handb. 1874 II. B. S. 560.

⁵) Ähnlich Zucker, Über Kriminalität, Rückfall und Strafgrund. Leipzig und Wien, 1907. S. 44. „Wer da die Strafe nur aus dem Grunde verhängt wissen will, um mittelst derselben den Täter zu bessern oder abzuschrecken, der wird freilich dem Rückfall eine sehr hohe Bedeutung beimessen; gleichmütiger wird den Rückfall jener auffassen, der die Strafe der Hauptsache nach als eine einfache Vergeltung der Übeltat ansieht.“

langen Rechtsentwicklung stehend erscheinen zu lassen, wurde von Merkel neben der Wertung des Deliktes nach seiner realen Bedeutung auch die nach seiner symptomatischen Bedeutung als Grundlage für das Strafmaß eingeführt. Die Tat wird nun gewertet nicht nur nach jenen feindlichen Kräften, welche die verbrecherische Handlung ins Spiel bringt, sondern auch nach jenen, welche diese erkennbar macht.[1]) Dadurch wird es auch für diese Lehre möglich, dem auf besondere Eigenschaften des Verbrechers hinweisenden Rückfall als Straferhöhungsgrund gerecht zu werden.[2])

Das Verhältnis dieser beiden Bewertungsstandpunkte zueinander wird dahin bestimmt, daß in demselben Verhältnis, wie sich die Macht des Willens[3]) bei der einzelnen Tat abschwächt, die symptomatische Bedeutung der Verbrechen steigt.

Damit verfällt Merkel einer Lehre, für die wohl dasselbe gilt, was Goldschmidt[4]) der ähnlichen Lehre Kohlrauschs[5]) vorwirft, daß sie nämlich eine Abstufung in der strafrechtlichen Tatbewertung unmöglich macht. Nach Kohlrausch[6]) sollen Schuld und soziale Gefährlichkeit, die als Faktoren der Strafbemessung gelten, in demselben reziproken Verhältnis stehen wie bei Merkel die reale und die symptomatische Bedeutung der Tat.

Nach dieser Theorie muß die Schuldwage immer in der Schwebe bleiben,[7]) da die Summe der beiden die Strafe bestimmenden Faktoren immer die gleiche sein muß, wenn auch die beiden Posten in ihrer einzelnen Größe sich ändern.

Auch die anderen Anhänger einer Bewertung des Deliktes nach seiner realen Bedeutung sind vor einer vollkommen konsequenten Durchführung ihrer Lehre zurückgeschreckt. Neben der Bewertung der Tat wird die verbrecherische Gesinnung als

---

[1]) Merkel, Lehrbuch S. 178.

[2]) Merkel, Lehrbuch S. 257.

[3]) Merkel, Lehrbuch S. 259.

[4]) J. Goldschmidt, Schließt die Forderung der Pflichtvorstellung als Schuldvoraussetzung die Zurechnung zum Charakter aus? Goltdammers Arch., 51. Jahrg., S. 340ff.

[5]) Kohlrausch, Irrtum und Schuldbegriff im Strafrecht. Berlin 1903.

[6]) c. l. S. 35.

[7]) Goldschmidt, c. l. S. 342.

Grundlage für das Strafurteil ins Treffen geführt. Dadurch ist man in der Lage jenen Forderungen der Praxis an das Strafmaß Genüge zu leisten, denen die strenge Durchführung der realen Bewertung des deliktischen Handelns ihre Anerkennung versagen muß.

So wird von Birkmeyer eine weitergehende Berücksichtigung der verbrecherischen Gesinnung im Strafmaß befürwortet.[1])

Zur Begründung dieses Satzes wird nicht mehr an die, auf der Kausalität aufgebaute Bewertungslehre appelliert, nach der das Strafquantum durch das Quantum Übel bestimmt werden soll, das durch ein Verbrechen gesetzt ist.[2])

Die im Volke lebenden Werturteile werden vielmehr für die Bestimmung dieser Schuldgröße herangezogen, bei der die Gesinnung eine weitgehende Berücksichtigung erfahren soll.[3]) Der Weg der reinen Empirie wird also betreten, wo die angenommene Doktrin nicht ausreicht.

So erklärt auch Wach,[4]) der sich gegen die moderne Schule mit ihrer Forderung nach einer, der verbrecherischen Gesinnung porportionalen Strafe kehrt, daß sich die Strafe nicht nur nach dem angerichteten Schaden, sondern zugleich nach der betätigten antisozialen Gesinnung richten müsse.[5])

Ebenso läßt auch van Calker[6]) neben dem Kausalitätsurteil das Werturteil über die verbrecherische Gesinnung die Schuld bestimmen. Diese beiden Faktoren, die nach dieser Lehre die Schuld bestimmen sollen, lassen sich jedoch in ihrer Selbständigkeit als Wertungsgrundlagen nicht halten.

Denn bei allen dolosen Delikten zum mindesten, muß bei der Wertung der verbrecherischen Gesinnung der angerichtete Schaden unter dem Gesichtspunkt der sozialen Wertung des

---

[1]) Birkmeyer, Reform der Strafgesetzgebung, c. l. S. 77.

[2]) Birkmeyer, Strafe und sichernde Maßnahmen. München 1906. S. 13.

[3]) Birkmeyer, Reform, c. l. S. 76 u. 77.

[4]) Wach, Die kriminalistischen Schulen und die Strafrechtsreform. Leipzig. S. 30.

[5]) c. l. S. 36.

[6]) van Calker, Vergeltungsidee und Zweckgedanke im System der Freiheitsstrafen, 1899, S. 18; Strafrecht und Ethik, Leipzig 1897, S. 21.

angegriffenen Rechtsgutes berücksichtigt sein; denn „die Schädlichkeit des Erfolges ist Erkenntnisgrund für die Pflichtwidrigkeit der Handlung."[1]) Die verbrecherische Gesinnung kann doch nur auf Grund des äußeren Verhaltens erschlossen werden. So muß man die aus der Tat erkennbar gewordene Überwindung des Motivs, das durch die soziale Wertschätzung des angegriffenen Rechtsgutes geboten wurde oder doch geboten werden sollte, bereits bei der Wertung der verbrecherichen Gesinnung in Betracht ziehen. Wird daneben der Erfolg besonders gewertet so führt dies zu einer Doppelbewertung desselben.

Dieser Dualismus ist, wenn man darin selbständige Wertungsgrundlagen und nicht bloß eine Cäsur, die für eine besonders gewünschte Gesetzestechnik von Wert sein mag,[2]) erblicken will, unhaltbar. So bleibt die Wertung des deliktischen Verhaltens nach seiner realen **oder** seiner symptomatischen Bedeutung übrig.

V. Kritik der Lehre von der realen Bedeutung des Deliktes.

Zum Zweck einer Würdigung dieser auf der Verursachung aufgebauten Wertungslehre muß auf ihre Grundlagen zurückgegangen werden.

Wodurch erscheint es denn gerechtfertigt, das Maß der Schuld eines Menschen danach zu bestimmen, was im konkreten Fall durch seinen Willen verursacht ist? Die Willenslehre der Begründer dieser Lehre gibt uns darüber Aufschluß.

In den Zeiten der naturrechtlichen Imputationslehre und bei Schopenhauer, der dieser Zurechnungslehre wieder zu erneutem Glanz verholfen hat, begegnen wir einer Willenstheorie,

[1]) M. E. Mayer, Die schuldhafte Handlung S. 129.

[2]) Der Einfluß des Strebens nach einer, dem richterlichen Ermessen möglichst wenig Spielraum lassenden Gesetzestechnik auf die Wertungslehre zeigt sich auch heute noch. Man fürchtet, durch die Aufgabe des verursachten Schadens als Maßfaktor der Strafe die bürgerliche Freiheit dem richterlichen Ermessen preiszugeben. Auch hier liegt, wie in der Aufklärungszeit, die Konfundierung der Gerechtigkeitsidee mit den Freiheitspostulaten vor. Siehe bezüglich der Beschränkung des richterlichen Ermessens z. B. Birkmeyer, Reform S. 76, wohl auch Lammasch, Kriminalpolitische Studien, Sonderabdruck aus G. S. B. 44 S. 56.

die den Willen als besonderes Seelenvermögen betrachtet, das als Kraft sich manifestiert.

Die Lehre vom Willen als causa efficiens bei Pufendorff und Wolff und die Schopenhauersche Lehre von dem, die Kraft darstellenden Willen bildet die Grundlage für die Bewertung des verbrecherischen Handelns nach seiner realen Bedeutung.

Die Objektivierung des Willens in den Veränderungen, die er hervorruft, bei Schopenhauer [1]) läßt es erklärlich erscheinen, daß er nach Maßgabe der von ihm geschaffenen Erfolge bewertet wird.

Diese Auffassung des Willens als wirkende Kraft zeigt noch in Merkels Lehren ihre deutlichen Spuren.

In den Zuständen, die der Wille hervorgebracht hat, erscheint er objektiviert. [2]) Diese Auffassung des Willens als besondere Kraft läßt sich auch bei anderen Anhängern der Merkelschen Wertungslehre nachweisen. So spricht Birkmeyer von Naturkräften, die von einem wollenden und denkenden Wesen ausgehen. [3]) Die wirkende Kraft, die vom Verbrecher ausgeht, rechtfertigt bei dieser Lehre die Belastung desselben nach Maßgabe der von ihm hervorgerufenen Veränderungen. [4])

Daher suchen auch alle Anhänger dieser Lehre auf dem Boden der Kausalität nach Grenzen, die den Umfang der aut den Willen als Kraft zurückführbaren Veränderungen abgrenzen sollen von jenen, in denen sich andere Kräfte manifestieren (adäquate Kausalitätstheorien). [5])

---

[1]) Schopenhauer, Die Welt als Wille und Vorstellung, II. Buch, S. 145 ff.

[2]) Merkel, Kriminalistische Abhandlungen S. 57 Anm. 8.

[3]) Birkmeyer, Über Ursachenbegriff und Kausalzusammenhang im Strafrecht. Rostock 1885. S. 4.

[4]) „Schuld ist Wirken — ist der Wille als Ursache — ist Beziehung zu einem Erfolg; auf diese drei Gattungsbegriffe . . . oder doch auf ähnliche lassen sich alle Schulddefinitionen zurückführen" (M. E. Mayer, Die schuldhafte Handlung S. 103). Siehe die oben S. 189 zit. Stelle aus Liepmann, Einleitung; siehe z. B. Basedow, Die strafrechtliche Verschuldung, Hamburg 1898, S. 4. „Rechtliche Verschuldung ist hiernach ein im Menschen sich ereignender Willensvorgang als Ursache eines rechtswidrigen Erfolges."

[5]) Vgl. dazu Genzmer, Der Begriff des Wirkens, Berlin 1903 (Abh. des krimin. Sem. d. Univ. Berlin) besonders S. 34. „Ebenso rückt auch M. E. Mayer,

Diese Bewertungslehre des deliktischen Handelns nach seiner realen Bedeutung steht und fällt mit dem angenommenen Willensbegriff als besonderes Seelenvermögen, das eine wirkende Kraft darstellt. Mit diesem Willensbegriff hat man jedoch den Boden der positiven Psychologie verlassen, durch das Operieren mit der wirkenden Kraft den der Metaphysik betreten. Die moderne wissenschaftliche Psychologie hat auch diesen metaphysischen Standpunkt der Vermögenspsychologie, die den Willen „in eine spezifische Kraft"[1]) verwandelt, aus ihrer Lehre beseitigt.

Die neueren Vertreter der Merkelschen Lehren haben auch gerade in der Willenslehre den Schopenhauerschen Willensbegriff zugunsten des von der modernen Psychologie ausgebildeten verlassen.[2])

Gerade darauf dürfte sich die fortschreitende Zersetzung der Merkelschen Lehren von der Bewertung des deliktischen Handelns zurückführen lassen. Van Calkers Schulddefinition als mangelnde Wirksamkeit rechtlicher und sittlicher Grundsätze,[3]) Liepmanns[4]) und M. E. Mayers[5]) weitgehende Berücksichtigung der Motive, des Charakters im Strafrecht, dürften auf die fortschreitende Überwindung der, auf der Auffassung des Willens als Kraft beruhenden Wertungslehre hinweisen. Bei der völlig konsequenten Durchführung der angenommenen psychologischen Lehren dürfte in der Strafrechtsdoktrin die reale Bedeutung der Delikte nicht einmal mehr als liebgewordener, fossiler Rest einer überwundenen Willenslehre einen Platz finden können.

Damit wäre die dritte Periode der Bewertung der Delikte nach ihrer realen Bedeutung gekennzeichnet. Läßt sich die

---

der sich um den Ausbau dieser Lehre besonders bemüht hat, nicht den Erfolg, sondern die wirkende Kraft in den Mittelpunkt der Untersuchung."

[1]) W. Wundt, Grundzüge der physiologischen Psychologie, III. B. Leipzig 1903. S. 298.

[2]) Siehe Liepmann, Einleitung S. 115—130; M. E. Mayer, Die schuldhafte Handlung S. 40ff.

[3]) van Calker, Strafrecht und Ethik S. 21.

[4]) c. l.

[5]) c. l.

erste Periode (deutsches Mittelalter und Italiener) auf den Einfluß privatrechtlicher Vorstellungen[1]) zurückführen, so knüpft die zweite Periode an diese überlieferten Wertungsmaßstäbe an, um dadurch ein Mittel für den viel ersehnten Schutz der individuellen Freiheit zu erlangen.

Die dritte Periode ruht auf dem schon lange vorbereitet gewesenen Begriff der Zurechnung, mit seiner metaphysischen Auffassung des verbrecherischen Willens. Mit diesem Willensbegriff fällt auch ihre Berechtigung.

So bleibt die Bewertung des äußeren deliktischen Verhaltens als Symptom eines bestimmten psychischen Substrates übrig.

Die folgenden Ausführungen sollen diesen Standpunkt weiter ausführen, um zu zeigen, daß er nicht bloß richtig, sondern auch praktisch brauchbar ist.[2])

---

[1]) Wundt, Ethik, II. Aufl., Stuttgart 1892 S. 531.

[2]) Dagegen Finger, Objektiver Tatbestand S. 23.

IV. Buch.

Die symptomatische Bedeutung des verbrecherischen Verhaltens.

I. Kapitel.

Das gesellschaftschädigende Verhalten als Symptom eines psychischen Mangels.

§ 1. Allgemeines.

Die dargestellte Entwicklung der Lehre, die das gesellschaftschädigende Verhalten als Symptom eines besonderen psychischen Zustandes wertet, dürfte gezeigt haben, daß sie durchaus nicht das Produkt volksfremder Spekulationen ist, sondern auf eine Jahrhunderte lange Entwicklung zurückblicken kann, in der sie sich gegenüber dem periodenweise erfolgenden Ansturm auf ihre Grundlagen als lebenskräftig erwiesen hat.

Von diesem Gesichtspunkt aus erscheinen auch die Lehren der heutigen Theorie der Schutzstrafe lediglich als die Entwicklungsform dieses Wertungsprinzipes, unter den Entwicklungsbedingungen, die durch den gegenwärtigen Stand der Natur- und Geisteswissenschaften einerseits, durch die Sozialisierungstendenzen in unserem heutigen Gemeinleben andererseits gegeben sind.

Eine Theorie nämlich, die in der Spezialprävention den Strafzweck erblickt, kann dem äußeren Verhalten des Delinquenten doch nur dadurch Bedeutung für das Strafrecht beimessen, daß es eine besondere psychische Beschaffenheit im Täter enthüllt, deren Beseitigung als Strafzweck auch das Strafmaß bestimmt.[1])

---

[1]) Siehe z. B. Franz v. Liszt, Der Zweckgedanke im Strafrecht. (Strafrechtliche Aufsätze und Vorträge. I. Bd. Berlin 1905.) S. 158 und 159. Kräpelin, Abschaffung des Strafmaßes. Stuttgart 1880.

Die dargestellte dogmengeschichtliche Entwicklung wird aber gezeigt haben, daß dieser Wertungsstandpunkt nicht notwendigerweise mit einem System der Schutzstrafe verbunden ist, da er ebenso mit der Theorie der Vergeltung, wie sie von Henke und der Hegelschen Schule vorgetragen wurde, als auch mit der Lippschen Theorie der Rechtsstrafe[1]) verträglich erscheint.

Gegenstand wissenschaftlicher Angriffe wurde jedoch dieser Standpunkt der Bewertung in der Gegenwart hauptsächlich in seiner Einkleidung in das System der Schutzstrafe.

Diese Angriffe beruhen, zu einem großen Teil wenigstens, darauf, daß man den Zustand im Verbrecher nach der Tat, den zu beseitigen sich die Schutzstrafe als Zweck setzt, von dem trennt, der der Tat vorhergeht und in der Tat sich äußert.

Immer wieder wird der Schutzstrafe vorgeworfen, daß für sie das einzelne gesellschaftschädigende Verhalten nur den Anlaß dafür bietet, daß an dem Täter eine soziale Heilung versucht wird, was dem Volksbewußtsein völlig zu widersprechen scheint, da dieses auch nach einer Berücksichtigung des verschiedenen Charakters der Tat strebt.

Damit wird jedoch in einseitiger Weise das für das Strafmaß der Schutzstrafe geltende Prinzip nur von der Seite aus betrachtet, daß in ihm der Satz enthalten ist: „Solange kurieren, bis der Patient gesund ist."

---

[1]) Theodor Lipps, Der Begriff der Strafe. (Monatschr. für Krim. Psychol. 3. Jahrg. 1907.) S. 306. „Das Verbrechen ist eine geistige Abnormität, nicht in dem üblichen Sinn der Geisteskrankheit, aber in einem Sinne, der das geistige Wesen des Individuums in seiner Ganzheit nimmt." S. 307. „Wie die Kunst des Irrenarztes die Gesellschaft schützt, indem sie der Krankheit zu Leibe geht, so schützt die Strafe das Wohl der Gesellschaft, indem sie gegen die Willensabnormität angeht." S. 303. „Und man könnte hinzufügen, das Verbrechen sei nicht nur in seinen Folgen eine Schädigung für den ungestörten Ablauf des Lebens in diesem Organismus, sondern es sei zunächst ein Symptom dafür, daß irgendwo in diesem Organismus, also im Bestande der Gesellschaft ein Schaden sich finde; es sei eine Negation des Wohles der Gesellschaft, nicht nur sofern es für das Wohlbefinden in diesem Körper einen Schaden nach sich ziehe, sondern es sei in sich selbst eine Negation dieses Wohles der Gesellschaft, d. h. eine Negation der Gesundheit des sozialen Körpers."

Es wurde auch von Anhängern der Schutzstrafe gerade diese Seite besonders stark betont, der Fortschritt, den die kausale Therapie der Schutzstrafe im heutigen Sinn im Vergleich zur bisherigen symptomatischen Therapie darstellt, in den Vordergrund gestellt.[1])

Vielleicht wurde dabei zu wenig hervorgehoben, welche Bedeutung auch für diesen Standpunkt das äußere Verhalten des Menschen zur Diagnose seiner psychischen Beschaffenheit hat, insbesondere welche Elemente des äußeren Geschehens bereits auch vom Standpunkt der Schutzstrafe in dem Urteil über das gerechte Strafmaß ihre Würdigung finden.

Die folgenden Ausführungen sollen einen kurzen Überblick gewähren, welche Bedeutung den bereits vorhandenen Differenzierungen im Strafrecht in bezug auf das gesellschaftschädigende Verhalten auch vom Standpunkt der, heute besonders von der Schutzstrafe vertretenen Wertung des äußeren Verhaltens als Symptom einer besonderen psychischen Beschaffenheit zukommt.

§ 2. Die „Schuldformen" in ihrer Bedeutung für die Bewertung des menschlichen Verhaltens.

I. Das Charakteristikon des „dolus malus" ein Gefühlsmangel.

a) Das dolose Verhalten und das normale Verhalten.

Als das Minimum das aus dem Streite der Theorien für den Inhalt des Vorsatzbegriffes unbestritten übrig bleibt, kann die Vorstellung eines Erfolges, dessen Herbeiführung oder Nichthinderung den Inhalt eines gesetzlichen Verbotes bildet, betrachtet werden; außerdem ist ein, dieser Vorstellung nachfolgendes gewillkürtes Verhalten, das Zustandekommen eines Willensaktes gefordert, jene Vorstellung muß zu dem Willensakt in einer Beziehung stehen, sie muß unter den Vorstellungsbestandteilen in der Genese des Willensaktes enthalten sein.

---

[1]) Kräpelin, Abschaffung des Strafmaßes. S. 30.

Die Bedeutung dieser Tatsache für die Diagnose des psychischen Zustandes ergibt sich durch die Betrachtung der Bedeutung, die die Vorstellung eines Norminhaltes beim Zustandekommen eines Willensaktes hat.

Die Willensvorgänge sind Affekte, die durch das Vorhandensein von Motiven als damit fest verschmolzenen Gefühlen und Vorstellungen ausgezeichnet sind, die die Lösung des Affektes herbeiführen.[1])

„Demnach können wir die Willensvorgänge allgemein definieren als Affekte, die durch ihren Verlauf ihre eigene Lösung herbeiführen.“[2]) Die beim dolosen Verhalten in Betracht kommenden Fälle sind jene, in denen ein Teil der erwähnten Vorstellungen Vorgänge in der Außenwelt zum Inhalt hat; diese Vorstellungen wieder werden mit der Vorstellung einer Körperbewegung und der sie einleitenden Empfindung assoziativ verknüpft sein.

Der Grund dieser Verbindung liegt darin, daß Körperbewegung und Veränderung häufig im kausalen Verlauf aufeinander folgten, wodurch in der psychischen Assoziationskette auf dem Wege der Gleichheits- und Berührungsassoziation das Spiegelbild des kausalen Verlaufes in teleologischer Färbung erscheint.[3]) Läßt sich nachweisen, daß in dieser Vorstellungsreihe die Vorstellung des, in einer Satzung verbotenen Erfolges

---

[1]) Siehe W. Wundt, Grundzüge der physiologischen Psychologie. III. Bd. Leipzig 1903. V. Aufl. S. 242ff.

[2]) Wundt, c. l. S. 245.

[3]) Siehe Wundt, c. l. 755. „Die dem Zweckprinzip eigene Verknüpfung des Endpunktes mit dem Anfang der Reihe würde erst nach dem wirklichen Durchlaufen derselben möglich werden, gemäß dem allgemeinen Charakter teleologischer Verknüpfung, die eben in dieser Umkehrung der kausalen ihr charakteristisches Merkmal hat. Davon unterscheidet sich nun der psychische Zusammenhang zwischen Motiv und Erfolg sehr wesentlich dadurch, daß zwar auch hier in dem Motiv noch nicht der wirkliche Erfolg enthalten ist, daß aber jenes bereits die Richtung enthält, in der sich die, den Erfolg herbeiführende Kausalreihe bewegt. In diesem Sinne ist jede psychische Verknüpfung unmittelbarer Bewußtseinsinhalte Kausal- und Zweckreihe zugleich, und sie ist Zweckreihe nicht bloß in dem allgemeinen, für die gesamte Naturkausalität geltenden regressiven Sinne, sondern auch in jenem progressiven, in welchem der Zweck selbst zur Ursache wird und als solche der Wirkung vorausgeht.“

vorhanden war, und daß trotzdem ein Willensakt auf Grund dieser Vorstellungsreihe zustande gekommen, so erscheint dies als Zeichen eines, von dem, beim Durchschnittsmenschen vorhandenen, verschiedenen Gefühlsverlaufes, als Zeichen einer anormalen Reaktion des Bewußtseins auf Vorstellungen.

Zum Beweis dieses Satzes muß der Inhalt der durch Gesetz zum Ausdruck kommenden Norm analysiert werden.

Der größte Teil der Normen enthält in dem: „Du sollst nicht so oder so handeln“ den Niederschlag der Sitte, als Unterart der sozialen Gewohnheit.[1]) Das normgemäße Verhalten erfolgt in den meisten Menschen auf Grund einer, durch Vererbung und Erziehung erlangten psychischen Organisation, die die Quelle konstanter „Willens-, Gefühls- und Urteilsdispositionen“[2]) ist.

Das durch das Recht geforderte Handeln stellt sich inhaltlich zum großen Teile dar als besonderer Fall des, durch die Sitte als sozialer Gewohnheit geforderten Handelns.

„Was das Recht hervortrieb, waren die gleichen, bei allen einzelnen Menschen wiederkehrenden Willensdispositionen, die gleiche Denk- und Empfindungs-, die gleiche psychische Reaktionsweise.“[3])

Eine gewisse Ähnlichkeit in der geistigen und körperlichen Organisation der Individuen und in den Lebensbedingungen

---

[1]) G. Simmel, Einleitung in die Moralwissenschaft. I. Bd. Berlin 1892. S. 69. „Norm hat die zweifache Bedeutung: einmal dessen, was allgemein generisch geschieht, dann dessen, was geschehen soll, wenngleich es vielleicht nicht geschieht. Diese Doppelheit mag den tiefen Zusammenhang haben, daß für den Einzelnen dasjenige die Norm im zweiten Sinne bedeutet, was Norm der Allgemeinheit im ersten ist.“

[2]) Hold v. Ferneck, Die Rechtswidrigkeit. I. Bd. Jena 1903. S. 12.

[3]) H. v. Ferneck, c. l. S. 13. In diesem Sinne auch M. E. Mayer, Rechtsnormen und Kulturnormen. (Strafrechtl. Abhandl. herausgeg. v. Bennecke. Breslau 1903. S. 16ff.), Richard Schmidt, Allgemeine Staatslehre. I. Bd. S. 170/71: „Kurzum, man darf formulieren, daß das Recht als Ganzes, in der Durchschnittserscheinung der Rechtssätze, der unter öffentliche staatliche Garantien gestellte Teil der Volksmoral und Volkssitte ist. Er ist nicht nur Wille der Gesamtheit, die im Staat aus den Einzelnen zu einer neuen Einheit organisiert ist, sondern auch Überzeugung der, in der Gesamtheit vereinigten zahllosen Einzelnen.“

führt zu einer, durch soziale Anpassung und Auslese[1]) noch verstärkten Gleichförmigkeit ihrer Reaktionen auf äußere Eindrücke.

Das normale Verhalten wird zu dem von der Norm geforderten. „Es ist nämlich nach den psychologischen Gesetzen des Vorstellungs- und Gefühlsverlaufes selbstverständlich, daß diejenigen Tätigkeitsformen, welche durch naturnotwendige Wiederholung und Gewöhnung häufiger eintreten und umfassendere Bedeutung erlangen als andere, zu Objekten der Billigung werden.“[2])

Stellen sich auch heute die strafrechtlichen Normen als bewußte Zwecksetzungen, als Verbote eines, der Gesellschaft schädlichen Verhaltens dar, ihre Kraft als Normen erhalten sie primär nicht durch die Zweckmäßigkeit, sondern dadurch daß das normgemäße Verhalten als Teil der Volksmoral und Volkssitte erscheint.[3])

„Mit dem Momente als das Recht in die Sphäre bewußter Satzung trat, hat es nicht aufgehört, Gewohnheitsrecht in dem Sinne zu sein, als es Recht nur ist, wenn es — wenn auch nicht unmittelbar im Momente der Erlassung des Gesetzes — als bindend anerkannt wird. Und solche Anerkennung ist nur gegeben, wenn die Norm ihrem wesentlichen Inhalt nach bereits gegolten hat, oder wenn ihre Erlassung in den daran beteiligten Kreisen als ein Bedürfnis empfunden wurde — eine Erscheinung, die zuletzt darin gründet, daß die Menschen das Seiende, und nur das Seiende als das Seinsollende betrachten“.[4])

„Das Recht insoferne utilitaristisch, vom Standpunkt eines zweckstrebenden Gesetzgebers betrachten, heißt, es richtig betrachten; in die anderen Mächte dagegen den Zweckgedanken einbringen heißt die immanente Teleologie in äußere wandeln, rationalisieren.[5])

---

[1]) Windelband, Präludien. Tübingen u. Leipzig 1903. Normen und Naturgesetze, S. 266, ebenso G. Jellinek, Allgemeine Staatslehre (Das Recht des modernen Staates), II. Aufl. Berlin 1905. S. 329.

[2]) Windelband, c. l. S. 266.

[3]) Richard Schmidt, c. l. S. 170.

[4]) H. v. Ferneck, c. l. S. 32.

[5]) H. v. Ferneck, c. l. S. 41, ebenso Jellinek, c. l. S. 330.

Es ist jedoch mit dieser Konstatierung des Zusammenhanges zwischen dem Rechtsinhalt und der Volksgewohnheit vollkommen vereinbar, daß gefordert wird, der Gesetzgeber solle sich bei seinen strafrechtlichen Verboten von dem Prinzip der Zweckmäßigkeit in Hinblick auf das gesellschaftliche Leben leiten lassen, in seinen Verboten ein gesellschaftschädigendes Verhalten erfassen.

Die Richtigkeit dieses Kriteriums für die Gesetzgebungspolitik beruht auf der Erkenntnis, daß sich die Entwicklung der sozialen Gewohnheit im Sinne des Art Erhaltenden bewegt, daß die Volkssitten durch den sozialen Selektionsprozeß im Sinne des, für die Fortentwicklung des Volkes Zweckmäßigen geläutert werden, indem Personen, die auf Grund ihrer psychischen Organisation gesellschaftschädigende Reaktionen auf äußere Reize zeigen, ausgeschieden werden. „Ob eine geistige Unvollkommenheit selbst verschuldet oder geerbt ist, ob sie sich in ausgesprochen bösen Handlungen oder in anormalen unzweckmäßigen Geistesrichtungen, denen auch oft die besten Absichten zugrunde liegen, äußert, sie wird durch das Selektionsprinzip früher oder später mit den betreffenden Individuen und Familien vernichtet, und nur das Vollkommene, Bessere wird dauernd erhalten, denn es liegt in seiner Natur sich zu erhalten, wie es in der Natur des Unvollkommenen, Schlechteren liegt, zugrunde zu gehen".[1])

Hat man einmal erkannt, daß sich die Entwicklung der sozialen Gewohnheit, des Normalen im Sinne des zur Arterhaltung Zweckmäßigen, bewegt, — mag dies gegenwärtig durch das, zur Stärkung eines Staates, einer Nation Zweckmäßige repräsentiert sein —, dann kann dies dem Gesetzgeber auch für seine legislative Tätigkeit zur Richtschnur dienen, da dasjenige, was zu dem genannten Zweck als geeignet erscheint, auch im Sinne der Richtung, in der sich das normale Verhalten, die die Rechtsgrundlage bildende soziale Gewohnheit entwickelt, liegt, mag es auch von dieser, wenn sie vollkommen sich selbst überlassen wäre, vielleicht erst auf längerem Umwege erreicht werden.

[1]) G. H. Schneider, Der menschliche Wille. Berlin 1882. S. 98.

So erscheint v. Liszts Satz völlig gerechtfertigt „Formaler Maßstab des richtigen Rechts ist seine Zweckmäßigkeit; die Bestimmung seines Inhalts wird gegeben durch den vorgesetzten Zweck".[1])

Diesem Parallelismus zwischen normalem und normgemäßem Verhalten entspricht eine gewisse Gleichförmigkeit in der Reaktion des Bewußtseins im Einzelindividuum gegenüber den Vorstellungen, in der Gefühlsbetonung der Vorstellungsreihen. Ein Abweichen vom normalen Verhalten wird in der Regel durch die hemmende Gefühlsbetonung der assoziierten Vorstellung verhindert werden.

Das Zustandekommen eines, von der Norm verbotenen Verhaltens, wird, — das Vorhandensein der Vorstellung des Erfolges, dessen Zustandekommen wegen seiner sozialen Schädlichkeit verhindert werden sollte, vorausgesetzt[2]) — ein Abweichen von der normalen Gefühlsbetonung der Vorstellungsreihe, in der jene Vorstellung vorkommt, dartun. Beim Durchschnittsmenschen wird die Vorstellung des, den Grund des Verbotes bildenden Erfolges ein hemmendes Gefühl herbeiführen, sei es, daß sich dieses primär an die Erfolgsvorstellung knüpft,[3]) sei es, daß sich erst an die Erfolgsvorstellung die Vorstellung der Norm knüpft und diese erst ihre motivierende Macht ausübt, die ihr als Form von den einzelnen Inhalten, die sich als normal darstellen, zustrahlt.

Wird also von einem Angehörigen der Kulturgemeinschaft, bei dem wir also auf das Vorhandensein einer assoziativen Verbindung der Vorstellung des schädigenden Erfolges mit der Vorstellung der Kulturnorm[4]) rechnen können, eine verbotene Handlung vorgenommen, so ist dies ein Zeichen, daß jenes Minimum, bei dem noch immer normale Handlungen vorge-

---

[1]) v. Liszt, Das „richtige Recht" und die Strafgesetzgebung. Zeitschr. f. ges. Strafrechtswissenschaft. S. 555. Auf die daran anschließenden Entgegnungen (siehe Literaturbericht d. Zeitschr. 27. Bd. III. Heft, S. 246 u. VII. Heft, S. 741) kann hier nicht näher eingegangen werden.

[2]) Wie dies für die Fälle des „Vorsatzes" wohl nach allen Theorien gilt.

[3]) Siehe M. E. Mayer, Rechtsnormen. S. 42.

[4]) M. E. Mayer, c. l. S. 41 u. passim.

nommen werden, die entsprechende Gefühlsbetonung der Norm- oder Sittevorstellung nicht mehr vorhanden war, ein Zeichen eines Mangels an Intensität des Pflichtgefühls.[1])

Haben wir das Charakteristische des strafrechtlichen Vorsatzes für die Regel der Fälle in diesem Gefühlsmangel gesehen, so werden wir jene Fälle, wo in concreto trotz des Vorhandenseins der Vorstellung des, in dem gesetzlichen Verbote enthaltenen Erfolges, durchaus nicht auf jene Gefühlsabnormität geschlossen werden kann, aus dem Bereiche des dolus malus ausscheiden können.

Jener Bäuerin, die ihrer verlobten Tochter den Verkehr mit ihrem Bräutigam gestattet,[2]) mangelt es bei der Vorstellung dieses Verkehrs an einer Assoziation der Normvorstellung; daher kann dieser Fall nicht als Symptom eines Mangels in der Gefühlsbetonung dieser Vorstellung, sondern nur als Mangel in der Vorstellungsassoziation betrachtet werden, wodurch er sich höchstens dem Gebiete, das durch diesen Assoziationsmangel charakterisiert ist, der Fahrlässigkeit einordnet.

In dem gegenwärtigen Stadium der Rechtsschaffung, das die rein gewohnheitsrechtliche Periode bereits hinter sich hat, stellt sich die gesetzgeberische Tätigkeit nicht nur als bloße Rezeption bereits durch Gewohnheit Recht gewordener Regeln dar; der Gesetzgeber sucht vielfach als richtig erkannte Ziele zu erreichen, wozu ein vom bisherigen teilweise verschiedenes soziales Verhalten erfordert wird. „Der Staat ist berufen, durch seine Rechtsordnung die Kulturentwicklung zu fördern; das Recht soll sich der Kultur gegenüber nicht bloß rezeptiv, sondern auch produktiv verhalten.“ [3])

Für den Grundstock des Strafrechtes kommt diese gesetzgeberische Tätigkeit nicht so sehr dadurch in Betracht, daß ganz neue Normen geschaffen werden, als dadurch, daß quantitative

---

[1]) Siehe Goldschmidt, Pflichtvorstellung. Goltd. Arch. 51. Bd., insbes. S. 342/43.

[2]) Siehe Alex. Graf zu Dohna, Die Elemente des Schuldbegriffes. Sond. Abd. aus G.-S. Bd. 65, Heft 4—6. S. 21.

[3]) M. E. Mayer, Rechtsnormen. S. 22.

Veränderungen in der sozialen Wertung des menschlichen Verhaltens herbeigeführt werden sollen.

Doch wird auch der Strafgesetzgeber, besonders in der Fülle der „kleineren" Delikte manches Verhalten verbieten, das von der Volkssitte noch nicht verworfen war.

In diesen Fällen wird der Gesetzgeber zunächst nur „formales Recht"[1]) schaffen.

Damit wir auch bei einem solchen Verhalten, das mit dem im Gesetz verbotenen nicht übereinstimmt, von jenem, dem dolus eigentümlichen Gefühlsmangel sprechen können, müssen wir fordern, daß sich im konkreten Fall die Vorstellung des im Gesetze enthaltenen Erfolges mit der des Verbotsgesetzes assoziiert habe; erst dann ist dies ein Zeichen, daß die, dem Recht als Recht, als Form gesondert von seinem Inhalt zukommende, in besonderen Gefühlen sich äußernde motivierende Macht gefehlt habe.

b) Der dolus bei der Unterlassung.

Es kann auch das Vorhandensein der Vorstellung eines kausalen Verlaufes in der Außenwelt Symptom einer besonderen Gefühlsabnormität in dem vorstellenden Individuum sein, ohne daß dieses handelnd in jenen eingegriffen hätte. Aus dem Nichtzustandekommen eines Willensaktes, der auf die Verhinderung des, in dem Gesetze enthaltenen Erfolges abzielt, kann die abnorme Gefühlsbetonung der Erfolgsvorstellung oder anderer Glieder der Vorstellungsreihe erschlossen werden. Warum die Vorstellung eines Rechtsgüter zerstörenden Ereignisses, das auf einem kausalen Verlaufe beruht, der von dem Individuum, in dessen Vorstellungsreihen er sich wiederspiegelt, nicht beeinflußt ist, in weniger Fällen von jener eigentümlichen Gefühlsbetonung begleitet ist, die wir bei der Vorstellung einer Schädigung, deren Eintritt wir durch unsere Tätigkeit herbeiführen, konstatieren können, ist eine hier nicht zu untersuchende, vielmehr durch die Völkerpsychologie zu beantwortende Frage.

Für das Strafrecht genügt es, die typischen Fälle zu er-

1) Siehe Richard Schmidt, Allgemeine Staatslehre. S. 177.

forschen, in denen jene eigentümliche Reaktion der menschlichen Psyche auf die Vorstellung von Vorgängen, die unabhängig sind von der Kausalität des vorstellenden Subjektes, jene Reaktion, die durch das Zustandekommen eines, auf die Verhinderung des Ereignisses abzielenden Willensaktes charakterisiert ist, als normal, die Verhinderung des Erfolges als pflichtgemäß, die Unterlassung als pflichtwidrig erscheint.[1]) Daß hier das Subjekt nicht kausal war, hat für den eingenommenen Bewertungsstandpunkt, von dem aus das menschliche Verhalten als Symptom einer bestimmten psychischen Beschaffenheit bewertet wird, keine Bedeutung.

Denn hat man einmal den Boden der Verantwortlichkeitslehre, die sich auf die Verursachung stützt, verlassen, weil sie, abgesehen davon, daß sie die bei Rückfall und Gewohnheitsmäßigkeit eintretenden Wertungen des realen Lebens nicht rechtfertigen kann,[2]) mit der metaphysischen Willenslehre, die den Willen als besondere Kraft[3]) faßt, steht und fällt, so hat die Verursachung als solche gar keine primäre Bedeutung für die Verantwortlichkeit.[4])

---

[1]) Über diese hier in Betracht kommenden Fälle siehe z. B. v. Liszt, Lehrbuch des deutschen Strafrechts, 14. u. 15. Aufl. Berlin 1905. S. 133/134.

[2]) Siehe oben insbes. S. 129ff.

[3]) Siehe oben S. 193ff.

[4]) Es geht jedoch nicht an, schon aus der Tatsache des Eintritts der Verantwortlichkeit bei der Unterlassung und aus dem Satz „Grund und Voraussetzung der Strafe sowie Maßstab für dieselbe ist die Schuld. In ihr wurzelt, nach ihr bemißt sich die Strafe", (E. Hartmann, Das Kausalproblem im Strafrecht. Breslau 1900. S. 4.), zu folgern, daß auf der Kausalität nicht die strafrechtliche Verantwortlichkeit aufgebaut werden könne, wie dies Hartmann c. l. tut. Gerade der von ihm mit dem hier angegebenen Zitat als Gewährsmann angeführte Klippel (Determinismus und Strafe, Z. Bd. X. S. 534) baut eben seinen Schuldbegriff auf der Kausalität auf. „Verantwortlich gemacht werden für etwas kann nur derjenige, der dasselbe verursacht hat" (S. 540). Im Anschluß an den Aufsatz Klippels mag hier darauf verwiesen werden, daß für den Standpunkt der, auf der Kausalität die Verantwortung gründenden Lehre der Streit des Determinismus und Indeterminismus eine ganz andere Bedeutung haben muß als für eine Doctrin, die das Täterverhalten als Symptom wertet. Die Zugehörigkeit der Veränderungen, die sich nach der indeterministischen Lehre auf den Willen als erste Ursache zurückführen lassen, zu dem Täter, die nach jener Lehre die Grundlage des Schuldurteils bildet, erscheint nach der indeterministischen Theorie als eine weit

Von dem hier eingenommenen Bewertungsstandpunkt[1]) kommt die „Kausalität“ nur insofern in Betracht, als aus ihr geschlossen werden kann, daß sie sich in der Reihe der Vorstellungsassoziationen desjenigen widerspiegele, bei dem das Vorhandensein der Vorstellung des strafrechtlich relevanten Erfolges nachgewiesen ist. Kommt trotz dieser Vorstellung bei dieser Person ein Verhalten zustande, das durch ein Gesetz verboten ist, das den Eintritt jenes kausalen Verlaufes verhindern will, so wird, da man mit dem Eintreten einer Assoziationsreihe, deren Glieder denen des kausalen Verlaufes entsprechen, bei dem betreffenden Individuum rechnet, der die Schuld begründende Mangel auf der Gefühlsseite liegend angenommen.

Es können in diesem Fall die Voraussicht des Erfolges und die Kausalität als parallele Symptome einer „dahinterliegenden Einheit“[2]) auf gefaßt werden, der psychischen „Qualität des Verbrechers, gegen welche sich die strafende Wirksamkeit des Staates in Wirklichkeit richtet; wenn nun ein Mensch Ereignisse der besonderen Art, welche Verbrechen genannt werden, einerseits verursacht, andererseits beim Verursachen voraussieht . . . . , so schließt man von dem Zusammentreffen dieser beiden Umstände auf die fragliche Qualität seines Bewußtseins“.[3])

Man kann jedoch noch weiter von einer symptomatischen Bedeutung des Kausalzusammenhanges auch in gewissen Fällen[4])

innigere, als wenn der Wille nach deterministischer Lehre selbst wieder nur als die Wirkung anderer Kräfte erscheint. So Klippel, c. l. S. 543. „Der Mensch kann vielmehr nur dann für seine Handlungen verantwortlich gemacht werden, wenn er willensfrei ist, wenn er es vermag, unabhängig vom Kausalzusammenhang, losgelöst vom Zwang der Ursachlichkeit, eine neue Kausalkette zu beginnen.“

[1]) Gegen die Überschätzung des Kausalitätsproblems in seiner Bedeutung für das Strafrecht siehe H. Lammasch. Handlung und Erfolg, Wien 1882. S. 59 „Der Begriff der Ursache wird in der neueren Rechtslehre aufs ungebührlichste überschätzt“, ferner Hartmann. Kausalproblem S. 4, insbesondere Höpfner, Einheit und Mehrheit der Verbrechen. Berlin 1901. S. 149ff. Anm. 28.

[2]) Thyren, Bemerkungen zu den kriminalistischen Kausalitätstheorien (Abhandl. aus dem Strafrechte. Lund 1894. S. 118.

[3]) Thyren, c. l. S. 118.

[4]) Siehe oben. S. 207. Anm. 1.

sprechen, wo der Mensch nicht verursacht, wo die Voraussicht eines Erfolges im Zusammenhang mit dem Nichtzustandekommen eines, auf die Verhinderung des vorgestellten kausalen Verlaufes abzielenden Willensaktes schon als Symptom dieser besonderen Qualität des Verbrechers erscheint.

Von diesem Standtpunkt der „Symptomatik“ kann die Wendung der Vorstellungstheorie, die im Vorsatz die Voraussicht des Erfolges hervorhebt, als abgekürzte Formulierung beibehalten werden. Dadurch, daß man einerseits die Erfolgsvorstellung, andererseits die Handlung, respekt. Nichthandlung angibt, charakterisiert man indirekt die, dem dolosen Verbrecher eigentümliche psychische Reaktion auf Vorstellungen; dadurch, daß man das Produkt und einen Faktor angibt, hat man auch indirekt den zweiten bezeichnet. Die dolus-Theorie, die im Vorsatz den Willen hervorhebt, muß zur näheren Charakterisierung des verbrecherischen Willens, die besonderen Gefühlsqualitäten desselben direkt bezeichnen.

c) Die Schuldabstufungen innerhalb des dolosen Verhaltens.

α) Direkter und indirekter Vorsatz.

Im Anschluß an die Fassung M. E. Mayers[1]) kann somit die strafrechtliche Bedeutung des vorsätzlichen Handelns darin gesehen werden, daß die Vorstellung vom Interessen schädigenden Erfolg[2]) nicht Gegenmotiv, die der vorsätzlichen Unterlassung darin, daß diese Vorstellung nicht Handlungsmotiv geworden ist; die Bedeutung des vorsätzlichen Verhaltens liegt also darin, daß eine anormale Reaktion des Bewußtseins auf Vorstellungen dargetan wird.

Innerhalb dieses, so abgegrenzten Gebietes des Vorsatzes werden sich zahlreiche Abstufungen ergeben.

Es kann die Vorstellung des schädigenden Erfolges gerade die gewesen sein, die auf die Lösung des Affektes in Gestalt

[1]) M. E. Mayer, Die schuldhafte Handlung. S. 159.

[2]) An Stelle der Mayerschen Formulierung „Vorstellung des rechtswidrigen Erfolges,“ wurde wegen der Vieldeutigkeit des „rechtswidrig“ der Ausdruck „Interessenschädigend“ vorgezogen. Siehe H. v. Ferneck, Die Rechtswidrigkeit, II. Bd. I. Abt. Jena 1905. S. 107.

eines Willensaktes hinzielte, weil sie „Hauptmotiv“ war, die Handlung zu begehen.[1])

Es können jedoch auch die anderen Vorstellungen der Reihe, in der sich die Vorstellung der Interessenverletzung findet, in ihrer Gefühlsbetonung besonders stark hervorgetreten sein.

Die Vorstellung des Rechtsgüter vernichtenden Erfolges kontrastiert mit ihrer Gefühlsbetonung in diesen Fällen nicht mehr notwendigerweise so stark wie im ersten Fall, wo die gewöhnliche Unlustbetonung, die Hemmung in ihr Gegenteil umgesprungen ist, mit dem normalen Gefühlsverlauf. Die Bedeutung dieser Fälle wird hier darin liegen, daß diese Vorstellung „kein Motiv gewesen ist, die Handlung zu unterlassen“.[2]) Zwischen diesen beiden Grenztypen — die Vorstellung des schädigenden Erfolges Lust[3]) betont einerseits, — die Vorstellung dieses Erfolges Unlust betont, aber nicht genügend, — werden sich Fälle denken lassen, in denen die Vorstellung des strafrechtlich relevanten Erfolges von Gefühlen begleitet sind, die dem Nullpunkt der angegebenen Gefühlsrichtungen entsprechen.[4])

Dieser Punkt würde die Grenze zwischen direktem und indirektem Vorsatz darstellen. „Nur um psychologischen Verschiedenheiten gerecht zu werden, muß die Unterscheidung von direkt und indirekt vorsätzlichen Handlungen aufrecht erhalten bleiben. Der Jurist hat an einer scharfen Abgrenzung nicht das mindeste Interesse, da beide Fälle einer Schuldstufe angehören. Im Gegenteil, eine Theorie ist um so schlechter, je weniger sie die Einheit zwischen direktem und indirektem Vorsatz wahrt.“[5])

---

[1]) M. E. Mayer, Die schuldhafte Handlung. S. 159.

[2]) M. E. Mayer, c. l. S. 159.

[3]) Der Kürze halber wurde hier von der einen Richtung der Gefühle, Lust — Unlust gesprochen, wobei aber immer beachtet werden muß, daß ebenso wie diese auch die beiden anderen, Erregung — Beruhigung, Spannung — Lösung beim Zustandekommen des Willensaktes in Betracht gezogen werden müssen. Siehe Wundt, Grundzüge der physiologischen Psychologie, V. Aufl. II. Bd. Leipzig 1902. S. 284 ff.

[4]) Wundt, c. l. II. Bd. S. 311.

[5]) M. E. Mayer, Die schuldhafte Handlung. S. 165.

β) Die Bedeutung des Erfolges und der Art der Ausführung für die Wertung des dolosen Verhaltens.

Denken wir uns die, auch hier bereits genannten drei[1]) Gefühlsdimensionen — Lust-Unlust, Erregung-Beruhigung, Spannung-Lösung — durch ein räumliches Coordinatensystem[2]) symbolysiert, das mit seinem Schnittpunkt den Nullpunkt der Gefühlsintensitäten darstellt, während in jeder der drei Richtungen die Gefühlsintensität mit dem Abstand vom Nullpunkt zunimmt, so können wir die Schuld abstufen, je nachdem die konkrete Gefühlsbetonung derselben Richtung der Gefühlsdimensionen angehört wie die als normal erscheinende, oder der entgegengesetzten, wobei den Grenzfall jener bilden würde, bei dem die konkrete Gefühlsbetonung auf dem Nullpunkt steht.

Außerdem wird sich aber die Schuldgröße richten nach der absoluten Distanz der Punkte, die in diesem Koordinatensystem der im konkreten Fall vorhandenen Gefühlsintensität einerseits, der in der kulturellen Wertung des Rechtsgutes zum Ausdruck kommenden normalen Gefühlsintensität andererseits entsprechen.

Diese kulturelle Wertschätzung wird sich als Hemmung gegenüber vorgestellten Verletzungshandlungen darstellen; mit der gesellschaftlichen Bedeutung der Rechtsgüter wird auch die Intensität dieser hemmenden Gefühle zunehmen. Da bei der Verletzung des Rechtsgutes sich eine Gefühlsbetonung ausprägen wird, die der entgegengesetzten Gefühlsrichtung angehört oder dem Nullpunkt entspricht, im günstigsten Fall nur wenig über den Nullpunkt in der Richtung normaler Gefühlsbetonung hinausgeht, so wird sich die, die Grundlage für das Schuldurteil bildende Diskrepanz stark nach der sozialen Wertschätzung der angegriffenen Rechtsgüter richten.

Damit ist die Grundlosigkeit der Vorwürfe zurückgewiesen, die besonders gegen die „moderne Richtung“ im Strafrechte sich kehren, dahin gehend, daß diese gar nicht die sozialen Werturteile über die einzelnen Verbrechen, die sich nach der

---

[1]) Siehe oben S. 210. Anm. 3.

[2]) Wundt, c. l. II. Bd. S. 288.

Wichtigkeit der angegriffenen Rechtsgüter richten, berücksichtige, mit ihrem Prinzip, daß nur die Gefährlichkeit des Menschen für das Strafmaß entscheidend sei, dem Volksbewußtsein widerspreche.

Bereits Grolmann hat auf die Bedeutung des verursachten Erfolges für die Bewertung einer Handlung als Symptom hingewiesen. „Je unersetzlicher und wichtiger die Rechte sind, welche durch die gesetzwidrige Tat verletzt wurden, je dringender das Interesse der Menschen die Unterlassung einer bestimmten Verletzung erforderte, desto größere Verwilderung äußerst der Verbrecher durch diese Tat, desto gefährlicher ist er für die Zukunft."[1])

Ebenso erklärt auch M. E. Mayer:[2]) „... die Schädlichkeit des Erfolges ist Erkenntnisgrund für die Pflichtwidrigkeit der Handlung."

Neben dem Rechtsgut als solchem werden noch die persönlichen Beziehungen, in denen der Träger des Rechtsgutes zu dem Verletzer stand, auf die „normale Intensität" der Hemmung, und damit für die, in concreto zutage getretene Diskrepanz ebenso von Einfluß sein, wie die räumlichen Beziehungen, unter denen die Verletzung erfolgte.

Die soziale Bedeutung der Stätten, die der Kultusausübung bestimmt sind, wird auch in dem, bei Rechtsgüterverletzungen innerhalb derselben zutage tretenden Gefühlsmangel berücksichtigt werden. Die Bedeutung, die die landwirtschaftlichen Geräte für das bäuerliche Leben haben, die besonderen Verhältnisse auf dem Lande, die das Respektieren loserer Besitzverhältnisse notwendig machen, werden sich in besonderen Hemmungen gegen eine Eigentumsverletzung regelmäßig widerspiegeln und das Urteil über den Mangel beeinflussen, der sich aus der Eigentumsmißachtung gezeigt hat.

---

[1]) Grolmann, Begründung des Strafrechts, S. 128.

[2]) M. E. Mayer, Schuldhafte Handlung, S. 129. Die von Mayer daneben befürwortete (S. 199) Schätzung des Erfolges nach seiner selbständigen Bedeutung, die somit zu einer Doppelberücksichtigung des Erfolges führen muß, erscheint wohl als Überrest der Merkelschen Krafttheorie.

γ) **Die Gefährdungsdelikte.**

Besondere Bedeutung für das Urteil über den Gefühlsmangel werden jene Fälle erlangen, in denen der vorgestellte, eine Interessenverletzung bereits enthaltende Teil einer Kausalkette erfahrungsgemäß die verschiedensten Fortsetzungen gezeigt, so daß sich bei der Voraussicht des ersten Teiles nur eine unsichere Prognose abgeben läßt, welche von ihnen eintreten werde. Oft läßt es sich gar nicht absehen, welche Kreise eine anfänglich geringfügige Interessenverletzung ziehen kann. Welche Bedeutung die Sachbeschädigung, die das Durchstechen eines Wasserdammes darstellt, für den Umfang weiterer Rechtsgüterschädigungen haben kann, welche Folgen die Inbrandsetzung eines Hauses haben kann, läßt sich infolge der zahlreichen Komplikationen, die hinzukommen können, im Zeitpunkt der Tat und bei dem Wissen des Täters in diesem Zeitpunkt ebensowenig voraussagen wie die Folgen, die aus dem Werfen einer Dynamitbombe auf belebter Straße entstehen können.

Die Vorstellung jenes ersten Teiles der Kausalreihe, der wegen seiner Einfachheit unserer Berechnung zugänglich erscheint, die Körperbewegung und der Kausalverlauf bis zur Dammdurchbrechung, bis zu dem Beginn des Brandes eines Dachbalkens, bis zu dem Zerplatzen der Bombe wird sich in mehr oder weniger klarer Weise mit den Vorstellungsketten, die die erfahrungsgemäß als Fortsetzung beobachteten Kausalreihen zum Inhalte haben, verbinden; die Wertschätzung, die den, in diesen Fällen beobachteten Rechtsgüterverletzungen zukommt, wird sich bald in einer bedeutenden hemmenden Gefühlsbetonung der Vorstellung jenes ersten Teils der Kausalreihe zeigen, die allen diesen Reihen eigentümliche Gefühlsbetonung wird sich zu einem besonders intensiven Gefühl verdichten, das sich als das allen diesen Fällen gemeinsame bald mit der Vorstellung des ersten Teiles der Kausalreihe verbinden wird, wenn auch die weiteren Vorstellungsassoziationen, auf denen jenes Gefühl ursprünglich beruhte, gar nicht mehr deutlich eintreten.

So erscheint die vielfältig starke Gefühlsbetonung an sich geringer Verletzungen erklärt und die hohe Bestrafung der, auf den Mangel derselben hinweisenden Gefährdungsdelikte gerechtfertigt.

Auch in diesen Fällen wird sich im Laufe der Zeit ein Wandel konstatieren lassen. Mit der fortschreitenden Verbreitung der Kenntnisse der kausalen Vorgänge, den Verbesserungen der Technik wird manches heute weniger gefährlich erscheinen als früher und umgekehrt.

So dürfte z. B. die Abnahme der, auf Brandstiftung gesetzten Strafen nicht zum geringsten Teil darauf zurückzuführen sein, daß mit der Verbesserung der Bautechnik die Zahl und der Umfang der, an eine Brandstiftung sich schließenden Feuersbrünste abgenommen, wodurch die Gefühlsbetonung, die sich an die Vorstellung des Inbrandsetzen eines Hausbalkens geknüpft, an Intensität abgenommen hat. Dadurch erscheint auch der Mangel, der sich heute bei dem Brandstifter zeigt, geringer als früher.

δ) Rückfall und Gewohnheit.

Neben der Vorstellung des Rechtsgüter verletzenden Erfolges, wird auch noch das Vorhandensein anderer Vorstellungen, die im sozialen Leben von bedeutenden Hemmungsgefühlen begleitet erscheinen, das Urteil über den Gefühlsmangel beim Verbrecher beeinflussen.

Besonders hervorgehoben erscheint hier jener Fall, wo bei dem Verbrecher im Zeitpunkte der Begehung einer pflichtwidrigen Handlung sich die Vorstellung einer früheren pflichtwidrigen Tat, mit dem gesellschaftlichen Unwerturteil und dessen Folgen, einstellt; die Konstatierung der angegebenen Motive wird ein besonderer Anhaltspunkt sein für die Beurteilung des, aus ihrer Nichtwirksamkeit hervortretenden Mangels, für das beim Rückfall eintretende Unwerturteil.

Neben diesen Fällen, in denen der Gefühlsmangel sich besonders durch die besondere Gefühlsbetonung einer bestimmten Vorstellung ergibt, erscheinen jene Fälle besonders beachtenswert, wo sich der Mangel in der Gefühlsbetonung der Zwischenglieder der Vorstellungsreihe äußert, wo deren Gefühlsbetonung so schwach ist, daß kaum von einem Kampf der Motive gesprochen werden kann.[1]) Da erfahrungsgemäß diese Abnormität sich dann zeigt, wenn eine mehrfache Wiederholung eines psychischen Aktes eintritt, kann man das auf dieser Gefühlsdiskrepanz aufbauende Werturteil immer dann eintreten lassen, wenn die mehrfache Wiederholung eines psychischen Aktes vorliegt.[2])

ε) Notwehr und Notstand.

Die Abstufungen der Verschuldung, die sich beim Dolus ergeben, erscheinen so bestimmt, durch die Gefühlsbetonung der Vorstellung der Interessenverletzung einerseits und der übrigen Bestandteile der Vorstellungsreihe andererseits. „Je mehr Berechtigung den Motiven einer Tat zukommt, desto geringer ist die Pflichtwidrigkeit der Handlung und infolgedessen die Schuldhaftigkeit derselben.“[3])

Als Grenzfälle erscheinen jene, in denen es, trotzdem nachgewiesen ist, daß sich die Vorstellung eines Rechtsgüter verletzenden Erfolges in der Vorstellung eines bestimmten kausalen Verlaufes befand, nicht als Symptom anormaler Gefühlsqualitäten angesehen wird, daß ein, die Herbeiführung dieser Interessenverletzung in sich schließender Willensakt zustande gekommen ist.

Als derartige Fälle erscheinen Notwehr und Notstand.

Die Bedeutung, die in derartigen Fällen gewissen Gliedern der vorgestellten Kausalreihe im gesellschaftlichen Leben zukommt, rechtfertigt ihre überwiegende Macht als Lösungs-

---

[1]) Siehe Wundt, c. l. III. Bd. S. 256.

[2]) Auf diese beiden Fälle besonders gesteigerter Schuld, bei Rückfall und Gewohnheitsmäßigkeit, soll später eingegangen werden.

[3]) M. E. Mayer, Die schuldhafte Handlung, S. 193; ebenso Liepmann, Einleitung, S. 122.

. . . „es (scil. das Recht) verlangt kein ideales soziales Verhalten, sondern nur ein mittleres Durchschnittsmaß an Einsicht und Aufmerksamkeit, an Pflichtbewußtsein und Verleitbarkeit. Hiernach bestimmen sich nicht bloß die Grenzen strafrechtlicher Verantwortung überhaupt, sondern auch zugleich die verschiedenen Abstufungen unserer Zurechnungsurteile in der Skala von der Schuldlosigkeit und äußersten Milde bis zur intensivsten Schärfe verurteilender Mißbilligung.“ Siehe auch Dupont, Les degrés de la volonté criminelle, Brüssel—Paris 1906, S. 44ff.

motive des Willens. Sie läßt es als normal erscheinen, daß die Gefühlsbetonung der Vorstellung der Interessenschädigung nicht mit ihrem hemmenden Einfluß durchgedrungen ist.

Bei Notwehr und Notstand erscheint so durch die Gefühlsbetonung der bevorstehenden Verletzung eigener Interessen, durch die Notlage, die Schädigung fremder Interessen nicht als Symptom einer anormalen Reaktion des Bewußtseins auf die Vorstellung einer Gesellschaftsschädigung.[1]) „Die Notwehrlage ist nur qualifizierte Notlage, qualifiziert durch den böswilligen Angriff.“[2])

Die außerordentlichen Reize des Milieus nehmen einer, prima facie anormalen Reaktion eines Menschen die Bedeutung eines Symptoms eines anormalen psychischen Zustandes.[3])

---

[1]) Siehe H. v. Ferneck, Die Rechtswidrigkeit, II, 1, 102 ff.

[2]) H. v. Ferneck, c. l. S. 128. Dagegen Dohna, Die Rechtswidrigkeit, Halle 1905, S. 130. „Nicht also die drohende Gefahr, sondern das angedrohte Unrecht ist Quelle des Notwehrrechtes.“

[3]) Dagegen Dohna, Die Rechtswidrigkeit, S. 127.

„Der Einfluß der hier gekennzeichneten Lage auf die Beurteilung der Handlung kann offenbar nur aus der Berücksichtigung der durch jene hervorgerufenen anormalen psychischen Disposition des Handelnden erklärt werden. Das Faktum der Verletzung an und für sich sowie dessen ethisch negativer Wert bleibt sich gleich; nur in seiner Beziehung auf den Täter erscheint es in milderer Beleuchtung. Mit anderen Worten: Die Not entschuldigt, was sonst zuzurechnen sein würde; sie macht nicht rechtmäßig, was ohnedies rechtswidrig ist.“

Im Sinne des Textes H. v. Ferneck, Die Rechtswidrigkeit, II, 1, S. 110. Er rechtfertigt die hier eintretende Straflosigkeit dadurch, daß die Situation nicht mehr als eine „Durchschnittssituation“, sondern als eine abnorme zu betrachten ist. Der Freispruch des Richters sei dadurch gerechtfertigt, daß er sich sagen muß: „In dieser Situation hätte voraussichtlich jedermann so gehandelt, wie der Täter.“ Ähnlich S. 111. „Unwiderstehlich im Rechtssinne ist derjenige Zwang, dem der Durchschnittsmensch nicht zu widerstehen vermag.“ Ebenso schon Baumeister, Bemerkungen zur Strafgesetzgebung, I. Heft, Leipzig 1847, S. 99. „Straflos muß dasjenige sein, wovon jeder andere bei genauer Kenntnis und unbefangener Erwägung der Umstände sich gesteht, daß er im gleichen Fall nicht anders gehandelt haben würde.“ Dadurch, daß H. v. Ferneck die Straflosigkeit der Notwehr- und Notstandshandlungen durch ihren Mangel an symptomatischer Bedeutung für eine besondere psychische Beschaffenheit, die die Grundlage für ein Unwert- resp. ein besonderes Gefährlichkeitsurteil bilden soll, rechtfertigen will, zeigt er, daß die von ihm vertretene Generalpräventionstheorie keinen selbständigen Wertungsmaßstab für das gerechte Strafmaß abgibt.

II. Die Fahrlässigkeit, ein Mangel in der Vorstellungsassoziation.

Liegt das Charakteristische des dolus als Schuldart in dem anormalen Gefühlsleben, so erscheint die Fahrlässigkeit durch einen Mangel in der Vorstellungsassoziation gekennzeichnet. Da gerade diese Tätigkeit der Verstandestätigkeit zugeteilt wurde, erklärt sich die Auffassung der culpa als Verstandesfehler. Wenn man jedoch den innigen Zusammenhang ins Auge faßt, der, wie bereits angeführt, zwischen den Vorstellungen und dem Zustandekommen des Willens besteht, so kann ein, auf Grund fehlerhafter Vorstellungsverbindungen zustande kommender Wille als fehlerhafter Wille, die culpa auch als Willensfehler bezeichnet werden. Im Falle der Fahrlässigkeit sind beim Zustandekommen eines Willensaktes Vorstellungen vorhanden, die nicht einen gesellschaftsschädigenden Erfolg

---

S. 116/117 c. l. „Das von der Not eingeworfene Motiv kollidiert mit dem, von der gesetzlichen Strafdrohung gegebenen Motiv. Der Gesetzgeber vermöchte vielleicht in Fällen der Not gegen das singuläre Gegenmotiv durchzudringen, wenn er die Strafdrohung wesentlich verschärfte. Eine solche Verschärfung ist ihm aber nicht möglich, weil er nicht von einem reinen „Utilitätsstandpunkt“ ausgehen kann, . . . sondern mit den ethischen Werturteilen in Einklang bleiben muß, um seine Strafen nicht als ungerecht erscheinen zu lassen.“

Damit ist zugegeben, daß die von ihm wieder aufgenommene Feuerbachsche Theorie der Generalprävention (siehe H. v. Ferneck, Die Rechtswidrigkeit, I. Bd., S. 170) gar kein selbständiges Strafmaßprinzip hat, vielmehr stets der Korrektur durch die Volksüberzeugung bedarf (siehe auch I. Bd. S. 169 und Lammasch, Kriminalpolitische Studien, G.-S. 44, S. 151), d. h. die eigentliche Bewertung geht dann doch von dieser aus. Muß weiter konstatiert werden, daß die Volksüberzeugung dort keine Strafe duldet, wo, wie auch von H. v. Ferneck zugegeben wird, keine psychische Abnormität vorhanden ist, so erscheint diese als Grundlage für das, der Volksüberzeugung nach gerechte Urteil über das Strafmaß. Damit ist man jedoch bei dem, von der Spezialprävention geforderten Strafmaßprinzip angelangt. Somit würden die Strafgrößen der Generalprävention durch die, mit der Volksüberzeugung übereinstimmende Spezialprävention korrigiert, d. h. bestimmt.

Durch den Mangel an symptomatischer Bedeutung für das Vorhandensein einer besonderen psychischen Beschaffenheit erscheint auch die Straflosigkeit ähnlicher Fälle, der „Körperverletzung“ beim ärztlichen Operationsrecht, der Interessenverletzung in Ausübung militärischer Befehle gerechtfertigt.

zum Inhalte haben. Der kausale Verlauf in der Außenwelt, der den Inhalt dieser Vorstellungen bildet, führt aber erfahrungsgemäß mehr oder weniger oft zu einem interessenschädigenden Erfolg, so daß diese kausale Verknüpfung nach den allgemeinen Assoziationsgesetzen sich auch in der assoziativen Verbindung der Vorstellungen äußern wird, wodurch es als Regel gilt, daß sich die Vorstellung des unschädlichen Erfolges mit der des schädlichen verbindet.

Auch hier setzt der oben bereits erwähnte Prozeß ein; das normale Verhalten wird zur Norm, zur Pflicht erhoben, ein Abweichen von dem Normalen als Mangel betrachtet, der die Grundlage für das Schuldurteil abgibt. „Das von jedem Zurechnungsfähigen die relativ gleiche Sorgfalt erfordert werde, hat seinen Grund darin, daß von jedermann der gleiche rechtliche Wille in Anspruch genommen wird.“[1]) Nach Maßgabe der Häufigkeit der kausalen Verbindung der beiden Ereignisse, des unschädlichen mit dem schädlichen, wird sich auch die Häufigkeit der assoziativen Verknüpfung der ihnen entsprechenden Vorstellungen ändern und damit auch das Urteil über den, durch das Ausbleiben derselben sich äußernden Mangel.

Die besonderen Kenntnisse, die sich ein Mensch in einer Lebensstellung, in einem besonderen sozialen Milieu erwirbt, werden auf die Regelmäßigkeit der Assoziationen bei ihm von Einfluß sein. Innerhalb eines Berufskreises wird sich infolge der häufig beobachteten kausalen Verknüpfung gewisser Ereignisse auch eine Regelmäßigkeit der Assoziationen ausbilden, nach der dann auch das Fehlen derselben bei einem Angehörigen dieses Kreises beurteilt wird. Der Durchschnittsmensch des Gesellschaftskreises, als dessen Angehöriger das Individuum in der Gesellschaft anerkannt ist, wird die Richtschnur abgeben für das Urteil über das Normale und die Diskrepanz von ihm, und damit über die Größe der Schuld.

Ebenso wie beim Vorsatz werden sich auch hier die mannigfachsten Varianten innerhalb dieses, durch einen Assoziationsdefekt gekennzeichneten Begriffes ergeben. Als obere

---

[1]) W. E. Wahlberg, Die strafrechtliche Fahrlässigkeit, S. 275. (Gesammelte kleinere Schriften, III. Bd., Wien 1882.)

Grenze der Schuld werden sich hier jene Fälle ergeben, in denen die Verbindung zweier Vorstellungen derart als Gemeingut einer Kulturepoche angesehen wird, daß man es einem Angehörigen der Kulturgemeinschaft kaum glauben will, daß bei ihm die eine Vorstellung vorhanden, ohne daß sich mit ihr die Vorstellung des gesellschaftsschädigenden Erfolges verknüpft hat, wo der „Leichtsinn, der es trotz nächstliegender Möglichkeit eines üblen Erfolges nicht einmal zu einer Erkenntnis derselben kommen läßt," ein höheres Maß der Schuld bildend angesehen wird, als „der Leichtsinn, der über die Berücksichtigung eines als entfernt möglich erkannten Erfolges hinweggeht".[1]) Die untere Grenze der Schuld werden jene Fälle abgeben, wo das Hintereinander der Ereignisse in der Außenwelt so selten war, daß es in der Schwebe steht, ob die assoziative Verbindung der sich darauf beziehenden Vorstellungen als normal, das Ausbleiben derselben als Defekt bezeichnet werden kann; innerhalb dieser Grenzen werden sich im Leben die mannigfaltigsten Zwischenstufen ergeben, die einer starren Fixierung unzugänglich sind. Auch hier wird die soziale Bedeutung der Interessenverletzung von Einfluß auf die Schuldabstufung insofern sein, als die Einprägung eines kausalen Verlaufes in unseren psychischen Vorgängen regelmäßig durch die Wichtigkeit des Erfolges dadurch mitbestimmt erscheint, daß diese auf die Stärke der assoziativen Verknüpfung der Vorstellungen infolge der, von der Wichtigkeit des Erfolges abhängenden gemütlichen Erregung von Einfluß ist. Daher wird auch die Wertung des, durch das Ausbleiben der Assoziation charakterisierten Mangels durch die Wichtigkeit der eingetretenen Rechtsgüterverletzung beeinflußt werden.

III. Der sozialpsychologische Maßstab der „Normalität" und der individualpsychologische der Motivstärke.

Für die Beurteilung des deliktischen Handelns nach dem Maße der zutage getretenen Schuld lassen sich keine anderen Richtpunkte aufstellen, als eben jenes mittlere „Verhalten, dem

---

[1]) Wahlberg, c. l. S. 283.

wir eine gewisse Allgemeingültigkeit zuschreiben",[1]) mit dem das konkrete verglichen wird.

M. E. Mayer versuchte[2]) es, diesem Maßstab, der immer das Konkrete mtt dem Allgemeinen vergleicht, Beurteilungskriterien zu substituieren, die auf dem einzelnen Verbrecher als solchem aufgebaut sind und damit jene Schwierigkeiten bei der Bewertung vermeiden, die das Rekurrieren an das Allgemeine bereitet. Mayer will das Kriterium des starken und schwachen Motivs dazu verwenden, Anhaltspunkte für die Schuldabstufung zu finden. Das „Stark" und „Schwach" soll nicht nach der durchschnittlichen Wirksamkeit[3]) der Motive bemessen werden, sondern hierfür der individualpsychologische Maßstab für die Intensität der Motive verwendet werden.

Die Normalität weist er[4]) als unmöglichen Maßstab zurück. „Was normalerweise die Menschen beeinflußt, ist unendlich schwer zu sagen, ist jedenfalls nur von einer kleinen Anzahl häufig gegebener Vorstellungen auszumachen."

Das Kriterium der starken und schwachen Motive in Mayer's individualpsychologischem Sinn läßt sich jedoch für die Schuldabstufung nicht aufrechthalten.

Vom Standpunkt der Individualpsychologie erscheint ein Motiv nur dann als stark, wenn die Gefühlsbetonung der im Motiv enthaltenen Vorstellung eine bedeutende Intensität hat. Die Gefühlsbetonung der Vorstellung ist aber durch die Gesamtlage des Bewußtseins, mithin durch den Charakter mitbestimmt.[5])

Die Gefühlsbetonung der Motivvorstellung „als solcher" existiert im Gebiet der Individualpsychologie fast niemals.

Wenn trotzdem von dieser in der psychologischen Lehre gesprochen wird, so erscheint dies als eine zu didaktischen Zwecken gemachte Abstraktion, die das allen Fällen Gemeinsame herausschälen will, die normale Gefühlsbetonung einer Vor-

---

[1]) Wundt, c. l. III. Bd. S. 121.

[2]) M. E. Mayer, Die schuldhafte Handlung, S. 187ff.

[3]) Wie Liepmann, Einleitung S. 122, dies tut.

[4]) M. E. Mayer, c. l. S. 187.

[5]) Wundt, c. l. III. Bd. S. 111.

stellung damit bestimmen will. Wenn Mayer sagt: „In dem Furchtsamen ist natürlich das Gefühl der Furcht sehr lebhaft, sehr stark; schwach ist nur das auf Rechnung des Motivs geschriebene Furchtgefühl",[1]) so zeigt sich hier deutlich die Vermengung theoretischer Abstraktionen mit individualpsychologischen Geschehnissen; für den konkreten Fall ist das Gefühl stark; für das individuelle Bewußtsein wird es sich als ein einheitliches Phänomen darstellen und niemals durch individualpsychologische Analyse als ein Konglomerat aus dem Vorstellungsgefühl als „solchem" und dem durch den Charakter gegebenen erkannt werden.

Die Aussage, daß in diesem Fall das Motiv schwach ist, ist nicht mehr auf dem Weg der individualpsychologischen Beobachtung, sondern auf den Weg der Abstraktion gewonnen; es wird hier einfach als schwaches Motiv dasjenige im konkreten Fall angesehen, was normalerweise schwach ist. Damit verfällt Mayer aber dem von ihm zurückgewiesenen Kriterium der Stärke und der Schwäche der Motive, das er gegenüber Liepmann[2]) als unmöglichen Maßstab[3]) bezeichnet hat.

Daraus aber folgt weiter, daß die Stärke oder Schwäche des Motivs im Sinne der Individualpsychologie keine Richtschnur für die Schuldabstufung gibt; die Ergebnisse, die man aus einer derartigen Beachtung der Motive für die Schuldabstufung gewonnen zu haben glaubt, sind dadurch erreicht, daß den individualpsychologisch zu beobachtenden Phänomenen wissenschaftliche Abstraktionen substituiert werden, die jedoch bereits mit dem „Normalen" operieren.

Am deutlichsten zeigt sich dies wohl in folgendem Satz: „Je mehr das Motiv zur Erklärung einer Handlung beiträgt, um so stärker ist es, je mehr die Handlung ihre Erklärung in dem Charakter des Handelnden findet, um so schwächer ist das Motiv"[4]). Dieses Erklären hat nur dann einen Sinn, wenn es

---

[1]) M. E. Mayer, c. l. S. 188.

[2]) Siehe Liepmann, Einleitung, S. 122.

[3]) Siehe oben S. 220, Anm. 4.

[4]) M. E. Mayer, c. l. S. 188.

nicht im individual-, sondern im sozialpsychologischen Sinn genommen wird; es bedeutet, daß wir, je häufiger wir im sozialen Leben die Koinzidenz einer bestimmten Vorstellung mit einer bestimmten Handlung beobachten, dieses Handeln auf diese Vorstellung und ihre Gefühlsbetonung zurückzuführen bestrebt sind, ein Handeln bei Vorhandensein jener Vorstellung als normal betrachten.

Können wir dieses Zusammentreffen nicht in der Regel der Fälle konstatieren, so wird man nur, wenn im konkreten Fall doch eine Handlung erfolgte, nur sagen können, daß entweder diese Vorstellung bei dem betreffenden Individuum starkes Motiv war, indem sich eine „Inkongruenz zwischen Vorstellung und Vorstellungsgefühl“ [1]) hier geäußert hat, oder, daß gewisse, mit dieser Vorstellung verknüpfte Vorstellungen über- oder unternormal gefühlsbetont waren. Bei der Konstatierung dieser „Inkongruenzen“ wird aber nicht das Maß, das im einzelnen Täter, sondern das, das in der gesellschaftlichen Gesetzmäßigkeit liegt, angewendet.

Wo wirklich der Maßstab der Individualpsychologie für die Schuldgrade angelegt wird, versagt er völlig; es ist dies bei der Würdigung des Affektes als schuldmindernden Faktor. Vom Standpunkt der Individualpsychologie haben wir es hier mit einem starken Motiv zu tun, konsequenterweise muß also beim Affekt Schuldminderung stattfinden. [2]) Daß aber diese individualpsychologische Betrachtung keine selbständige Bewertungsgrundlage gibt, das muß M. E. Mayer selbst zugeben, indem die Schuldminderung durch den Affekt nur stattfinden soll, wenn er berechtigt ist. [3]) Hätte er dem Affekt, wie er es sonst bei der Abschätzung der Motive tut, nur dann das Prädikat eines starken Motives zugeteilt, wenn er auf die „Vorstellung als solche“ zurückzuführen ist, und nicht auch dann, wenn der Affekt auf eine Inkongruenz zwischen Gefühl und Vorstellung, auf den Charakter zurückzuführen ist, dann wäre eine Korrektur

---

[1]) Wundt, c. l. III. Bd. S. 111.

[2]) So M. E. Mayer, c. l. S. 189.

[3]) M. E. Mayer, c. l. S. 193.

durch den Maßstab der Berechtigung oder Nichtberechtigung des Motivs überflüssig.[1])

So kommt dem Satz: „Die Schuld ist um so geringer, je stärker die Motive, um so schwächer, je schwächer die Motive sind",[2]) keine selbständige Bedeutung zu, er gilt nur dann, wenn eingefügt wird: „stärker und schwächer normaler Weise". Damit ist aber die, von Mayer als zweites Kriterium der Schuldabstufung herangezogene Berechtigung oder Nichtberechtigung[3]) der Motive zum Maßstab erhoben, indem die normalerweise beobachtete Gefühlsstärke als die berechtigende erscheint.

So müßte M. E. Mayer selbst die Normalität als Maßstab für die Würdigung der Motive annehmen, obwohl er ihn als unmöglich[4]) zurückgewiesen.

Hat man aber einmal diesen Maßstab angenommen, dann ist die selbständige Heranziehung des Charakters für die Schuldabstufung nicht mehr notwendig; dadurch daß die Gefühlsbetonung der dem kausalen Verlauf entsprechenden Vorstellungsreihe einer Analyse unterzogen wird, und diese mit den normalerweise an die einzelnen Glieder derselben und ihre Glieder sich knüpfenden Gefühlen verglichen wird, erscheint der Charakter gekennzeichnet, indem das Anormale der Gefühlsbetonung dem Einfluß jener Vorstellungs- und Gefühlsassoziationen zuzuweisen ist, die, fest geworden durch Vererbung oder Übung, die Individualität des betreffenden Individuums charakterisieren.

---

[1]) So hat z. B. § 46 des österr. StGB. nur dann dem Affekt jene schuldmindernde Bedeutung zugewiesen, wenn er „normal" erscheint, indem nur dann die Schuld des Delinquenten gemindert sein soll: „wenn er in einer aus dem gewöhnlichen Menschengefühle entstandenen heftigen Gemütsbewegung sich zu dem Verbrechen hat hinreißen lassen". Gegen die selbständige Bedeutung des starken Motivs des Affekts v. Liszt, Vergleichende Darstellung des deutschen und ausländischen Strafrechts, IX. Bd. S. 66. „Die „leidenschaftliche Aufwallung" kann einen Milderungsgrund abgeben; sie muß es aber nicht." Ebenso Berolzheimer, Strafrechtsphilosophie u. Strafrechtsreform, 1907, S. 150/151.

[2]) M. E. Mayer, c. l. S. 189.

[3]) M. E. Mayer, c. l. S. 192ff.

[4]) M. E. Mayer, c. l. S. 187.

§ 3. Das Verbrechen als Symptom eines psychischen Mangels und die Zurechnungsfähigkeit.

I. Die Ergebnisse der Einzeluntersuchungen.

Das auf Grund des Normbegriffes und seiner Entstehung auf deduktivem Wege gewonnene Ergebnis, daß das verbrecherische Verhalten auf einen psychischen Defekt hinweist, wird auch durch die, den induktiven Weg individueller Verbrecherbeobachtung einschlagende Kriminalpsychologie bestätigt.

Krafft-Ebbing[1]) hat darauf hingewiesen, daß in der Klasse der psychischen Entartungen, die er in ihrer Totalität durchaus nicht dem Gebiet der Unzurechnungsfähigkeit zuweisen will,[2]) die moralische Defektuosität nicht isoliert ist.[3])

„Die Gedankenverbindungen sind ungewöhnlich, die Gefühle abweichend, selbst pervers, die Handlungen erfolgen auf Motive, auf die andere nicht oder nicht in gleicher Weise reagieren würden."[4])

Mit der Vervollkommnung der psychologischen und psychiatrischen Untersuchungsmethoden, indem das Experiment im Dienste der Psychologie immer weiteren Raum gewinnt[5]) und feinere psychische Unterschiede einer Fixierung zugänglich macht, mehren sich auch die Ergebnisse, die die individuelle Untersuchung der psychischen Qualität der Verbrecher für die Feststellung ihrer psychischen Besonderheiten gezeitigt hat.

Baer, der ausgezogen ist, die Lehre Lombrosos zu be-

---

[1]) Krafft-Ebbing, Grundzüge der Kriminalpsychologie, II. Aufl., Stuttgart 1882.

[2]) Siehe c. l. S. 106.

[3]) c. l. S. 104.

[4]) c. l. S. 105.

[5]) Sommer, Kriminalpsychologie, Leipzig 1904, S. 359. „Ich habe mich bemüht, diese Art der Krankengeschichten durch methodische Untersuchung nach dem Prinzip der Messung von Reiz und Wirkung unter genauer Festlegung der Reaktionen auf bestimmte Fragen zu ersetzen. Die Weiterbildung dieser Methoden auf kriminalpsychologischem Gebiete, speziell zum Gebrauch für den Untersuchungsrichter, halte ich für ein dringendes Erfordernis."

kämpfen,[1]) kommt auf Grund seiner Untersuchungen[2]) zu dem Ergebnis, „daß die Verbrecher eine schwere Beeinträchtigung ihres Gemütslebens zeigen.“[3])

So sagt Baer auf Grund seiner Einzelforschungen:[4]) „Gemütsstumpfheit und Gefühlsgleichgültigkeit sind die gewöhnlichen Eigenschaften bei den Verbrechern, Abweichungen nach der einen oder der anderen Seite, Gemütsweichheit oder Roheit meist als Ausnahme anzusehen.“

Die in zahlreichen Fällen konstatierte Lügenhaftigkeit,[5]) der vielfach beobachtete geistige Tiefstand[6]) sind Beweise für das Vorhandensein einer Gefühlsanomalie. Wenn Baer von den Verbrechern sagt:[7]) „Ihnen fehlt vor allem das Kardinalmoment tüchtiger Denkarbeit, d. i. die Fähigkeit scharfer Aufmerksamkeit und das Vermögen beharrlicher Ausdauer in der Denktätigkeit“, so erscheint dies als Ausdruck eines Mangels in den Gefühlsqualitäten nach der Spannungs- und Erregungsseite hin, der das Entweichen einer Vorstellung aus dem Blickpunkte des Bewußtseins zur Folge hat.

So dürfte die fortgesetzte analytische Untersuchung der Verbrecher[8]) zu weiteren Erfolgen in der Erforschung der, bei ihnen sich findenden Vorstellungs- und Gefühlsanomalien[9]) führen und die Grundlagen sichern, auf der sich das Schuld- und das Gefährlichkeitsurteil über den Verbrecher aufbaut.

---

[1]) Siehe Aschaffenburg, Das Verbrechen und seine Bekämpfung, II. Aufl., 1906, S. 154.

[2]) Baer, Der Verbrecher in anthropologischer Beziehung, Leipzig 1893, S. 244 ff.

[3]) Sommer, c. l. S. 312.

[4]) Baer, c. l. S. 248.

[5]) Baer, c. l. S. 254. „Die Lüge ist eine spezifische Eigenschaft aller Verbrechernaturen.“

[6]) Aschaffenburg, c. l. S. 155; ebenso Mitteilungen der I. K. V. XII. Bd. S. 275.

[7]) Baer, c. l. S. 245.

[8]) Sommer, c. l. S. 368.

[9]) Siehe Krohne, Mitteil. d. I. K. V., XII. Bd. S. 268. „Ein Mensch, der ein Verbrechen begeht, ist in dem Augenblicke nicht ganz normal . . .“ S. 269. „Wir müssen von dem normalen Durchschnittsmenschen verlangen, daß er diesen Einflüssen Widerstand leistet und von der strafbaren Handlung abläßt.“

II. Der psychische Defekt des Verbrechers und der Begriff der Unzurechnungsfähigkeit.

Ist man aber nicht dadurch, daß man jedes deliktische Handeln als Symptom eines anormalen, psychischen Zustandes bezeichnet, jenem Vorwurf Birkmeyers[1]) verfallen, daß damit dem Strafrecht in Wahrheit der Todesstoß versetzt werde? Ist Birkmeyers Folgerung:[2]) „Nun gut, dann muß es also etwas Anormales sein, denn das Normale muß die soziale Gesundheit sein. Wer also ein Verbrechen begeht, handelt anormal und ist folglich zurechnungsunfähig" richtig?

Der Schluß Birkmeyers beruht auf der Gleichstellung von anormal = unzurechnungsfähig = geisteskrank.[3])

Es muß dagegen betont werden, daß bei der Frage nach der Zurechnungsfähigkeit das Kriterium „geistig krank oder nicht krank" primär nicht entscheidend ist.

„Zurechnungsfähigkeit" bedeutet „die bei dem Täter vorhandene subjektive Voraussetzung zur Zurechnung der Handlung von seiten des Richters".[4]) Zurechnen heißt soziale Werturteile fällen, die auf dem Vergleich des zu wertenden Individuums mit dem Durchschnittsmenschen beruhen. Diese soziale Wertung findet aber nur dann statt, wenn das Individuum in seinen Reaktionen auf gewisse Milieureize Ähnlichkeit mit dem in der Gesellschaft gewöhnlich Beobachteten gezeigt.

Nur solange die soziale Ähnlichkeit, die similitude social, um Tardes[5]) Terminologie zu gebrauchen, in gewisser Richtung besteht, findet der, in der Wertung zum Ausdruck kommende Vergleich statt. Solange jemand auf gewisse Reize in normaler Weise reagiert, erscheint er gesellschaftsähnlich,[6]) solange aber läßt sich auch noch hoffen, auf den normalgebliebenen Bahnen seiner

---

[1]) Birkmeyer, Was läßt von Liszt vom Strafrecht übrig? München 1907. S. 91.

[2]) Birkmeyer, c. l. S. 92.

[3]) Siehe Birkmeyer c. l. S. 48 Anm. Nr. 195.

[4]) Sommer, c. l. S. 7.

[5]) G. Tarde, La philosophie pénale, cinq. édit. Lyon—Paris 1900, S. 88 ff.

[6]) Im Sinne von Windelband, Über Norm und Normalität. Monatsschr. für Krim.-Psych. 3. Jahrg. S. 11. Zurechnungsfähigkeit im retrospektiven Sinn.

psychischen Funktionen in ihn einzudringen, und seine psychische Tätigkeit auf dem Wege der „Zwangsmotivation“ zu normaler Reaktion zu erziehen.[1]) Erst dann, wenn jede Spur einer normalen Reaktion verschwunden, die soziale Anpassungsfähigkeit[2]) völlig fehlt, die dauernde Erziehbarkeit des Willens durch die Erfahrung abgeht,[3]) ist auch von einer Zurechnungsfähigkeit keine Rede. Das betreffende Individuum bildet mit der Gesamtheit seines psychischen Lebens eine selbständige Welt, die keine Anhaltspunkte zum Vergleich und zur Wertung, und keine Hoffnung auf soziale Regeneration bietet.

Die Identifizierung von unzurechnungsfähig mit geisteskrank beruht auf dem Parallelismus zwischen beiden Erscheinungen. Bei Personen, bei denen eben jenes Fehlen sozialer Ähnlichkeit konstatiert werden kann, wird der ärztliche Befund eine geistige Krankheit, ein Anormalsein im psychiatrischen Sinne konstatieren. Der Kürze halber kann diese Begriffsverschiebung[4]) zwischen Geisteskrankheit und Unzurechnungsfähigkeit stattfinden, indem im allgemeinen dann, wenn eine geistige Krankheit nachgewiesen wird, damit als Parallelerscheinung der Mangel der similitude social dargetan ist. Nur das muß betont werden, daß man nicht gezwungen ist, wenn ein Verhalten als anormal bezeichnet wird, den Begriff des Anormalen aus der Psychiatrie zu entnehmen und aus der Bezeichnung „anormal“ das „wahnsinnig“ und „folglich unzurechnungsfähig“ zu folgern.[5])

---

[1]) Nach Windelband, c. l. Zurechnungsfähigkeit im prospektiven Sinn.

[2]) v. Liszt, Lehrb. 14. u. 15. Aufl. S. 162.

[3]) Windelband, c. l. S. 11.

[4]) Sommer, c. l. S. 7.

[5]) Siehe z. B. Garofalo (Bulletin de l'Union intern. de droit pénal. IV. S. 95). „La psychologie contemporaine n'admet pas la possibilité d'anomalies morales n'ayant pas une correspondance avec un état physique. C'est ce qu'on appelle un substratum somatique. Il faut bien accueillir cette idée, mais elle ne signifie nullement que chaque anomalie des instincts ou des sentiments soit l'effet d'une maladie; le substratum d'une dégénérescence des sentiments, pourrait être une déviation moléculaire absolument impossible à constater par nos moyens d'observation, et cette déviation pourrait n'altérer nullement la santé la plus parfaite.“

Ebenso Aschaffenburg (Monatsschr. für Krim.-Psych. III. S. 108/109). „Aber die Behauptung, daß alle Verbrecher geisteskrank seien, habe ich nirgendwo gelesen. Es heißt doch wirklich den Irrenärzten Anschauungen zuschreiben, die

III. Die inhaltliche Bestimmung des Begriffs der Zurechnungsfähigkeit.

Wie die Individuen in concreto beschaffen sein müßten, damit sie noch als zurechnungsfähig angesehen werden könnten, läßt sich ein für allemal nicht sagen.

Wenn v. Liszt[1]) den Inhalt der Zurechnungsfähigkeit darin sieht: „daß die Psyche des Täters über den, zur sozialen Vollwertigkeit erforderlichen Reichtum an Vorstellungen verfügt, daß die Verknüpfung der Vorstellungen in normaler Weise und mit normaler Geschwindigkeit erfolgt, daß die Gefühlsbetonung der Vorstellungen und damit die motivierende Kraft der allgemeinen, rechtlichen, sittlichen, religiösen usw. Normen den Erfordernissen eines geregelten Zusammenlebens der Menschen entspricht, daß Richtung und Stärke der Willensimpulse nichts wesentlich Abnormes bietet", so erscheint damit zu viel von der Zurechnungsfähigkeit verlangt.

Wäre die Gefühlsbetonung der Vorstellungen und die Assoziation der Vorstellungen vollkommen normal, dann könnte auch der Wille nichts vom Normalen Abweichendes bieten, falls man nicht, entgegen den Lehren der modernen Psychologie,[2]) den Willen als besonderes Seelenvermögen auffassen will.

Dann könnte auch über einen zurechnungsfähigen Verbrecher kein Schuldurteil gefällt werden, das die Konstatierung des aus der Tat erkennbaren Mangels „der für das gesellschaftliche Zusammenleben erforderlichen sozialen Gesinnung" [3])
zum Inhalte hat.

Man muß sich bei der Charakterisierung der Zurechnungs-

---

ihnen durchaus fern liegen, wenn man glaubt, daß sie Lust hätten, jedes Verbrechen auf eine geistige Erkrankung zurückzuführen."

Ebenso Tesař, Groß' Arch. Bd. 26 S. 53/54. Über den Vorwurf Birkmeyers (c. l. S. 87) wegen der Verwendung des Kautschukbegriffes „normaler Durchschnittsmensch" vgl. daselbst.

[1]) v. Liszt, Lehrb. 14 u. 15. Aufl. S. 162/163.

[2]) Siehe oben S. 195.

[3]) v. Liszt, Lehrb. 14 u. 15. Aufl. S. 158.

fähigkeit auf die, auch von Liszt[1]) angenommene formale Abgrenzung beschränken, Zurechnungsfähigkeit als dann vorhanden annehmen, wenn nach der Auffassung der betreffenden Kulturepoche die soziale Ähnlichkeit vorliegt.

Der Inhalt dieses so bestimmten Begriffes ist einer fortschreitenden Veränderung unterworfen. Die Entwicklung zeigt sich hier in der immer weitergehenden Eliminierung von Abweichungen vom Normalen aus dem Begriff der Zurechnungsfähigkeit. Im älteren deutschen Recht sind Personen, die trotzdem sie infolge ihrer psychischen Beschaffenheit, die heute als Geisteskrankheit bezeichnet wird, die weitgehendste Diskrepanz vom Normalen zeigten, zurechnungsfähig. Auf Reste dieser mangelnden Differenzierung weisen noch die Zuchthäuser nach dem 30jährigen Krieg, in denen Kriminelle und Geisteskranke untergebracht waren.

„Die Entwicklung seit dieser Zeit ist nun in dem Sinne vorwärts gegangen, daß auf Grund der Erkenntnis des inneren Zustandes immer neue Kategorien von Menschen aus dem Sammelbecken des Zuchthauses herausgenommen und in einer ihrem eigentlichen Zustande entsprechenden Weise untergebracht worden sind“.[2])

Je weiter die psychiatrische und psychologische Wissenschaft fortschreitet in der Erforschung der Zusammenhänge des psychischen Lebens, um so größer wird die Zahl jener Fälle, in denen wir erkennen, daß einzelne anormale Reaktionen eines Menschen nicht mehr isolierte Phänomene darstellen, sondern auf einer allgemeinen anormalen psychischen Beschaffenheit beruhen. Immer enger werden damit die Grenzen, innerhalb derer ein Mensch als Angehöriger der Kulturgemeinschaft eines Werturteils würdig erachtet wird.[3])

---

[1]) v. Liszt, Lehrb. S. 163 Anm. 1. „Das Maß ist vielmehr stets in den anderen gegeben; es liegt in der similitude social. (Tarde.)“

[2]) Sommer, c. l. S. 369.

[3]) Es mag hier noch darauf hingewiesen werden, daß der Zustand des Bewußtseins im Täter vom Zeitpunkt der Tat bis zum Urteil über sie derselbe geblieben sein muß, damit wir über seine Tat ein Werturteil fällen, respektive ihn als einen Menschen bezeichnen können, der im Gesellschaftsinteresse einer Motivation durch Strafe unterzogen werden muß. Für die anderen Fälle, wo die zur Zeit

§ 4. Das deliktische Verhalten als Symptom der Gefährlichkeit.

I. Die aprioristische Bestimmung der Gefährlichkeit (Wahrscheinlichkeit künftiger Verbrechen).

Während die bisherigen Ausführungen die verbrecherische Tat als Symptom eines psychischen Mangels betrachtet haben, der durch sein Abweichen vom Normalen die Grundlage für das Schuldurteil bildet, soll im folgenden die Bedeutung dieser erkannten psychischen Beschaffenheit in ihrer prospektiven Seite als Grundlage für das Urteil über die Gefährlichkeit, über die Wahrscheinlichkeit künftiger schädigender Verhalten seitens dieser Person untersucht werden. Von Wahrscheinlichkeit sprechen wir, wenn „die Gründe, die für eine Annahme sprechen, nicht von entscheidendem Werte" sind, so daß noch andere ihr widerstreitende möglich bleiben.[1])

Damit wir gegenüber gewissen Geschehen ein Wahrscheinlichkeitsurteil im Sinne der Wahrscheinlichkeitsrechnung[2]) abgeben können, ist das Vorhandensein gewisser konstanter Bedingungen erforderlich,[3]) die unter dem Einfluß von variablen verschiedene Erfolge ergeben.

Im psychischen Leben würden diese Konstanten gegeben sein durch die Tatsache, daß für psychische Funktionen, die einmal in unserem Bewußtsein vorhanden waren, eine Disposition zum Wiedereintritt derselben besteht. Dieser Tatsache entspricht die Eigenschaft des physischen Substrates der psychischen Vorgänge, die einmal erlangte Konstellation erst bei mangelnder

---

der Tat vorhandene Berauschung oder Geisteskrankheit im Zeitpunkt des Urteils verschwunden ist, gilt der Satz (Krafft-Ebbing, Grundzüge der Kriminalpsychologie S. 86): „Die juristische Persönlichkeit ist hier dieselbe, die psychologische eine ganz andere geworden."

Siehe auch Tarde, c. l. S. 115, der die identité personelle neben der similitude social als Voraussetzung der Zurechnungsfähigkeit aufstellt: „L'identité, c'est la permanence de la personne, c'est la personnalité envisagée sous le rapport de sa durée."

[1]) Wundt, Logik, II. Aufl. I. Bd. Stuttgart 1893. S. 437.

[2]) Quantitative Wahrscheinlichkeit nach Wundt, c. l. S. 439.

[3]) Wundt, c. l. S. 442.

Fortübung allmählich zu verlieren, während sie bis dahin eine Disposition zur Erneuerung der Funktion darstellt.[1])

Als das Variable erscheint die gegenseitige Beeinflussung der psychischen Vorgänge, die sich bald gegenseitig verstärken, bald paralysieren, bald die Vergrößerung, bald die Beseitigung der Disposition zum Wiedereintritt eines derselben zur Folge haben.

Je größer bei diesem Zusammentreffen der psychischen Einzelfunktionen die Zahl der Kombinationen ist, die das Zustandekommen eines gemeinschädlichen Willensaktes zur Folge haben, um so größer erscheint die Wahrscheinlichkeit für das Eintreten schädlicher Willensakte. In der Terminologie von Kries'[2]) läßt sich dieser Satz auch dahin formulieren, daß man sagt: Je größer der Spielraum der kritischen Willensakte gegenüber dem gesamten Spielraum für Willensakte erscheint, um so größer ist die Wahrscheinlichkeit für den Eintritt kritischer, gemeinschädlicher Reaktionen; das Verhältnis des kritischen Spielraums zum Gesamtspielraum würde den Wahrscheinlichkeitsbruch ergeben. Daher ist, wenn wir die, auf die psychische Beschaffenheit zurückführbare Wahrscheinlichkeit empirisch bestimmen können, damit auch das Verhältnis der beiden Spielräume und dadurch indirekt die Größe des kritischen Spielraumes, d. h. hier die besondere psychische Beschaffenheit, auf der er beruht, gekennzeichnet.

Aprioristisch kann man nur im allgemeinen sagen, in welchen Fällen der auf der psychischen Beschaffenheit ruhende Spielraum sich vergrößern wird. Dieser wird sich einerseits damit ändern, je nachdem mehr oder weniger große Teile des gesamten psychischen Lebens jene, dem deliktischen Verhalten eigene Defektuosität gezeigt haben, andererseits wird er durch die Disposition zur Erneuerung der, sich als gemeinschädlicher Akt zeigenden Funktion bestimmt werden. Je größer die Erregbarkeit für diese Funktion ist, um so geringer braucht der Reiz zur Wiedererneuerung sein, um so schwieriger wird die Paralysierung durch andere psychische Reihen sein. Diese besondere Eigen-

[1]) Wundt, Physiolog. Psychologie, III. Bd. S. 331.

[2]) J. v. Kries, Die Prinzipien der Wahrscheinlichkeitsrechnung. Freiburg 1886. S. 25 et passim.

schaft einer psychischen Disposition kann durch eine besondere Einübung erreicht sein, durch die nach allgemeinen physiologischen Prinzipien die Erregbarkeit des physischen Substrates[1]) der psychischen Prozesse wächst, dem auf der psychischen Seite eine größere Geneigtheit zum Wiedereintritt der wiederholten psychischen Funktion entspricht.

Diese, durch eine besondere Erregbarkeit sich äußernde psychische Disposition kann auch auf der besonderen Gefühlsbetonung beruhen, unter der die betreffende psychische Funktion im Bewußtsein gegenwärtig war.

Von dem Gesichtspunkte der Wahrscheinlichkeit kommt bei der Übung das Moment in Betracht, daß hier die Erregbarkeit wächst, während vom Standpunkt der Schuld besonders die hier zu beobachtende Gefühlsdiskrepanz in den Vordergrund tritt. Ebenso ist vom Standpunkte der Wahrscheinlichkeit die Gefühlsintensität von Bedeutung, da mit der Intensität der Gefühle die Stärke der assoziativen Verknüpfung der Vorstellungen, die von jenen begleitet waren, wächst.

Es wird also auch vom Standpunkt der Wahrscheinlichkeit hier die Wichtigkeit des angegriffenen Rechtsgutes insofern Beobachtung finden müssen, als aus dem Angriff auf dasselbe das Vorhandensein einer besonderen Intensität der Gefühlsbetonung der anderen Vorstellungen geschlossen werden kann.[2])

---

[1]) Siehe Wundt, Physiolog. Psychologie, I. Bd. S. 331.

[2]) So bereits Grolmann, Begründung des Strafrechts, S. 120. „Und allerdings kann diese Stimmung (Grolmann meint darunter den bösen Willen) als ein steter Reiz zu Verbrechen betrachtet werden, indem bei ihr es nur noch einer bestimmten Veranlassung — eines Motives — bedarf, damit aus ihr der Entschluß, durch Eingriff in die Rechte anderer seine Zwecke zu verfolgen, hervorgehe."

S. 121. „Es ist nicht zu leugnen, daß der Mensch für unsere Rechte um so gefährlicher ist, je fester und stärker die illegale Stimmung ist, welche wir ihm zuschreiben; je mehr er Fertigkeit darin erlangt hat, ohne Rücksicht, daß unsere Rechte dadurch verletzt würden, sich zur Verfolgung seiner Zwecke zu entschließen; und je weniger ihn bei seinen illegalen Entschlüssen die Größe des Nachteils, welcher uns daraus erwachsen mußte, kümmert." Siehe auch Stübel, Über den Tatbestand der Verbrechen. Wittenberg 1805. S. 16. Berolzheimer, Strafrechtsphilosophie und Strafrechtsreform, S. 152. „Je mehr der einzelne sich dem sozialen Durchschnitt, dem Idealtypus des vir bonus, des Bürgers, wie er sein soll, nähert,

Es werden so auch hier dieselben Eigenschaften der verbrecherischen Psyche für das Urteil der Gefährlichkeit und damit für das Strafmaß der Schutzstrafe, die ja jene psychischen Eigenschaften beseitigen will, bestimmend sein, die, wenn auch von einer anderen Seite aus betrachtet, für das, auf dem Abweichen vom Normalen sich gründende Schuldurteil ausschlaggebend gewesen sind.

II. Aprioristische und empirische Bestimmung der Wahrscheinlichkeit künftiger Deliktsbegehung.

Hätten wir, wie bereits erwähnt, die Möglichkeit gegeben, die auf der psychischen Beschaffenheit des Delinquenten beruhende Wahrscheinlichkeit auf empirischem Wege zu bestimmen, so hatten wir dadurch auch die Größe des Spielraumes der kritischen Reize im Verhältnis zum gesamten Betätigungsspielraum gegeben, damit aber die besondere psychische Beschaffenheit, auf der jener kritische Spielraum beruht, indirekt charakterisiert. Danach könnte dann weiter das Urteil über den, die Schuld bildenden psychischen Mangel und das Urteil über die Größe der Strafe abgestellt werden, welche durch die Stärke des psychischen Zusammenhanges der in gemeinschädliche Verhalten ausmündenden Funktionen mit den übrigen psychischen Vorgängen bestimmt wird.

Der empirischen Bestimmung der hier in Betracht kommenden Wahrscheinlichkeit der Verbrechensbegehung stellen sich die größten Schwierigkeiten entgegen.

Wenn wir von einer Person die Zahl der möglichen Fälle ihres Gesamtverhaltens einerseits und die Zahl der Verbrechen unter diesen andererseits kennen würden, so erscheint die durch das Verhältnis beider bestimmte Wahrscheinlichkeit für künftige Verbrechen noch nicht für das Strafrecht verwertbar. Es muß nämlich hervorgehoben werden, daß mit dem hier angegebenen

---

desto mächtigere Einflüsse sind erforderlich, um ihn auf die Bahn des Verbrechens zu drängen. Umgekehrt, je mehr die Persönlichkeit vom sozialen Normaltyp abweicht, desto leichter läßt er sich im einzelnen Fall zum Verbrechen (überhaupt, oder zu einer bestimmten Art von Verbrechen) bestimmen, fortreißen."

Spielraum nicht der auf der psychischen Beschaffenheit allein beruhende Spielraum gekennzeichnet ist, so daß er zu den angegebenen Schlüssen für das Schuldurteil und für die Bestimmung der Strafgröße verwendet werden könnte. Dies wäre nur dann der Fall, wenn zwischen den, aus dem Milieu stammenden Reizen nicht nach Maßgabe ihrer, erfahrungsgemäß mehr oder minder, den Eintritt einer schädigenden Reaktion begünstigenden Eigenschaft zu differenzieren wäre, wenn wir von ihrer Bedeutung für den Eintritt des einen oder anderen Erfolges nur das wüßten, daß sie Reize sind, ebenso wie wir beim Würfelspiel von den einzelnen Würfen nur wissen, daß sie Würfe sind. So müssen wir diesen Spielraum als einen zusammengesetzten betrachten, zusammengesetzt aus den beiden ursprünglichen,[1]) dem aus dem Milieu entstammenden Reizspielraum einerseits und dem aus der psychischen Beschaffenheit des Individuums abgeleiteten andererseits.

Diese Bedenken erheben sich auch gegenüber der Verwendung der Ergebnisse der Statistik zur Charakterisierung der Schuld, respektive der Gefährlichkeit gewisser Personen.

Durch die Statistik ist es ja möglich, Personen mit gleichen symptomatischen Erscheinungen zusammenzufassen und für sie festzustellen, welcher Prozentsatz von ihnen ein neues Verbrechen begangen hat.

Wäre diese statistisch gewonnene Zahl das Symbol der Wahrscheinlichkeit, die für bestimmte Personen gilt und lediglich auf deren psychische Beschaffenheit zurückzuführen ist, dann wäre dadurch die psychische Beschaffenheit selbst gekennzeichnet. Dadurch wäre das Mittel geboten, diejenigen Symptome, auf Grund derer die Personen statistisch zusammengefaßt wurden, im gesetzlichen Tatbestand als Ausdruck desjenigen Schuldgrades zu verwerten, für den diejenige psychische Beschaffenheit die Grundlage bildet, die für die Wahrscheinlichkeit, für die Größe des Spielraums kritischer Reaktionen bestimmend ist; auch das Strafmaß könnte danach abgestellt werden. Wäre z. B. für Personen, die bereits viermal bestraft worden sind,

---

[1]) v. Kries, c. l. S. 35.

auf Grund der Statistik ermittelt, daß 94 %, respektive 96 % davon rückfällig werden, und wäre dies das Symbol der Wahrscheinlichkeit, die auf ihrer psychischen Beschaffenheit beruht, dann wäre auch dadurch ihre psychische Beschaffenheit selbst durch den Spielraum, den die kritischen Reaktionen gegenüber dem Gesamtspielraum einnehmen, charakterisiert.

Würde jedoch diese statistisch ermittelte Häufigkeit als Wahrscheinlichkeit aufgefaßt, die für jeden einzelnen der Fälle gilt, dann würde man jenem Vorwurf verfallen, den v. Kries dem „schulmäßigen Verfahren"[1]) gemacht, der vor allem darauf beruht, daß man die, aus dem Milieu entstammenden Reize in ihrer qualitativen Verschiedenheit gar nicht beachtet, Leute damit gleichstellt, die Milieus mit einer verschiedenen Fülle von kritischen Reizen angehören, so daß in der Statistik tatsächlich Personen gleichgestellt werden, die es ihrer psychischen Beschaffenheit nach nicht sind, weil sie nur infolge quantitativer und qualitativer Verschiedenheit der Reize, die ihren Milieus entstammen, mit ihren Reaktionen als gleichgestellt erscheinen. Das statistisch ermittelte „Gesetz der großen Zahl" enthält ja auch keinen Zwang für den Einzelfall, sondern stellt lediglich das Konstantbleiben gewisser allgemeiner Bedingungen dar, während gerade die für den Einzelfall charakteristischen individuellen Merkmale eliminiert werden.[2]) [3])

Es erscheint daher sehr bedenklich, wenn man z. B. Personen von vier Rückfällen an deswegen als unverbesserlich behandeln will, weil gemäß der Statistik der preußischen Gefängnisverwaltung früher 94,8 % von den Männern mit mehr als dreimaliger Bestrafung, wobei eine mindestens auf 6 Monate

[1]) v. Kries, c. l. S. 147.

[2]) Siehe Windelband, Über Willensfreiheit. Tübingen u. Leipzig 1904. S. 147.

[3]) Ebenso Wahlberg, Das Prinzip der Individualisierung, S. 102. „Die statistische Gesetzmäßigkeit, richtiger Regelmäßigkeit der sich ziemlich gleichbleibenden Zahl der Verbrechen in einem bestimmten Zeitraume bezieht sich auf einen abstrakten, mittleren Durchschnitt, auf das Gesetz der großen Zahl. Nicht alle Personen, nicht einmal alle Personen derselben Klasse sind in dieser Durchschnittsziffer mitgerechnet. Diese hat daher für das Tun und Lassen der einzelnen keine reelle Bedeutung."

lautete, als unverbesserlich zu betrachten sind,[1]) nach den neueren Angaben sogar nur noch 3,6 °/₀ der Männer als zur Rückkehr zum sozialen Leben fähig erachtet werden. Wäre für viermal Rückfällige die auf ihrer psychischen Beschaffenheit beruhende Wahrscheinlichkeit $^{948}/_{1000}$, respektive $^{964}/_{1000}$, dann wäre die psychische Beschaffenheit, die durch dieses Spielraumverhältnis charakterisiert erscheint, wohl der Prognose der Unverbesserlichkeit würdig; wenn man jedoch die angeführten Mängel betrachtet, die jeder derartigen Verwendung der Statistik zur tatbeständlichen Fixierung der Schuldgrade anhaftet, dann werden auch die Folgerungen, die aus der Statistik für die Strafgrößen folgen, nur mit der alleräußersten Vorsicht aufzunehmen sein.[2])

So bleibt auch bei der Betrachtung der Tat als Symptom eines psychischen Zustandes, der die Grundlage für das, auf der Wahrscheinlichkeit aufbauende, strafrechtlich relevante Gefährlichkeitsurteil darbietet, nichts anderes übrig, als die weitgehendste individuelle Erforschung der verbrecherischen Psyche, da der Verbrecher ebensowenig nach Maßgabe der Rückfallsstatistik verbricht, als der einzelne Mensch nach der Sterblichkeitsstatistik stirbt.

---

[1]) Z. B. Aschaffenburg, Mitteil. d. I. K. V. Bd. 13 S. 448 und Gutachten für den 28. Deutschen Juristentag. Über die strafrechtliche Behandlung von Rückfall usw. S. 19. „Die Statistik lehrt mit dürren Worten: der fünfmal Vorbestrafte wird mit fast absoluter Bestimmtheit wieder rückfällig.“

[2]) So H. Högel, Straffälligkeit und Strafzumessung, Wien 1897, S. 193. „Die Individualität des Straffälligen und seine Lebensverhältnisse sind maßgebend, sie werden wir nie in Ziffern umsetzen können, wir würden aber in den Ziffern ungezählte Fehlerquellen übernehmen, eine Verbreiung der verschiedengeartetsten Größen herbeiführen und zu ganz falschen Schlüssen verleitet werden.“ Zur Illustration der bei der Rückfallstatistik unterlaufenden Fehler siehe A. Zucker, Über Kriminalität, Rückfall und Strafgrund, 1907, S. 18ff.

II. Kapitel.

Die kriminalpolitischen Folgerungen aus der Bewertung des gesellschaftsschädigenden Verhaltens als Symptom.

§ 1. Die Tatbestände.

I. Die Differenzierung der Tatbestände.

Vom Standpunkt der Bewertung des täterischen Verhaltens als Symptom eines psychischen Defektes, der Schuld, als deren Funktion das gesellschaftsschädigende Verhalten erscheint,[1]) ergibt sich als allgemeine Forderung für die tatbestandsmäßige Formulierung des Delikts, falls man nicht direkt die psychischen Defekte und qantitativen Unterschiede anzugeben imstande ist, nur solche Merkmale in den Tatbestand aufzunehmen, denen ein besonderer Wert als Symptom von Schuldverschiedenheiten zukommt, so daß mit ihnen das Schuld- und das Strafurteil beeinflußt werden wird. Daraus ergibt sich nach dem allgemeinen Grundsatz der Ökonomie in der Gesetzestechnik als Beurteilungsprinzip für die Richtigkeit der Differenzierung der Tatbestände der Satz, daß diese nur dort zulässig erscheint, wo die Tatbestände verschiedene symptomatische Bedeutung haben, auf verschieden große Defekte in den Individuen hinweisen, durch deren Verhalten sie erfüllt erscheinen.

Nach den bisherigen Ausführungen wird eine Differenzierung nach Maßgabe des Wertes der angegriffenen Rechtsgüter auch für ein System der Wertung des deliktischen Verhaltens als Symptom von Wert sein zur quantitativen Abstufung des bei dolosen, respektive kulposen Verhalten vorhandenen Gefühls-, respektive Vorstellungsassoziationsdefektes.[2])

---

[1]) Ähnlich Graf zu Dohna, Zur Systematik der Lehre vom Verbrechen. Z. 27. Bd. S. 343. „Danach definieren wir unsererseits das Delikt in deutlicher Anlehnung an Binding als zurechenbare Normwidrigkeit, wobei wir aber unter Normwidrigkeit den Verstoß gegen den staatlichen Zwangsbefehl nicht in seiner formalen, sondern in seiner inhaltlichen Eigenart begreifen.“ Dazu S. 345. „Schuld ist diejenige psychische Disposition des Täters, an welche das Zurechnungsurteil anknüpft.“

[2]) Siehe oben S. 211 u. 212.

Ebenso wird auch für den eingenommenen Standpunkt eine Differenzierung nach Maßgabe der Ausführungsart der Delikte, die die Grausamkeit der Ausführung, den Ort der Begehung charakterisiert, unter Umständen von Bedeutung sein.[1]) Dagegen wird überall dort die Differenzierung als überflüssig erscheinen, wo als Gegenstand des Angriffes dasselbe Rechtsgut erscheint, wo auch die Art der Ausführung keine verschiedene Bedeutung als Symptom enthält; so wird z. B. die heute vielfach angestrebte Vereinfachung der Tatbestände der Vermögensdelikte als wünschenswert erscheinen.[2])

So wird auch die Bewertung des Täterverhaltens als Symptom eines psychischen Defektes die sozialen Werturteile, die sich auf die Wichtigkeit der verletzten Rechtsgüter stützen, berücksichtigen; denn: „Die Praxis geht vom Erfolge aus, auch wenn sie über die Qualität des Willensaktes ein Urteil zu fällen hat. Der Grund hierfür liegt aber lediglich darin, daß in der Regel erst der Erfolg über die Motive der Handlung Auskunft gibt, — daß also der Erfolg die für die Bewertung des Willensaktes unerläßliche Kenntnis verschafft.“ [3])

Wie weit allerdings die Differenzierung in den Tatbeständen zu gehen hat, läßt sich aus rein strafrechtlichen Gesichtspunkten

---

[1]) Siehe oben S. 212.

[2]) v. Liszt, Gutachten für den 26. deutschen Juristentag. (I. Bd. Berlin 1902.) „Nach welchen Grundsätzen ist die Revision des Strafgesetzbuches in Aussicht zu nehmen?“

S. 287/288. „Aber wir wenden uns gegen die von Lammasch, Stooß und anderen vertretene Ansicht, nach welcher die wichtigste Aufgabe des Strafgesetzgebers in der feinsten Differenzierung der Deliktstatbestände nach allen möglichen objektiven Unterschieden gegeben wäre. Demgegenüber verlangen wir die möglichste Differenzierung nach der Persönlichkeit des Täters, genauer gesprochen, nach den Intensitätsgraden seiner verbrecherischen Gesinnung.“ c. l. S. 288. „Von diesem Standpunkt aus ergibt sich für mich eine wesentliche Vereinfachung des besonderen Teiles des Strafgesetzbuches zugleich mit einer wesentlichen Erweiterung und Komplizierung des allgemeinen Teils.“ Siehe auch v. Liszt, Verbrechen und Vergehen wider das Leben. Vergleichende Darstellung usw. Bd. V S. 25.

[3]) M. E. Mayer, Die schuldhafte Handlung, S. 108. Siehe auch M. E. Mayers Gutachten für den 28. Deutschen Juristentag, Über die strafrechtliche Behandlung von Rückfall usw., I. Bd. der Verhandlungen, S. 172, Anm. 38.

heraus nicht endgültig beantworten. Von diesen aus wäre es möglich, an Stelle der Spezialisierung der deliktischen Verhaltungsweisen auf die, mehrere von diesen umschließende Bezeichnung durch den gemeinsamen Oberbegriff zurückzugehen, wodurch die Zahl der unter diesen Tatbestand subsumierbaren Fälle die übersteigen müßte, die unter die einzelnen Spezialbestimmungen subsumiert werden können. Für die Beantwortung der Frage nach dem Grade der Differenzierung wird das jeweils vorhandene Freiheitsinteresse mitbestimmend sein, das eine gewisse Beschränkung des richterlichen Ermessens als Garantie der bürgerlichen Betätigungsfreiheit fordert. Denn mit der Weite des Tatbestandes werden insbesondere die, den darin enthaltenen Schuldstufen entsprechenden Strafrahmen an Weite wachsen müssen, wodurch der Spielraum für das richterliche Ermessen vergrößert wird.[1])

Es wird sich so die Frage nach der Zulässigkeit der Abstraktionen in den Tatbeständen vom rein strafrechtlichen Gesichtspunkt nicht definitiv entscheiden lassen, da das Freiheitsinteresse als Komponente hiebei in Betracht kommt, die Entscheidung über die jeweilige Stärke derselben jedoch nicht mehr die Lösung einer strafrechtlichen Frage ist.

Wenn man aus den in anderen Gebieten des sozialen Lebens zu konstatierenden Sozialisierungstendenzen, wie z. B. in der Volkswirtschaft, wo an die Stelle des schrankenlosen Individualismus eine Beschränkung der Freiheit des einzelnen Individuums im Interesse der Allgemeinheit getreten ist, auf allgemeine Entwicklungstendenzen schließen darf, so erscheint auch für das Strafrecht ein Abnehmen der Freiheitsgarantien für das Individuum im Interesse des Gesellschaftsschutzes durch

---

[1]) Siehe Berolzheimer, Strafrechtsphilosophie und Strafrechtsreform, S. 191 ff. Siehe S. 192. „Wenn der Richter die Bestimmung darüber hat, ob ein Übeltäter auf kurze Zeit aus der sozialen Gemeinschaft ausgeschlossen, im Grunde nur in seiner Freiheit vorübergehend beschränkt wird, oder ob der Verbrecher den besten Teil seines Lebens hinter Gefängnismauern zu verbüßen hat, dann bestimmt nicht der Gesetzgeber, sondern das Gericht das Schicksal des Verbrechers, und der Satz nulla poena etc. — die hierdurch geschaffene staatsbürgerliche Garantie — ist illusorisch.

Aus dieser staatsrechtlichen Idee erwächst das Postulat der Einschränkung der Strafrahmen."

zweckbewußte Verbrechensbekämpfung im Sinne der Entwicklungsrichtung gelegen.

Nach dem Gesagten bildet somit die Wichtigkeit des angegriffenen Rechtsgutes, die Art der Ausführung auch für die hier vertretene Wertung des deliktischen Verhaltens als Symptom einen Anhaltspunkt für die Qualifikation des psychischen Zustandes, der die Grundlage für Schuld und Wahrscheinlichkeitsurteil bildet.

II. Die tatbestandsmäßige Formulierung der Symptome höherer Verschuldung.

a) Die psychologischen Grundlagen der höheren Verschuldung.

α) Die Gewohnheit.

Während die Verwendung der bisher erwähnten Symptome für die Schuldabstufung nur geringe Fehlerquellen einschließen wird, da die Konstellation der Ereignisse, unter denen die konkrete Tat erfolgte, die an jene anknüpfenden Schuldurteile vor einer Überschätzung ihrer Bedeutung im Einzelfalle bewahren wird, liegt die Sache bedeutend anders, wo es sich um die Feststellung anderer äußerer Symptome für Schuldabstufungen handelt. Hier erscheint die Diagnose auf Grund festgestellter Symptome bedeutend schwieriger.

Vor allem tritt dies dort ein, wo die Schuldgröße dadurch erhöht sein soll, daß eine bedeutende Gefühlsanomalie damit gegeben erscheint, daß der ganze, die gewillkürte Gesellschaftsschädigung begleitende psychische Verlauf jene Eintönigkeit zeigt, die durch das Obwalten eines Motivs gegeben ist, das das Auftreten anderer Vorstellungen als Motivvorstellungen nicht aufkommen läßt.

Von dem Fall ab, wo die Wirksamkeit einer Mehrheit von Motiven festgestellt werden kann, „wo einzelne unter diesen Neben- und Gegenmotiven vorübergehend in den Vordergrund des Bewußtseins treten, so daß sich mehr oder minder ausgeprägt die Erscheinung eines »Streites der Motive« entwickelt,“[1]) wo die verbrecherische Handlung eine Wahlhandlung repräsentiert,

---

[1]) Wundt, Physiolog. Psychologie, V. Aufl. III. Bd. S. 256.

bis zu jenem geschilderten, unter dem Einfluß eines Motives stehenden, der damit eine Triebhandlung[1]) darstellt, werden sich die verschiedensten Abstufungen der Schuld und der Gefährlichlichkeit denken lassen. Für die Schuld werden sich die Grade durch das Anwachsen der psychischen Defektuosität, für die Gefährlichkeit durch den Grad des Zusammenhanges der psychischen Funktion mit dem Gesamtcharakter ergeben.

Primär erscheint für das Strafrecht die psychische Beschaffenheit maßgebend, die einerseits durch ihre Anormalität die Grundlage für das Schuldurteil, andererseits, mit dem auf ihr basierenden Spielraum für künftige Verbrechen, die Grundlage für das Gefährlichkeitsurteil darbietet.

Daß dieser psychische Zustand erfahrungsgemäß bei öfterer Wiederholung einer psychischen Funktion eintritt, daß die Entwicklung von der Wahlhandlung über die Willkürhandlung zur Triebhandlung den auf der Einübung beruhenden absteigenden Ast der Entwicklung menschlicher Tätigkeit bildet,[2]) kommt für das Strafrecht nur sekundär in Betracht. So sagt Berolzheimer mit Recht: „Die Gewohnheitsmäßigkeit ist nicht selbständiger Klassifikationsgrund, sondern kommt regelmäßig nur als Indizium für das Vorliegen eines verbrecherischen Hanges in Betracht.“ [3])

Halten wir daran fest, daß primär die besondere psychische Beschaffenheit das strafrechtlich Relevante ist, dann hindert nichts, daß sie auch aus anderen Indizien, als sie die Wiederholung eines psychischen Aktes darbietet, erschlossen werden kann.

Gehen wir von diesem psychischen Zustand aus, dann werden wir sagen können, daß vor allem die Schuld um so größer ist, je größere Kreise in dem gesamten psychischen Leben jene besondere, die Schuld erhöhende Qualifikation zeigen, je mehr Willensakte sich jener, der Triebhandlung eigentümlichen Beschaffenheit nähern, trotzdem sie in Gesellschaftsschädigungen ausmünden. Ebenso wird die Schuld steigen, je

[1]) Wundt, c. l. S. 256.

[2]) Wundt, c. l. S. 257 u. 312.

[3]) F. Berolzheimer, Die Entgeltung im Strafrechte. München 1903. S. 431.

intensiver der Zusammenhang einer derartigen psychischen Reihe mit dem Gesamtcharakter ist; diese Intensität wird sich insbesondere darin äußern, daß die, für die Erneuerung des betreffenden Willensaktes vorhandene Disposition lange vorhält, ohne daß in der Zwischenzeit neue Einübungstätigkeiten vorgekommen sind, wenn also ein, nach langer Zeit auf Grund eines äußeren Reizes entstehender Willensakt infolge der vorhandenen Disposition noch triebartig zustande kommt, trotzdem während dieser Zeit kein Einübungsakt vor sich gegangen ist.

Wenn als das erste Indiz dieses psychischen Zustandes, der für die höhere Verschuldung maßgebend ist, die Einübung, die Gewöhnung bezeichnet wurde, so muß dabei vorerst daran erinnert werden, daß diejenigen Tätigkeiten, die die entsprechende psychische Beschaffenheit hervorrufen, zunächst rein interne Prozesse im Täter sind. Ein Beispiel soll dies illustrieren. Ein Schlosserlehrling weiß von einer goldenen Uhr seines Meisters, die in einem fest verschlossenen Schrank aufbewahrt ist. Er geht längere Zeit mit dem Plane um, sich die Freude an ihrem Besitze durch einen Diebstahl zu verschaffen. Während bei den ersten Überlegungstätigkeiten die bevorstehende Schande, die durch den Diebstahl vielleicht gezeigte Undankbarkeit oder andere Bedenken noch stark hervortreten, sinken sie, je öfter derselbe psychische Prozeß wiederholt wird, mit dem Überwiegen der Lustbetonung der Erfolgsvorstellung allmählich in ihrer prohibitiven Bedeutung; schließlich nimmt der Lehrling die Diebstahlshandlung vor, dadurch, daß er mit dem Sperrhaken den Kasten öffnet, ohne daß bei der Ausführungshandlung mehr jener ursprüngliche Kampf der Motive eingetreten ist. Hier zeigt allein der psychische Prozeß die Besonderheiten, die für die deliktische Gewohnheit charakteristisch sind; die Körperbewegung in concreto, als Muskelinnervation, die hier durch das Aufschließen mittels Sperrhakens gegeben ist, war bereits durch seine berufliche Tätigkeit vollkommen eingeübt.

Ebenso wird in dem Falle, wo jemand in seinem Berufe Banknoten oder Stempelklischees angefertigt hatte, lediglich die Beschaffenheit seines psychischen Prozesses darüber entscheiden, ob die von ihm vorgenommene Herstellung falscher Banknoten oder Stempel auf einer verbrecherischen Gewohnheit beruhte oder nicht.

H. Groß[1]) wendet sich gegen die Verwendung des Begriffes der Gewohnheitsmäßigkeit im Strafrecht deswegen, da man gegenüber demjenigen, der achtmal gestohlen, aber immer nur einmal in einem Jahre, ebensowenig davon sprechen könnte, daß er sich das Stehlen angewöhnt, wie man es gegenüber jemand täte, der etwas Gleichgültiges achtmal, aber immer nur einmal im Jahre vorgenommen hat. Bei einer derartigen Argumentation wird zu viel Gewicht auf die äußeren Handlungen als die Einübung hervorbringende Handlungen gelegt. Diese Bedeutung der äußeren Handlungen wird nur dort gerechtfertigt sein, wo es sich um verhältnismäßig komplizierte äußere Tätigkeiten handelt. Ein Klavierspieler wird ein Stück noch nicht gewohnheitsmäßig spielen können, wenn er es achtmal in dem angegebenen Zeitraum spielt. Hier kommt es vor allem auf die Mechanisierung der äußeren Tätigkeit an. Beim Verbrecher dagegen kommen die äußeren Handlungen in der Regel gar nicht primär als Einübungshandlungen in Betracht, sondern vielmehr als Symptome einer bereits bestehenden Gewohnheit, da das äußere Verhalten durch die Tätigkeit des gewöhnlichen Lebens oder durch den Beruf des Delinquenten bereits mechanisiert sein wird.

Von diesem Gesichtspunkte aus werden wir nicht unbedingt die tatsächliche Wiederholung deliktischer Handlungen fordern, damit die Diagnose auf Gewohnheit gestellt werden kann.

Andererseits werden sich ganz gut Fälle denken lassen, wo seitens einer Person gleichartige deliktische Handlungen vorgenommen sind, bei denen die, ihnen zugrunde liegenden psychischen Prozesse durchaus nicht jene, für die Gewohnheit charakteristischen Merkmale zeigen; die von dem ersten Akt zurückgebliebene Disposition kann zur Zeit, als der zweite gesetzt wurde, bereits durch andere psychische Prozesse beseitigt sein, so daß eine Einübung gar nicht zustande kommt.

---

[1]) H. Groß, Zur strafrechtlichen Behandlung von Rückfall, gewohnheitsmäßigem und gewerbsmäßigem Verbrechertum. Deutsche Juristen-Zeitung, XI. Jahrg. S. 914.

Es wird hier eine Deliktswiederholung stattfinden, ohne daß sie als Symptom einer Gewohnheit gewertet werden kann.

Diese, infolge der Einübung entstehende psychische Beschaffenheit kann bei allen, auf die Begehung von Delikten gerichteten psychischen Vorgängen vorkommen. Nicht nur die Begehung eines Diebstahls, eines Betruges kann das Charakteristikon der Gewohnheitsmäßigkeit tragen; die Tätigkeit des Messerstechers, des Sittlichkeitsverbrechers, des Brandstifters kann auf jener, erhöhte Schuld darstellenden, psychischen Beschaffenheit beruhen. Wenn sich erfahrungsgemäß bei einzelnen Delikten viel öfter ein Hang vorfindet, so hat dies höchstens Bedeutung für die Wahrscheinlichkeit, mit der man auf Grund einer Wiederholung der Delikte auf das Vorhandensein einer Gewohnheit bei diesen Delinquenten wird schließen können, nicht aber eine Bedeutung für eine etwaige Unterscheidung zwischen den einzelnen Delikten wegen einer größeren oder geringeren Gefährlichkeit, die die Gewohnheit bei den einzelnen Delikten repräsentiert.

Die psychischen Prozesse, die in dem Verhältnisse gegenseitiger Einübung stehen, können auch nur teilweise gleiche psychische Reihen zum Inhalte haben. Die Vorstellung eines mühelosen Gelderwerbes mit ihrer Lustbetonung führt einmal zu einem Willensakte, der auf einen Diebstahl gerichtet ist, das andere Mal auf einen Betrug oder eine Erpressung hinausläuft; trotzdem die Fälle gegenseitig verschieden sind, wird doch das allen gemeinsame Motiv die Bedenken, die sich den einzelnen Handlungen entgegensetzen, überwinden; wenn diese drei Delikte vorgenommen sind, kann ihnen trotz ihrer Verschiedenheit die Bedeutung als Symptom der Gewohnheitsmäßigkeit zukommen.

Ebenso können sich Einübungsfälle ergeben zwischen psychischen Prozessen, die nicht, wie es hier der Fall ist, das „Motiv" im vulgären Sinne gemeinsam haben, bei denen vielmehr die Art der Ausführung, das Mittel der Verbrechensbegehung das für die Entstehung der Gewohnheit Gemeinsame bildet. Auch hier wird ebenso wie in den oben genannten Fällen die größere oder geringere Gleichartigkeit, die mehrere Deliktsbegehungen zeigen, nur für die Wahrscheinlichkeit von Bedeutung sein, mit der aus dem Nacheinander der objektiven Geschehnisse auf die gemeinsame Grundlage geschlossen werden kann. Desgleichen wird die größere oder geringere Zeitdifferenz, die zwischen den einzelnen Delikten liegt, nur für die Sicherheit des Schlusses aus ihnen von Bedeutung sein, während umgekehrt die Gefährlichkeit wächst, je länger eine Gewohnheit ohne Übungshandlungen in der Zwischenzeit anhält und sich bei späteren Handlungen konstatieren läßt.

Erscheint auch die Einübung als Indiz für einen erhöhten psychischen Defekt, so ist sie doch nicht alleiniges Erkenntnismittel desselben.

So erscheint auch die Konstatierung eines, das ganze Verhalten überragenden einheitlichen Motives, das in seiner Gleichförmigkeit die durch den konkreten Deliktsverlauf dargebotenen überragt, die Konstatierung der Gewerbsmäßigkeit, als Zeichen einer völligen Abgestumpftheit gegenüber den Hemmungen, die normaler Weise die Vorstellung von der Herbeiführung eines schädigenden Erfolges begleiten.

β) Der Rückfall.

Ein weiterer Anhaltspunkt für das Vorhandensein einer größeren psychischen Anomalie ergibt sich durch das Versagen wichtiger Motive bei dem betreffenden Individuum. Als eines der schwerwiegendsten Hemmungsmotive wird das mit der Strafe sich aussprechende Unwerturteil und die sonstigen an die Strafe sich knüpfenden Verluste wertvoller Lebensgüter betrachtet; dazu kommen die weiteren an die Strafe sich knüpfenden Motive, auf deren Setzung während der Strafzeit gerechnet wird.[1])

Waren diese Motive bei dem Täter im Zeitpunkt der Tat vorhanden, so schließt man aus ihrer, durch die Tat gezeigten Unwirksamkeit auf jenen besonderen psychischen Defekt, der die Grundlage für ein erhöhtes Schuld- und Gefährlichkeitsurteil bildet.

Wenn man bei demjenigen, der nach erlittener Strafe einen Willensentschluß faßt, welcher ein deliktisches Ver-

---

[1]) Bei der Begnadigung tritt noch die Erwartung gewisser Gefühle der Dankbarkeit hinzu.

halten zum Inhalt hat, auf das Vorhandensein jener Motive rechnet, so stützt man sich hierbei auf das Eintreten einer, auf der partiellen Gleichheit beider Delikte — des in der Entstehung begriffenen und desjenigen, wofür die Strafe erfolgt war — gegründeten Assoziation. Diese partielle Gleichheit kann sich in verschiedener Form darstellen. Es können zwei Fälle sehr große Teile gemeinsam haben, das Rechtsgut, das angegriffen wird, die Art der Ausführung und das Motiv. In anderen Fällen kann schon die Gemeinsamkeit des einen oder des anderen Bestandteils genügen, um die Vorstellung des früher erlittenen Übels zu assoziieren, von dem man dann weiter den entsprechenden hemmenden Einfluß erwartet. Es kann jedoch schon das den beiden Fällen lediglich gemeinsame Bewußtsein der Pflichtwidrigkeit genügen, um diese Assoziation herbeizuführen.

Von diesem aprioristischen Standpunkt erscheint eine Beschränkung der Bedeutung des Rückfalls auf einzelne Delikte oder auf gleichartige Delikte unzulässig, ebenso auch die Vernachlässigung von Delikten, die einen geraumen Zeitraum vor dem zweiten Delikt liegen; gerade in diesen Fällen kann die Vorstellung der früher erlittenen Strafe noch dadurch eine Verstärkung erlangen, daß der betreffende Delinquent seine Stellung in der Gesellschaft vielleicht wiedererlangt, einen besseren Lebensberuf gewonnen hat, so daß nun die Vorstellung von ihrem Verlust normalerweise als bedeutendes Hemmungsmotiv wirkt.

Daß aber diese, den Rückfall bedeutsam gestaltende Assoziation eingetreten ist, ist, wenn man lediglich objektiv die Wiederbegehung eines Deliktes nach vorhergegangener Strafe feststellt, durchaus nicht sicher, ebensowenig wie es feststeht, daß dem Delinpuenten durch die frühere Strafe Gegenmotive hätten geboten werden können, wenn z. B. in der Strafzeit durch die Gesellschaft im Gefängnisse mehr Motive für die Wiederbegehung des Verbrechens gesetzt wurden, als er ohne die Strafe gehabt hätte.

Auch hier kommt nur vom Standpunkt der Wahrscheinlichkeit, daß bei einem Rückfall die Assoziation der früheren Strafe eingetreten ist, eine Beschränkung der Bedeutung des Rückfalls auf gleichartige Delikte in Betracht, da mit dem Umfang der Gleichheit zwischen den beiden Delikten die Wahrscheinlichkeit einer Assoziation wachsen wird. Ebenso erscheint vom Standpunkt der indizierenden Bedeutung eine zeitliche Grenze für die Berücksichtigung der Vordelikte von Wert, da mit dem Zeitablauf die Wahrscheinlichkeit eines psychischen Zusammenhanges abnehmen wird.[1])

Hier wurde die dem Rückfall im technischen Sinn, Rückfall nach rechtskräftiger Strafe eigentümliche Bedeutung betont In der Gesetzgebung wurde vielfach schon das in der Wiederholung als solcher für die Gewohnheitsmäßigkeit liegende Indiz verwertet, wie sich dies aus der besonderen Hervorhebung des Rückfalls bei einzelnen Delikten ergibt,[2]) die nur vom Standpunkt der Beweiskräftigkeit der Wiederholung für das Vorhandensein einer Gewohnheit zu rechtfertigen ist.

b) Die aus den psychologischen Erörterungen sich ergebenden Folgerungen für die Formulierung der Tatbestände höherer Verschuldung.

α) Die direkte Bezeichnung der höheren Schuldgrade.

Die Folgerungen, die sich aus dem Gesagten für die gesetzliche Fixierung der höheren Grade der Verschuldung ergeben, lassen sich mit den Worten zusammenfassen: Weitgehendster Skeptizismus gegen die äußeren Symptome.

Die bisherigen Darlegungen haben den heute geradezu ein Gemeingut gewordenen Satz nur stärken wollen, der dahin geht, daß beim ersten Mal der Deliktsbegehung jene tiefere Verschuldung vorhanden sein kann, die sich durch die alleinige Herrschaft des, durch den Erfolg gegebenen Motives darstellt, daß andererseits trotz Deliktswiederholung diese Verschuldung nicht vorhanden zu sein braucht. „Der Rückfall hat zweifellos im Strafrecht nur die Bedeutung eines äußeren Symptoms

[1]) Deswegen zu aprioristisch Garofalo, La criminologie, IV. édit., Paris 1895. S. 360. „La récidive a pour nous trop d'importance pour que dans un cas quelconque on puisse la négliger; elle est parfois un des révélateurs les plus sûrs du délinquant instinctif et incorrigible."

[2]) Z. B Deutschland und Österreich.

schwererer Verschuldung oder größerer sozialer Gefährlichkeit des Täters, und zwar eines, nach der positiven wie negativen Seite hin leicht trügerischen Symptoms."[1][2]

Gegenüber dieser Erkenntnis bleiben nur zwei Auswege übrig; der eine ist der, daß man die psychische Beschaffenheit direkt bezeichnet, indem man das Überwiegen des einen Motivs zum Tatbestandsmerkmal macht. Dies geschieht vor allem durch das Aufnehmen des Begriffs der Gewerbsmäßigkeit in den Tatbestand.[3] Da damit direkt die höhere Verschuldung

---

[1]) Kitzinger, Die Internationale Kriminalistische Vereinigung. München 1905. S. 71.

[2]) Aus der reichen Literatur z. B. Alauzet, Essai sur les peines. Deux. édit. 1863. S. 101. „Sans doute, quand on le peut, la moralité de l'agent doit être apréciée; sans doute la récidive, la condamnation, voulons-nous dire, car il ne s'agit que de cela, est une présomption contre lui, et un indice de perversité; mais qui donc peut soutenir, contre M. Charles Lucas (Theorie de l'emprisonnement II. 446) que c'est une certitude; et toujours et dans les cas? Est ce le seul indice au monde qui puisse faire apprecier cette moralité? —"

Garofalo, La criminologie. Quatr. édit. 1895. S. 356. „Pourquoi donner une telle importance au fait d'une condamnation précedénte, s'il est prouvé qu'il s'agit d'un malfaiteur habituel ou d'un incorrigible? Cela ne dépend que du préjugé de l'efficacité des peines pour la correction du coupable." —

Latyschew, auf dem IV. Gefängnis-Kongreß 1890 (Petersburg). Gutachten, S. 10. Dupont, Les dégres de la volonté criminelle. Brüssel—Paris 1906. S. 127 (gegen den belgischen Entwurf vom 8. Mai 1906, der nach französischem Vorbild mit dem Rückfallsbegriff arbeitet). S. 127. „Une fois de plus on ne tient pas compte de l'état général du coupable." Aus der deutschen Literatur vgl. Brauer, Über die Unhaltbarkeit und Entbehrlichkeit der gewöhnlichen Rückfallsbestimmungen, G. S. Bd. 11, S. 386; Hellweg, Zur Lehre vom Rückfall, G. S. Bd. 22, S. 63; Stemann, Zur Lehre vom Rückfall, G. S. Bd. 23 S. 405; v. Liszt, Die psychologischen Grundlagen der Kriminalpolitik, Strafrechtl. Aufsätze II S. 206 (gegen die im Schweiz. Entw. sich findende Verbüßung „vieler" Vorstrafen als Bedingung für den Eintritt der Verwahrung). „So tritt an die Stelle einer tiefer bohrenden innerlichen Erfassung der verbrecherischen Eigenart die rein äußerliche Verwertung technisch-juristischer Merkmale." M. E. Mayer, Gutachten für den 28. Deutschen Juristentag, Bd. 1, S. 148/149. Berolzheimer, Die Entgeltung im Strafrecht, S. 431; vgl. besonders dazu Mittheilungen der I. K. V. I. Bd. van Hamel, S. 94, II. Bd. v. Lilienthal, S. 70, III. Bd. Uppström, S. 289, IV. Bd. (französ. Fassung) Garofalo, S. 99. XIII. Bd. Jaspar, S. 97, Dupont S. 87.

[3]) Siehe v. Liszt, Das gewerbsmäßige Verbrechen, (Strafrechtl. Aufsätze II S. 328) und M. E. Mayer, zit. Gutachten S. 174.

charakterisiert erscheint, wird es nicht notwendig sein, aus Beweisrücksichten dieses Merkmal für jene Delikte zu reservieren, bei denen die Gewerbsmäßigkeit häufig beobachtet wird, so daß es als allgemeiner Qualifikationsgrund herausgehoben werden kann.[1])

Mit diesem einen Fall der Gewerbsmäßigkeit erscheint jedoch noch nicht das ganze Gebiet der höheren Grade der Verschuldung erschöpft. Man hat demgegenüber für das ganze Gebiet höherer Verschuldung versucht, auch hier durch die allgemeinen Begriffe „gefährlicher Zustand, état dangereux“[2]) eine direkte Bezeichnung zu finden. Eine derartige allgemeine Bezeichnung konnte sich jedoch bis heute wegen des dadurch bedingten Spielraums für das richterliche Ermessen nicht durchsetzen.[3])

Als direkte Bezeichnung des strafrechttich relevanten Zustandes bleibt noch der Begriff der Gewohnheitsmäßigkeit übrig, wenn man damit jenen Zustand bezeichnen will, der einer konkreten Deliktshandlung die Merkmale einer Triebhandlung verleiht und nicht mehr dabei den Nachweis der einzelnen Einübungshandlungen verlangt.

„Die Verbrechenswiederholung ist also ein Indizium, jedoch

---

[1]) Dagegen kann sich noch immer im besonderen Teile die Gewerbsmäßigkeit als strafbegründendes Merkmal finden. Siehe M. E. Mayer im zit. Gutachten S. 174.

[2]) Vgl. dazu die Gutachten zu der, den Gegenstand besonderer Beratung bildenden Frage „Extension pour certaines catégories de récidivistes de la notion de l'état dangereux du délinquant substituée à la conception trop exclusive de l'acte poursuivi“ für die Versammlung der I. K. V. 1905 (Mittheil. Bd. XIII) von Prins (I. Heft S. 78ff.), Dupont (I. Heft S. 85ff.), Jaspar (I. Heft S. 92ff.) und Verhandlungen II. Heft S. 426ff.

[3]) Siehe dazu v. Lilienthal (Mittheil. der I. K. V. Bd. II S. 67), Foinitsky (Mittheil. der I. K. V. Bd. II S. 48). „Die Handlung ist eine Äußerung des Kriminalitätszustandes, ein Merkmal desselben; zwar ein außerordentliches und notwendiges Merkmal für die Begrenzung der staatlichen Eingriffe in die Freiheitssphäre des Individuums, aber doch nur eine Voraussetzung, nicht Objekt der Straftätigkeit des Staates.“ Liepmann (Mittheil. der I. K. V. Bd. XIII II. Heft S. 466) gegenüber der Verwendung des Begriffes „état dangereux.“ „Das ist nun einmal das Unglück des Juristen, daß er scharfe Abgrenzungen, trotz der fließenden Übergänge im Leben haben muß, wenn Ordnung und Sicherheit im sozialen Leben herrschen sollen, wenn nicht die Willkür des einzelnen entscheiden soll.“

keine wesentliche Voraussetzung des Gewohnheitsverbrechens."[1]) Stellt man sich auf diesen Standpunkt, der mit der Gewohnheitsmäßigkeit nur eine bestimmte Beschaffenheit der täterischen Psyche charakterisieren will, dann muß man nicht nur allen möglichen Vordelikten und sogar Vorbereitungshandlungen Beweiskraft für diesen Zustand beilegen dürfen,[2]) man muß auch den letzten Schritt tun und zugeben, daß ohne den Nachweis irgendwelcher früherer, mit dem Strafrechte in Beziehung stehender Tätigkeiten des Delinquenten aus den Umständen des konkreten Falles, der Art der Ausführung, der leichten Überwindung der Motive bereits die Diagnose auf Gewohnheit gestellt werden darf. Erst dann wird jener Fortschritt gemacht sein, „der analog ist demjenigen von der Erfolgs- zur Schuldhaftung, von der Schuldpräsumption zur Schuldprüfung, von der Fiktion zur Wahrheit".[3]) Steht man auf diesem Standpunkt der völlig freien Beweiswürdigung, dann hat die Beschränkung des durch die Gewohnheitsmäßigkeit gegebenen Qualifikationsmerkmals auf einzelne Delikte keine Berechtigung mehr.

β) Die symptomatische Bezeichnung der höheren Verschuldung unter Ausschluß des richterlichen Ermessens.

Da man bei einer derartigen direkten Bezeichnung der Schulderhöhung die Differenzierung zwischen den verschiedenen Schuldabstufungen, die alle noch innerhalb des Begriffes der Gewohnheit, des gefährlichen Zustandes liegen, dem Ermessen des Richters im einzelnen Fall überlassen muß, ist bei einem derartigen System die Gewährung der größten Freiheit für die richterliche Entscheidung notwendige Voraussetzung. Sieht man darin das Aufgeben einer Freiheitsgarantie, so muß man den zweiten Weg gehen, den Weg der Festlegung äußerer Schuldsymptome durch die das richterliche Ermessen zwar beschränkt wird, die Fehler aber, die eine Bindung des Urteils an Symptome zur Folge hat, mit eingeführt werden.

---

[1]) M. E. Mayer im zit. Gutachten S. 155.

[2]) M. E. Mayer, c. l. S. 155.

[3]) M. E. Mayer, c. l. S. 151.

Die Folgerungen, die sich aus einem Bedürfnis nach den weitgehendsten Freiheitsgarantien ergeben, die den möglichst weitgehenden Ausschluß des richterlichen Ermessens fordern, zeigt am besten die ältere französische Rückfallsgesetzgebung und das bayrische Strafgesetzbuch von 1813 (ebenso Oldenburg 1814). Charakteristisch für die französische Gesetzgebung ist die Bestrafung des gleichartigen und des ungleichartigen Rückfalls;[1]) nur das Maß der erlittenen Strafe und die französische Dreiteilung, Verbrechen, Vergehen und Übertretungen, wird berücksichtigt; eine Rückfallsverjährung fehlt.[2])

Bei dem in der ursprünglichen Fassung des Code pénal vorhandenen strengen Befehl an den Richter, die Strafe zu schärfen,[3]) kann ein derartiges System durch das hier hervortretende Streben nach Bekämpfung der höheren Gefährlichkeit charakterisiert werden. Man faßte die Symptome möglichst weit, nahm damit die große Zahl der Fälle, wo, wie insbesondere beim ungleichartigen Rückfall, trotz der Erfüllung des gesetzlichen Rückfallstatbestandes nicht jene höhere Verschuldung vorliegen wird, mit in den Kauf, um trotz des Fehlens des richterlichen Ermessens die in vielen Fällen — wie gerade wieder beim ungleichartigen Rückfall — vorhandene höhere Gefährlichkeit treffen zu können. Das gleiche gilt mit Rücksicht auf die mangelnde Rückfallsverjährung. Um die treffen zu können, bei denen der Rückfall auch nach langer Zeit als Symptom der besonderen Gefährlichkeit erscheint, mußten bei dem Mangel des richterlichen Ermessens auch die getroffen werden, bei denen wegen des Zeitablaufes zwischen beiden Delikten dem Rückfall eine symptomatische Bedeutung abgeht.

Das bayrische Strafgesetz von 1813, das wie die französische Gesetzgebung das Prinzip der Beschränkung des richterlichen Ermessens angenommen hatte, schlug einen anderen Weg ein. Es beachtete den Rückfall nur dort, wo die Wahrscheinlichkeit, daß er Schuldsymptom ist, eine bedeutende ist. Es berücksichtigte nur dort den Rückfall, wo eine Gleichartigkeit der

---

[1]) Siehe code pénal von 1810 Art. 56—58.

[2]) Eine Ausnahme für die Polizeidelikte Art. 483.

[3]) Erst durch die Revision vom 28. April 1832 wurden auch für Rückfällige die Bestimmungen über die mildernden Umstände für anwendbar erklärt.

Fälle vorliegt[1]) und nur bei dolosen Verbrechen. Damit ist allerdings die Wahrscheinlichkeit, daß bei einem derartigen Rückfall die höhere Verschuldung vorliege, größer als nach der französischen Fassung; dafür müssen alle Personen ohne die ihnen gebührende Strafe gelassen werden, bei denen sich in ungleichartigem Rückfall die höhere Verschuldung zeigen würde.

Dieses Streben die Rückfallstatbestände so zu formulieren, daß ihre beweisende Kraft für die höhere Verschuldung größer wird, ist geradezu das Charakteristische der deutschen Strafgesetzgebung in der Rückfallsmaterie geworden. Dafür wurden aber die gesetzlichen Tatbestände immer enger, die Fälle, in denen die höhere Verschuldung vorlag, ohne daß sie unter die gesetzlichen Tatbestände subsumiert werden konnten, immer zahlreicher.[2])

---

[1]) Art. 111. „Wer nach erlittener Strafe sich eines vorsätzlichen Verbrechens derselben Art von neuem schuldig macht, soll wegen dieses Rückfalls, statt der gesetzlichen Strafe der ersten Übertretung, in höherem Grade wie folgt (Art. 112—115) bestraft werden.“ Siehe dazu Anmerkungen zum Strafgesetzbuch für das Königreich Bayern I. Bd. S. 263ff. (München 1813); ebenso Oldenburg 1814 Art. 116.

[2]) Nur Hannover 1840 Art. 111 u. 112 und Sachsen 1855 Art. 83 bestimmt die Gleichartigkeit in freier Weise, indem der Richter die Gleichartigkeit der Verbrechen nach der „dadurch an den Tag gelegten rechtswidrigen Gesinnung und Neigung, unter Berücksichtigung der bewiesenen Art der verbrecherischen Tätigkeit und der Natur des verletzten Rechts“ (Hannover, Art. 111) nach der Gleichartigkeit der Triebfeder (Sachsen Art. 83) zu beurteilen hat. Die übrigen Strafgesetzbücher beschränken bald den Rückfall auf gleiche Delikte (Österreich § 44c, § 263b, Preußen § 58, Oldenburg 1858 Art. 55, Lübeck 1863 § 57), bald versuchen sie feste Deliktsgruppen zu bilden, innerhalb derer der Rückfall als gleichartig angesehen wird (Braunschweig § 58 u. 59, Hessen-Darmstadt § 94, Nassau § 90, Baden § 183 u. 184). Württemberg verweist für die Definition der Gleichartigkeit auf den besonderen Teil § 124. Dem deutschen System folgen auch die meisten Schweizer Strafgesetzbücher, weiter von den neueren ausländischen das italienische Strafgesetzbuch 1889 in Art. 80—82 II. Teil (im Art. 80 I. Teil ist das französische System des ungleichartigen Rückfalls durchgeführt). Nur bei einzelnen Delikten berücksichtigen den Rückfall das deutsche Strafgesetzbuch § 244, § 245, § 250 Ziff. 5, § 261, § 264. (Siehe die Kritik dieser Bestimmungen von Berner, Kritik des Strafgesetzbuches für den norddeutschen Bund, Leipzig 1869, S. 30ff. und Hälschner, Beiträge zur Beurteilung des Entwurfes eines Strafgesetzbuches für den norddeutschen Bund, Bonn 1870 S. 71ff.) und die österreichischen Entwürfe. (Das österreichische St. G. B. hebt den Rückfall, neben der allgemeinen Bestim-

Von diesem Standpunkt der beweisenden Kraft, und nur von diesem allein rechtfertigt sich die Beschränkung der Relevanz des Rückfalls auf einzelne Delikte, oder auf gleichartige Delikte,[1]) und die Aufstellung fester Verjährungsfristen[2]) für den Rückfall.

Wenn jedoch nachträglich versucht wird, diese, lediglich von der Seite ihrer beweisenden Kraft zu würdigenden Bestimmungen auch vom kriminalpolitischen Standpunkt einer wirksamen Verbrechensbekämpfung dadurch zu rechtfertigen,[3]) daß bei diesen Delikten der rückfällige Verbrecher besonders gefährlich sei usw., so erscheint dies als eine Verschleierung des Gesichtspunktes, aus dem sie hervorgegangen, des Gesichtspunktes, dem Richter möglichst wenig Freiheit zu lassen und dabei nicht mit allzu ungerechten Präsumtionen zu arbeiten.

Solange man an der Forderung der Beschränkung des richterlichen Ermessens festhält, bleiben für die Symptomatik beim Rückfalle nur die beiden Lösungen, entweder das fran-

---

mung von §§ 44 c, 263 b, als Qualifikationsmerkmal hervor beim Diebstahl § 177 II a. und als Strafschärfungsgrund bei zahlreichen Vergehen und Übertretungen. Siehe dazu Finger, Das Strafrecht (Compend. d. österr. R.) II. Aufl. I. Bd. Berlin 1902. S. 307.)

[1]) Siehe z. B. Scheurlen, Bemerkungen über den Rückfall, N. A. d. Kriminalrechts XI. Bd. S. 652; van Hamel, Mitteil. d. I. K. V. I. Bd. S. 94; Hälschner, Beiträge zur Beurteilung des Entw. usw. S. 74.

[2]) Siehe Foinitsky, Über die Tilgung der Rechtsfolgen des Rückfalls durch Verjährung, tätige Reue und gutes Betragen. Mitteil. der I. K. V. Bd. XIII S. 267ff.

[3]) Z. B. Bericht der Ausschüsse der I. und II. Kammer nebst Entw. eines Strafgesetzb. für Hessen-Darmstadt, 1840, S. 201. „Wir beantragen daher, dem Art. 111 zuzusetzen: 5. je nachdem dem Täter wegen früherer gleicher, gleichartiger oder anderer Verbrechen bereits Strafurteile verkündet worden sind.

Die Worte: »gleicher, gleichartiger oder anderer« haben wir darum gewählt, weil sie in abnehmender Progression die verschiedene Gefährlichkeit des Täters bezeichnen." —

Ähnlich Berner, Kritik des Entw. S. 35. „Auch der gemeine Menschenverstand wird sagen, daß die Verurteilung wegen eines begangenen Verbrechens bei der Begehung eines späteren ähnlichen Verbrechens doch gewiß als ein weit stärkerer Abmahnungsgrund gelten müsse, als bei einem mit dem früheren nicht verwandten und ihm ganz unähnlichen."

zösische System des Code pénal[1]) mit seinen Bestimmungen von geringerer Beweiskraft, aber größerem Wirkungskreis oder die engen Bestimmungen, für die als Typen die deutschen Partikulargesetzbücher angesehen werden können, die in ihrem Streben nach Fixierung der Gleichartigkeit oder nach dem Hervorheben einzelner Delikte, bei denen der Rückfall besonders oft vorkommt, zwar Tatbestände von größerer indizierender Kraft, aber allzu geringem Umfang schufen.

γ) Die symptomatische Bezeichnung der höheren Verschuldung unter Zulassung des richterlichen Ermessens.

Zwischen diese beiden Extreme — auf der einen Seite völlige Schrankenlosigkeit des richterlichen Ermessens, dabei aber die Möglichkeit, dem Schuldgrad jedes Einzelfalles gerecht zu werden, auf der anderen die Garantien für die Freiheit gegenüber dem richterlichen Ermessen, während es dadurch bedingt ist, ungerechte oder weniger wirksame gesetzliche Präsumtionen zu gebrauchen — tritt heute vielfach eine vermittelnde Richtung, die das Gute von beiden Seiten möglichst zu verwerten trachtet. Man bedient sich nämlich einzelner Symptome objektiver Natur als Anhaltspunkte für die Bestimmung einer besonders hohen Schuldstufe, gibt aber diesen Symptomen möglichst wenig Inhalt, so daß die Schuldgröße als deren Symptome sie erscheinen können, große Verschiedenheiten voneinander aufweisen können. Damit ist einerseits der Schutz der Freiheit erlangt, indem die objektiven Symptome zur Voraussetzung dafür werden, daß bei dem betreffenden Individuum überhaupt eine Untersuchung auf seine hohe Verschuldung eintreten kann, anderseits wird es dem Ermessen des Richters überlassen, den im konkreten Fall vorhandenen Schuldgrad des näheren zu bestimmen, als dessen Manifestation diese Symptone in concreto erscheinen.

---

[1]) Die spätere französische Rückfallsgesetzgebung neigt bereits ebenfalls einer Verfeinerung der Symptomatik durch Aufnahme des Prinzipes der Gleichartigkeit und der Rückfallsverjährung zu (siehe Ges. v. 27. Mai 1885 Art. 4 und v. 26. März 1891, Abänderung der Art. 57 u. 58 Cod. pén.). Über die verschiedene Beweiskraft des ungleichartigen Rückfalls für die Schulderhöhung bei schweren und leichten Delikten vgl. Bérenger in den Beratungen zum Gesetz vom 26. März 1891, Revue pénitentiaire 14. Bd. S. 414 ff.

So hat das norwegische Strafgesetzbuch (1902) diesen Weg eingeschlagen, um Personen besonders großer Gefährlichkeit zu charakterisieren. § 65 bestimmt folgendes: „Hat jemand sich mehrerer vollendeter oder versuchter Verbrechen schuldig gemacht, die nach . . . (es folgt eine große Anzahl von Paragraphen) mit Strafe bedroht sind, so kann das Gericht beschließen, den Geschworenen die Frage vorzulegen, ob der Täter in Anbetracht der Beschaffenheit der Verbrechen, der ihnen zugrunde liegenden Triebfeder oder der in ihnen sich offenbarenden Gesinnung, als besonders gefährlich für die menschliche Gesellschaft oder für das Leben oder das Wohl einzelner angesehen werden muß."

Die ziemlich vag gefaßten objektiven Symptome — Begehung mehrerer Verbrechen — als Freiheitsgarantien gegenüber einem staatlichen Schulduntersuchungsanspruch gefaßt, lassen die verschiedensten Schuldabstufungen zu, über die dann nach freiem Ermessen entschieden wird.

Einen ähnlichen Weg geht auch die englische „Penal Servitude bill" (im Unterhaus angenommen 3. Juni 1904). Als objektives Symptom ist hier angeführt das Vorhandensein von mehr als zwei Verurteilungen für „indictable offenses",[1]) während die sonstige Prüfung der Gefährlichkeit nach dem freien Ermessen des Gerichtshofes auf Grund des gesamten Vorlebens des Täters erfolgt.[2]) [3])

---

[1]) Schwurgerichtsfälle.

[2]) Als Voraussetzungen für das Eintreten einer besonders langen Einsperrung führt das Gesetz an (zitiert nach der mir nur zugänglichen französ. Übersetzung in der Revue pénitentiaire 28. Bd. S. 338):

„Lorsqu'un individu, ayant déjà encouru plus de deux condamnations pour indictibable offenses, sera à nouveau condamné par le jury pour un crime passible de servitude pénale, et qu'il apparaîtra à la Cour: a) Qu'à l'époque même où il a commis le dernier crime pour lequel il est poursuivi, il menait constamment une vie malhonnête et criminelle; b) Et qu'en raison de ses antécédents judiciaires et de son genre de vie, il importe à la sécurité publique qu'il soit détenu pendant un temps plus long que de droit commun, etc." (folgt die Bestimmung der zulässigen Strafmaßregel).

[3]) Ähnlich auch Art. 29 des Schweizer Vorentwurfes, Juni 1903, bezüglich der Verwahrung mehrfach Rückfälliger, der als objektive Symptome den mehrfachen Rückfall in Delikte gegen Leib und Leben, gegen das Vermögen,

Auch M. E. Mayer[1]) fordert zur Charakterisierung der höchsten Schuldstufen als objektives Symptom den Rückfall.

So dürfte sich, solange das Bedürfnis nach dem Schutz der bürgerlichen Freiheit objektive Symptome in dem gesetzlichen Tatbestand fordert, und solange wir nicht durch ein Fortschreiten in der Charakterisierung psychischer Vorgänge in prägnanterer Weise als heute die psychischen Defekte bezeichnen und abstufen können, dieses „gemischte" System —, objektive Symptome als Freiheitsgarantien, mit denen sich eine weitgehende, auf richterlichem Ermessen beruhende Schuldabstufung verbinden kann — als das förderlichste erweisen. —

δ) Die Symptomatik bei der Realkonkurrenz.

Daß vom Standpunkt der Bewertung eines mehrfachen schädigenden Verhaltens als Symptom psychischer Defektuosität für eine selbständige Stellung der Realkonkurrenz gegenüber dem Rückfall kein Platz vorhanden ist, dürfte selbstverständlich sein. Von diesem Standpunkt erscheint es doch durchaus nicht als eine Forderung der Logik,[2]) daß jedem Verbrechen eine Strafe entsprechen soll.

Es kommt darauf an, in welchem Grade die mehreren, die Gesellschaft schädigenden Akte Symptome einer besonderen psychischen Beschaffenheit sind; die bei der Realkonkurrenz mit den einzelnen selbständigen Strafansprüchen des Staates operierende Lehre hat nur für den Bewertungsstandpunkt eine Berechtigung, der den staatlichen Strafanspruch aufbaut auf den, durch das einzelne Delikt hervorgerufenen Veränderungen, und der nach diesen die einzelnen Delikte bewertet wissen will. Im österreichischen Strafgesetz[3]) findet sich jener Standpunkt durch die Nebeneinanderstellung von Rückfall und Real-

---

gegen die geschlechtliche Sittlichkeit, gegen die gemeine Sicherheit von Menschen und Eigentum oder gegen die Sicherheit des Handels und Geschäftsverkehrs — zwischen den letzten Delikten darf noch nicht ein Zwischenraum von 3 Jahren liegen — aufstellt, daneben dem Gericht die individuelle Prüfung der Rückfallswahrscheinlichkeit überläßt.

[1]) Mayer im zit. Gutachten S. 185.

[2]) So auch v. Liszt, Lehrb. S. 282.

[3]) Österr. Strafgesetzb. § 44.

konkurrenz eingenommen. So behandeln auch die bayrischen Entwürfe von 1822 und 1827 Konkurrenz (Entwurf 1822 Art. 90, Entwurf 1827 Art 85) und Rückfall (Entwurf 1822 Art. 92, Entwurf 1827 Artikel 87) nur als Symptome der verbrecherischen Gesinnung. Die Motive rechtfertigen diese Gleichstellung folgendermaßen: „Der Entwurf hat den Rückfall dem Zusammenfluß gleich behandelt. Auch der, welcher mehrerer zugleich zu bestrafender Taten schuldig ist, hat seinen Trotz gegen die Gesetze und seine Verdorbenheit eben durch die Weise seiner Verbrechen erprobt, und der Rückfällige hat noch für sich, daß er für seine früheren Verbrechen seine Rechnung mit dem Staate bereits abgeschlossen hat."[1])

Dieser Gedanke ist auch von einem der neuesten Strafgesetzbücher, dem russischen Strafgesetzbuch von 1903, wieder aufgenommen. In Art 67[2]) wird bezüglich der Behandlung des Rückfalls in dasselbe oder in ein analoges Delikt auf Art. 64[3]) verwiesen, der die Bestrafung der Gewohnheitsverbrecher zum Gegenstand hat. Für beide Fälle tritt aber dieselbe Wertung durch die Strafe ein wie bei der, in den Artikel 60—63 geregelten Realkonkurrenz.

Auch die moderne kriminalpolitische Bewegung hat die, mit der alten Bewertung der Delikte nach Maßgabe des verursachten Schadens zusammenhängende Behandlung der Realkonkurrenz vom Standpunkte des Zusammentreffens mehrerer selbständiger Delikte als Inkonsequenz gegenüber der, ins-

---

[1]) Siehe Zusammenstellung der Strafgesetze auswärtiger Staaten. I. Teil. S. 401. Berlin 1838.

[2]) Art 67 (Französ. Übersetzung von Eberlin, Collection de codes étrangeres 1906). Celui qui après avoir purgé sa peine aura commis une infraction encourra la pénalité du droit commun. Au cas où l'infraction commise était identique ou analoque à celle commise précédement, la peine nouvelle, à défaut d'une peine spéciale fixée par la loi pour la réitération de certaines infractions, sera aggravée conformément aux prescriptions de l'art. 64 . . .

[3]) Art. 64. Celui qui aura commis, avant le prononcé du jugement, du verdict ou de l'arrêt de culpabilité, deux ou un plus grand nombre d' infractions identiques ou analogues, par habitude de conduite criminelle ou pour avoir, fait son métier de la conduite criminelle, sera passible des peines édictées par les art. 60—63 conformément aux règles du cumul, si toutefois des peines spéciales n'ont pas été établies par la loi pour ces infractions.

besondere beim Rückfall immer mehr hervortretenden Wertung der Tat als Symptom zurückgewiesen.[1]) In einer die „symptomatische“ Wertung konsequent durchführenden Kodifikation ist für die Auffassung kein Platz, die mit den einzelnen selbständigen, aus den verschiedenen Delikten entstehenden Strafansprüchen operiert.

§ 2. Das Strafensystem.

I. Die Unvollkommenheit der bestimmten Strafurteile.

Die Forderungen, die für das Strafensystem hier aufgestellt werden, ergeben sich durch die Verbindung des hier eingenommenen Bewertungsstandpunktes mit dem Satz, daß die Strafe der, auf Grund des gesellschaftsschädigenden Verhaltens festgestellten Mangelhaftigkeit entsprechen solle. Bildet dieser psychische Defekt wegen seiner Verschiedenheit vom Normalen die Grundlage für das Schuldurteil, so muß ihm die Strafe, gemäß der, für die gerechte Strafgröße die Norm abgebenden Bewußtseinstatsache, die als Element des Volksbewußtseins den Richtpunkt für die Gerechtigkeit darbietet, proportioniert sein.

Geht man von dieser Bewußtseinstatsache, die Proportionalität zwischen Schuld und Strafe fordert, aus, so ergibt sich damit die notwendige Folgerung, daß, um ein gerechtes Schuld- und Strafurteil zu fällen, diese die Grundlage für das Schuldurteil bietende psychische Defektuosität genau erforscht werden müsse,

---

[1]) So schon Krug, Über die Konkurrenz der Verbrechen, Leipzig 1842, vom Standpunkt seiner Theorie (S. 6), daß die sittliche Schuld den Maßstab der Strafbarkeit abgebe (S. 8): „Es läßt sich also nur so viel zugeben, daß derjenige, der mehrere Verbrechen verübt hat, strafbarer sei, als er sein würde, wenn er nur eines derselben verübt hätte, und daß daher die Strafbarkeit eines Individuums zunehme mit der Zahl seiner Verbrechen. Wie viel sie aber zunehme, kann keineswegs nach der Anzahl der strafbaren Handlungen und der Größe der darauf gesetzten Strafen berechnet werden, vielmehr muß dies Gegenstand selbständiger richterlicher Beurteilung sein . . .“

Gegen diese Ungleichheit in der Behandlung von Rückfall und Konkurrenz auch Alauzet, Essai sur les peines, S. 97, besonders aber Garofalo, La criminologie, S. 355/356. Siehe auch gegen die mangelhafte Berücksichtigung der, der Konkurrenz vielfach zukommenden symptomatischen Bedeutung van Hamel, Mitteil. der I. K. V. Bd. I S. 94, Bd. IV S. 269, wohl auch Gauckler, Mittheil. der I. K. V. Bd. X S. 434, und M. E. Mayer im zit. Gutachten S. 150.

daß man nicht bei einer völlig schematischen Bewertung der oft trügerischen objektiven Symptome stehen bleiben dürfe.[1])

Da aber im Zeitpunkt der ersten Aburteilung oft nur ein geringer Bruchteil von dem bekannt ist, nach dem das Schuldurteil sich abzustufen hätte, so ergibt sich die weitere Forderung, nach einer Lösung der Strafbemessungsfrage zu suchen, bei der das definitive, in einer bestimmten Intensität des Strafübels zum Ausdruck kommende Unwerturteil auf einer genaueren Erforschung der täterischen Psyche beruhen kann. Die gleichen Forderungen für die Bestimmung der Strafen werden sich aber ergeben, wenn man den auf Grund der Gesellschaftsschädigung festgestellten Mangel in seiner prospektiven Seite als Grundlage für die Wahrscheinlichkeit künftiger Verbrechen betrachtet. Soll von diesem Gesichtspunkte aus diese Wahrscheinlichkeit durch die Strafe dadurch beseitigt werden, daß durch die, mittelst des Strafübels mögliche künstliche Motivation jene psychischen Verbindungen beseitigt, respektive paralysiert werden, auf denen der Spielraum für das kritische Verhalten beruht, so erscheint es auch von diesem Standpunkt notwendig, die Individualität des Täters genau zu erforschen, um dann die geeigneten Maßregeln treffen zu können, mit denen sich jene psychische Umgestaltung erreichen läßt.

Von diesem Standpunkt der „Symptomatik" wird man zu der Forderung nach Einführung des „bedingten Straferlasses"[2]) und der unbestimmten, bzw. relativ bestimmten Verurteilung geführt, mag man nun von der Bewußtseinstatsache, die Vergeltung mittelst eines der Schuld entsprechenden Strafübels

---

[1]) Siehe Wahlberg, Das Maß und die Wertberechnung im Strafrecht Kleinere Schriften III. Bd. S. 104. „Unsicherer läßt sich der Schuldwert nach dem sog. objektiven Maßstabe feststellen, z. B. nach dem Wertbetrage des Gestohlenen, nach der Dauer der Berufsunfähigkeit infolge einer Körperverletzung. Für diesen prekären Maßstab der Strafbarkeit ist der wirkliche oder drohende Nachteil der Übeltat für die Rechtsordnung im ganzen oder in ihren einzelnen Bestandteilen ausschlaggebend." Siehe auch v. Röder, Über die strafrechtliche Zurechnung und Zumessung, G. S. 26 S. 105.

[2]) Siehe Perrin, De la remise conditionelle des peines, Genéve 1904, und A. Groß, Für den bedingten Straferlaß, Wien 1907. Sep.-Abd. aus Grünhuts Zeitschr. f. d. priv. u. öffentl. Recht 34. Bd.

fordert, ausgehen, oder den psychischen Defekt als Grundlage für das Gefährlichkeitsurteil betrachten und seine Beseitigung mittelst der Strafe anstreben.

II. Die kriminalpolitischen Bestrebungen.

So strebt auch heute die moderne kriminalpolitische Bewegung danach, vor allem eine Remedur gegenüber der Willkür zu erreichen, die sich oft in dem, auf geringe Personenkenntnis gestützten bestimmten Strafurteile ausspricht.[1]) Vom Standpunkt der Schutzstrafe[2]) und von dem der gerechten Vergeltung[3]) gehen diese Forderungen aus, wieder ein Beispiel, wie wenig die Behandlung der Tat als Symptom mit dem Streit von Vergeltungs- und Schutzstrafe zu tun hat.

So erscheint es erstrebenswert, überall dort den bedingten Straferlaß eintreten zu lassen, wo nur Symptome geringer Verschuldung vorliegen, wo in den meisten Fällen bereits das, auch im bedingten Straferlaß steckende Verweismoment Übel genug ist, um als gerechte Strafe erscheinen zu können. Hat man sich aber getäuscht in der Verschuldung, zeigt sich auf Grund einer späteren deliktischen Handlung ein größerer psychischer Defekt, dann soll die ganze Härte der Strafe, die insbesondere in längerer Freiheitsentziehung besteht, eintreten.

Erscheint von vornherein auf Grund der im Zeitpunkt der ersten Verurteilung bekannten Symptome ein höherer Grad von Verschuldung vorhanden, dann soll sofort das Strafübel eintreten, das endgültige Urteil aber über seine Größe erst nach genauer Beobachtung des Delinquenten eintreten.[4]) Mag vielfach diesem Streben, durch die unbestimmten, respektive relativ be-

---

[1]) Willert, Das Postulat der Abschaffung des Strafmaßes und die dagegen erhobenen Einwendungen, Zeitschr. f. d. ges. Strafrechtswissensch. II. Bd. S. 486.

[2]) Siehe Kräpelin, Abschaffung des Strafmaßes; v. Liszt, Kriminalpolitische Aufgaben, Strafrechtl. Aufsätze I. Bd. S. 332 ff.; Dimitri Drill, Du rôle de l'élément subjectif dans le délit, Mitteil. der I. K. V. Bd. X S. 273 ff., besond. S. 281, van Hamel, Mitteil. der I. K. V. Bd. I S. 101, daselbst Bd. IV S. 289.

[3]) M. E. Mayer im zit. Gutachten S. 190; siehe auch Gautier, Gutachten über unbestimmte Verurteilung, Mitteil. der I. K. V. Bd. V S. 63.

[4]) Siehe § 65 Norweg. Strafgesetzb., § 29 Schweiz. Entw. und die zitierte engl. Bill von 1904.

stimmten Strafurteile die Möglichkeit für eine spätere Nachprüfung des Urteils über das Strafmaß zu erlangen, vorgeworfen werden, daß die Diagnose auch in diesen Fällen in der Regel falsch ausfallen werde, da das, was man an dem Delinquenten zu beobachten Gelegenheit hat, nicht seine Individualität ist, sondern nur eine, für die Ausführung einer „Reuekomödie“[1]) angenommene Maske, so erscheint dieser Vorwurf nicht begründet gegenüber dem Prinzip der unbestimmten Verurteilung, sondern nur gegen seine Durchführung unter Bedingungen, wo eben die große Gefahr der Heuchelei besteht. Mit einer Ausgestaltung des progressiven Strafvollzuges[2]) wird auch diese bedeutend schwinden.

Mit dieser prinzipiellen Anerkennung der Richtigkeit der unbestimmten Verurteilung ist jedoch noch nicht die Frage entschieden, wieweit sich die strenge Durchführung derselben durch eine andere Komponente, durch den Freiheitsgedanken, Einschränkungen gefallen lassen muß.[3]) Die Bemessung der Stärke dieser Komponente und die sich daraus ergebenden Beschränkungen in der Durchführung des richtig erkannten Prinzips haben mit rein strafrechtlichen Erwägungen, insbesondere mit dem Vergeltungsgedanken nichts zu tun. Während über die Stärke des jeweils vorhandenen Bedürfnisses nach gesetzlichen Freiheitsgarantien gegenüber der richterlichen Willkür eine selbständige Erörterung und Einigung möglich ist, erscheint die hier vielfach vorkommende Unterschiebung des Vergeltungsgedankens zur Erreichung von Maßnahmen, die durch den Freiheitsgedanken gefordert werden, nur geeignet, eine Verschleierung des Streitgegenstandes und damit eine Ergebnislosigkeit der wissenschaftlichen Diskussion herbeizuführen.

---

[1]) Gautier, Mitteil. der I. K. V. Bd. V S. 74; Prins, daselbst S. 78; Kitzinger, Die Intern. Krim. Vereinigung, S. 80.

[2]) Siehe z. B. H. Seuffert, Was will, was wirkt, was soll die staatliche Strafe. Bonn 1897. S. 29.

[3]) Über die Notwendigkeit von Freiheitsgarantien gegenüber der unbestimmten Verurteilung vgl. Sternau, Die Abschaffung des Strafmaßes, Z. Bd. XIII S. 61; dazu Gautier, Pour et contre les peines indéterminées, Zeitschr. für Schweiz. Strafrecht VI. Jahrg. S. 16ff.; Prins, Mitteil. der I. K. V. Bd. V S. 77; Felisch in Mitteil. d. J. K. V. Bd. V. S. 219.

Noch auf etwas muß hier hingewiesen werden. Hat sich als Aufgabe der Strafe von dem Standpunkte aus, der den psychischen Zustand als Grundlage für das Wahrscheinlichkeitsurteil für künftige Verbrechen betrachtet, die Beseitigung des durch den psychischen Defekt gegebenen Spielraums dargestellt, so muß auch die weitere Konsequenz gezogen werden, daß die Strafe als Zwangsmotivation auf ihn allein Rücksicht zu nehmen hat. Das bisherige Gesamtverhalten des Delinquenten war jedoch nicht allein durch diesen psychischen Defekt bestimmt, ebenso wie auch für die Zukunft das Wahrscheinlichkeitsurteil über sein künftiges Verhalten nicht allein darauf beruhen wird. Die Fülle der kritischen Reize, die aus dem Milieu stammen, wird hier mitbestimmend sein; die Spielraumsgröße für die kritischen Reize im Verhältnis zu den gesamten Reizen aus einem Milieu würde den Anteil des Milieus an der Wahrscheinlichkeit künftiger Verbrechensbegehung darstellen. Gegen diesen Faktor der Wahrscheinlichkeit ist die Strafe als zwangsweise Motivsetzung machtlos; hier einzugreifen, ist die Aufgabe sozialpolitischer Maßnahmen. Begünstigung der Auswanderung, Fürsorge für entlassene Sträflinge durch Verschaffung von Erwerb, Rehabilitation[1]) werden den Zweck der Verringerung des Reizspielraumes erreichen.

Wie sich aber die Gestaltungen des sozialen Lebens nicht vollkommen restlos in doktrinelle Unterscheidungen einfügen lassen, so erscheinen auch unter diesen Maßregeln zahlreiche Grenzfälle, die sowohl etwas vom Strafcharakter als auch von dem der sozialpolitischen Maßregeln, der Sicherungsmaßnahmen an sich tragen werden. Gerade die Maßnahmen gegen die an der äußersten Grenze der psychischen Defektuosität stehenden Personen, von denen aus der Schritt zu dem, die Unzurechnungsfähigkeit begründenden Grad psychischen Mangels nicht mehr groß ist, werden dementsprechend schon viel von den, gegen gemeingefährliche Geisteskranke verwendeten Sicherheitsmaßregeln an

[1]) E. Delaquis, Die Rehabilitation Verurteilter, Berlin 1906, und Die Rehabilitation im Strafrecht (im Manuskript eingesehen, erscheint demnächst bei Guttentag, Berlin) und Tesař, Die Rehabilitation Verurteilter und die Kriminalpsychologie. Groß Arch. Bd. 26 S. 344ff.

sich tragen.[1]) So sagen die Motive der bereits zitierten englischen Bill von 1904 über den Grund der längeren Anhaltung besonders gefährlicher Personen:[2]) „il s'agit moins de les punir que de les soustraire pendant une durée prolongée aux occasions qui amènent la rechute etc.“

Daraus, daß eine, gegen den Delinquenten angewendete Maßregel Motivation des Delinquenten und Reizentziehung bezweckt, folgt noch durchaus nicht ihre Unrichtigkeit, wenn man stets die Unmöglichkeit sich vor Augen hält, die Erscheinungen des sozialen Lebens in lückenlose Klassifikationen einzuschachteln.

III. Kapitel.

Die Bewertung des gesellschaftsschädigenden Verhaltens als Symptom im Streite der Strafrechtstheorien.

§ 1. Die Gegner der Symptomatik.

I. Die allgemeine Charakteristik der gegnerischen Einwände.

Die Angriffe, denen die Bewertung des deliktischen Verhaltens als Symptom eines psychischen Zustandes ausgesetzt war und ist, lassen sich nach ihrem Ursprung auf drei Typen zurückführen, die durch Feuerbach,[3]) Binding[4]) und Merkel[5]) charakterisiert erscheinen. Befürchtete Feuerbach offenbar, daß, sobald ein psychischer Zustand zur Grundlage für das Schuldurteil gemacht würde, die krampfhaft gehütete Freiheit der Bürger durch

---

[1]) Siehe auch Strafgesetzb. für New York § 689—691.

[2]) Übersetzt in Rev. pénitent Bd. 28 S. 1048.

[3]) Feuerbach, Revision I. Bd. S. 10ff. und Über die Strafe als Sicherungsmittel.

[4]) Binding, Das Problem der Strafe in der heutigen Wissenschaft, S. 4 u. 5. Grünhuts Zeitschr. für das priv. u. öffentl. Recht. IV. Bd. 1877.

[5]) Merkel, Vergeltungsidee und Zweckgedanke im Strafrecht. Gesammelte Abhandlungen.

das richterliche Ermessen gefährdet werden könnte, so paßte andererseits die, auf die psychologischen Untersuchungen das Hauptgewicht legende Lehre nicht in das, auf formalistisch-logischen Konstruktionen aufgebaute System Bindings. Merkels Gegnerschaft beruht auf seinem metaphysischen Verantwortlichkeitsstandpunkt, der mit der, durch den Willen repräsentierten Kraft und ihren Wirkungen als Bewertungsgrundlage arbeitet, während doch für die Bewertung einer Handlung als Symptom die Willenskausalität als solche noch gar nichts für den Eintritt und den Umfang der Schuld sagt, sondern nur soweit in Betracht kommt, als aus ihr auf einen besonderen Defekt im Täter geschlossen werden kann. Auf diese hier genannten drei Grundtypen lassen sich auch die anderen Gegner der „Symptomatik“ zurückführen, die bald mit der einen, bald mit der anderen größere Ähnlichkeit zeigen.[1])

Trotz der Verschiedenheit des Ausgangspunktes der Gegner zeigen ihre Argumentationen die größte Ähnlichkeit. Das „Thema probandum“ bildet für alle, daß die bekämpfte Lehre das Strafrecht unnötig und sogar unmöglich mache,[2]) daß bei der Annahme derselben das Festhalten am Strafrecht eine Inkonsequenz ist,[3]) weshalb vor dieser Theorie nicht genug als vor einer, das gesamte staatliche Strafrecht zerstörenden gewarnt werden muß.

Auch in ihrer Einzelargumentation zeigen die Gegner ein fortwährendes Wiederholen von längst Vorgebrachtem und wiederholt Widerlegtem.

Die Hauptargumente Feuerbachs gegen Grolmann finden sich in der Polemik Bindings, Merkels und Birkmeyers gegen die heutige „soziologische Schule“ im Strafrecht wieder.

---

[1]) So lehnt sich Birkmeyer, (Was läßt v. Liszt vom Strafrecht übrig? München 1907) vielfach an Merkel, Rich. Schmidt (Die Aufgaben der Strafrechtspflege, Leipzig 1895) vielfach an Feuerbach an. Siehe auch Garraud auf dem Gefängnis-Kongreß 1901, Revue pénitentiaire Bd. 25 S. 804/805 ff.

[2]) Siehe Feuerbach, Die Strafe als Sicherungsmittel, S. 50 u. S. 63 ff.; Binding, c. l. S. 5; Merkel, c. l. S. 704 ff.

[3]) Schon Feuerbach, Die Strafe als Sicherungsmittel, S. 87/88. ferner Birkmeyer, c. l. S. 2. Siehe dazu Tesař in Groß' Arch. Bd. 26 S. 51.

II. Die Beseitigung der einzelnen Deliktstatbestände bei der Wertung des Deliktes als Symptom, der Haupteinwand.

a) Das Warten auf das Verbrechen angeblich eine Inkonsequenz.

Wohl als das stärkste Argument, da immer wieder in derselben Fassung wiederholt, muß den Gegnern der Bewertung des deliktischen Verhaltens als Symptom das erscheinen, daß nach dieser Lehre das einzelne Verbrechen nicht den Realgrund der Strafe, sondern nur die Veranlassung dazu, den Erkenntnisgrund für sie bilde;[1]) der eigentliche Grund der Strafe werde durch die Gefährlichkeit des Täters, die Wahrscheinlichkeit einer Gesellschaftsverletzung gebildet. Wenn man sich auch heute nicht mehr getraut, aus dieser Tatsache die Feuerbachsche Folgerung[2]) zu ziehen, daß damit etwas bloß Wahrscheinliches gestraft werde, so daß diese Strafe eigentlich eine Verdachtstrafe bilde, eine Argumentation, die bereits Grolman zur Genüge widerlegt hat,[3]) so ergeht doch daraus immer die weitere Deduktion, daß man, wenn man die Gefährlichkeit des Täters prinzipiell zur Grundlage für die Strafe machen wolle, nicht erst das einzelne Verbrechen abzuwarten brauche. Wenn man konsequent sein wolle, so brauche man nicht erst zu warten, bis sich die gesellschaftsschädigende Gesinnung durch strafbare Handlungen, die in besonderen gesetzlichen Tatbeständen enthalten wären, geäußert habe.[4]) Die weitere Folgerung ist dann die, daß das Festhalten an bestimmten Tatbeständen eine Inkonsequenz sei; die Konsequenz wäre nur in einer Verneinung der Notwendigkeit jeglicher gesetzlicher Bestimmung der einzelnen Delikte gelegen.[5])

---

[1]) Feuerbach, Revision I S. 14; Binding, c. l. S. 4 u. 5; Merkel, c. l. S. 706; Birkmeyer, c. l. S. 2.

[2]) Feuerbach, Revision S. 84.

[3]) Grolmann, Begründung des Strafrechts S. 78ff.

[4]) Feuerbach, Revision I S. 86ff.; Binding, c. l. S. 5; Merkel, c. l. S. 706; Birkmeyer, c. l. S. 2ff.; Kohlrausch, Irrtum und Schuldbegriff im Strafrecht, Berlin 1903, I S. 32 u. 33.

[5]) Siehe die hier zitierten Schriftsteller c. l.

Wohl das beste Gegenargument gegenüber diesen Angriffen erscheint durch den Spruch Schillers gegeben: „Die Nürnberger hängen keinen, sie hätten ihn denn vor."

Es ist ja richtig, wenn Merkel[1]) sagt, daß die russischen Nihilisten eine große Gefahr bedeuten ohne Rücksicht darauf, ob ihnen ein Attentat ge- oder mißglückt ist.

Nur müssen wir uns die Vorfrage stellen, wie wir zur Erkenntnis einer derartigen Gefährlichkeit bei einem bestimmten Menschen kommen. Ist es wirklich so leicht, die soziale Gefährlichkeit eines Menschen zu bestimmen, ohne daß dabei ein äußeres Verhalten dazu verwendet wird, das unter einen der gesetzlichen Deliktstatbestände fällt? Wenn man über einen Menschen das Urteil über seine Gefährlichkeit abgibt, so wird man dabei in der Regel eine Versuchshandlung oder eine Vorbereitungshandlung zu dem Verbrechen, für welches das Gefährlichkeitsurteil ausgesprochen wird, verwenden. Diese Vorbereitungshandlung wird aber vielfach dadurch strafbar erscheinen, daß sie im Gesetz zu dem Tatbestand eines besonderen Deliktes erhoben wird, etwa zu dem der gefährlichen Drohung[2]) oder zu dem der Teilnahme an Vereinen, Gesellschaften, die gewisse deliktische Zwecke verfolgen.[3]) Es zeigt sich ferner, daß gerade bei den Delikten, bei denen die Gefährlichkeit vom Staat besonders hoch eingeschätzt wird, das für den Tatbestand genügende deliktische Verhalten weit zurückgeschoben ist in das Gebiet der Vorbereitungshandlungen, so daß durch die Maschen des Gesetzes wohl nur sehr wenige von den Leuten hindurchschlüpfen werden, bei denen sich das Vorhandensein der gefährlichen Gesinnung irgendwie geäußert hat.

Typisch hierfür sind vielfach die Bestimmungen über den Hochverrat,[4]) wo das „unternimmt" bereits die Beachtung ziemlich vager Symptome gestattet. Ebenso erscheinen bei den

---

[1]) Merkel, c. l. S. 706.

[2]) § 99 österr. Strafgesetzb., § 126 deutsch. Strafgesetzb.

[3]) § 285 ff., § 297 österr. Strafgesetzb., russisch. Strafgesetzb. 1903 § 388 (siehe Vergleichende Darstellung, Bd. V S. 104).

[4]) § 58 österr. Strafgesetzb., § 81 ff. deutsch. Strafgesetzb.

Münzdelikten,[1]) bei denen der Staat besonders stark an einer scharfen Verfolgung der Personen interessiert erscheint, die mit Rücksicht auf diese Rechtsgüter keine ausreichende Motivation zeigen, die Symptome bereits auch aus dem Reiche der Vorbereitungshandlungen genommen; die Verfertigung von Matrizen,[2]) die Herbeischaffung von Werkzeugen[3]) genügt als objektives Symptom, damit bei diesen Personen die Untersuchung auf ihre psychischen Defekte stattfinden kann. Bei der Brandstiftung[4]) genügen schon nach dem Brandstiftungstatbestand die ersten Versuchshandlungen, andere Symptome der Brandstiftungsabsicht werden vielfach durch die Bestimmungen über die Drohung mit diesem Verbrechen getroffen sein.

Gerade gegenüber den, von Merkel herangezogenen Nihilisten erscheinen die Bestimmungen des russischen Strafgesetzbuches[5]) besonders interessant, nach denen die ersten Symptome für das Vorhandensein einer derartigen gefährlichen Gesinnung dadurch unter Strafe gestellt sind, daß bereits die Vorbereitung zur Tötung oder die Teilnahme an einer Gesellschaft, die zur Verübung von Tötungen gebildet ist, als genügendes objektives Symptom erscheint. Ebenso sind in dem japanischen Entwurf[6]) die Vorbereitungshandlungen zum Mord bereits unter Strafe gestellt.

b) Die Tatbestände und das Freiheitsinteresse.

Haben diese Ausführungen gezeigt, daß es durchaus nicht so leicht sein wird, Symptome der gefährlichen Gesinnung zu

---

[1]) Österr. Strafgesetzb. § 118ff., deutsch. Strafgesetzb. § 146ff.

[2]) Deutsch. Strafgesetzb. § 151.

[3]) Österr. Strafgesetzb. § 118d.

[4]) Österr. Strafgesetzb. § 166. „Das Verbrechen der Brandlegung begeht derjenige, der eine Handlung unternimmt, aus welcher nach seinem Anschlage an fremdem Eigentume eine Feuersbrunst entstehen soll, wenngleich das Feuer nicht ausgebrochen ist oder keinen Schaden verursacht hat."

[5]) Russisch. Strafgesetzb. 1903 § 388. „Wer sich der Vorbereitung zur Tötung oder der Teilnahme an einer Gesellschaft schuldig macht, die zur Verübung von Tötungen gebildet ist, wird mit Gefängnis bestraft." Siehe Vergleichende Darstellung V. Bd. S. 104.

[6]) Japan. Entw. 1903 Art. 237; siehe Vergleichende Darstellung V. Bd. S. 104.

finden, die nicht bereits in den gesetzlichen Tatbeständen als Tatbestandsmerkmale sich finden, so kann andererseits ruhig zugegeben werden, daß auch von dem Standpunkt der Behandlung des äußeren Verhaltens als Symptom die Aufstellung einzelner Verbrechenstatbestände, mit ihrer verschiedenen symptomatischen Bedeutung, beruhend auf dem angegriffenen Rechtsgut, der Ausführungshandlung usw., als Schutz der individuellen Freiheit gefordert werden kann.

Das Freiheitsinteresse verlangt Tatbestände von einer gewissen Stärke an Schuld indizierender Bedeutung. Von dieser wird es abhängen, wie groß die Wahrscheinlichkeit ist, daß bei Personen, die die im Gesetz bestimmten objektiven Symptome äußern, diese Äußerungen auf einem psychischen Defekte, respektive auf einem Defekt von einem bestimmten Grade beruhen. Je genauer diese Indizien gefaßt sind, um so geringer wird die Personenzahl werden, die bei der Erfüllung dieser Tatbestandsmerkmale nicht jenen psychischen Defekt zeigen, als dessen Symptom die objektiven Geschehnisse in den Tatbestand aufgenommen sind, um so geringer damit die Wahrscheinlichkeit, daß der Richter bei Vorhandensein der objektiven Tatbestandsmerkmale eine falsche Schulddiagnose abgibt.

So erscheint die Forderung nach der Aufstellung einzelner Tatbestände durch das Freiheitsinteresse gesichert; denn, „dem allgemeinen Interesse darf die Freiheit des einzelnen nicht schutzlos preisgegeben werden. Mag auch immer die Grenze des Schutzes je nach den verschiedenen Ansichten über die Aufgaben von Staat und Recht zu verschiedenen Zeiten verschieden gezogen werden, so rechtfertigt sich doch im Rechtsstaate die Verhängung des Strafübels nur dann, wenn der Täter seine feindliche Gesinnung durch eine bestimmte gesetzlich genau umschriebene Tat bewiesen hat.“[1]) Wie groß das jeweilige Freiheitsinteresse ist, ist demnach eine Frage, deren Beantwortung mit dem rein strafrechtlichen Standpunkt der Bewertung der Tat als Symptom gar nicht zusammenhängt.

---

[1]) v. Liszt, Lehrb. 14. u. 15. Aufl. S. 79; siehe Birkmeyer, c. l. S. 3, dagegen Tesař im zit. Aufs. S. 51 u. 52.

Von den Postulaten des äußersten Sozialismus, der ein Aufgehen des Individuums in der Gesellschaft fordert, und von denen des weitgehendsten Individualismus, der die größten gesetzlichen Kautelen gegenüber der richterlichen Willkür verlangt, können die Freiheitsgarantien bestimmt werden, ohne daß man sagen könnte, der eine oder der andere dieser Standpunkte hänge mit der Bewertung des Täterverhaltens als Symptom „als solcher" zusammen. Nicht der Bewegung als solcher, die die deliktische Handlung als Symptom behandeln will, ist die Geringschätzung der menschlichen Freiheit charakteristisch,[1]) sondern höchstens jenem Teil ihrer Anhänger, bei denen die Bedeutung der Freiheitskomponente zurücktritt.

Nachdem so das Vorhandensein der von der rein strafrechtlichen Verbrechensauffassung unabhängigen Freiheitskomponente und ihre Wirkungen konstatiert sind, können ruhig jene Folgerungen gezogen werden, die zur Bekämpfung des Subjektivismus im Strafrecht gemacht werden. So kann vollkommen zugegeben werden, daß man auf die Fixierung der Schuldgröße im Zeitpunkt der ersten Aburteilung verzichten müsse,[2]) nachdem bereits auf die Korrekturen verwiesen wurde,[3]) die diese Idee im Interesse der Freiheit erfahren müsse. Das gleiche gilt gegenüber dem Vorwurf, daß man auch nach dieser Theorie auf die feinsten Unterschiede in den Tatbeständen verzichten müsse.[4]) Auch diesbezüglich kann auf das bereits Gesagte verwiesen werden.[5]) Nur eine Gegenfrage sei hier angeschlossen. Erscheint es nach der Merkelschen Vergeltungstheorie, nach der doch die Strafe der Schuld entsprechen solle, wobei diese sich nach den Veränderungen bestimmt, die der verbrecherische Wille in der Außenwelt hervorruft, so leicht, diese Schuldgröße und die entsprechende Strafe im Zeitpunkt der Prozeßbeendigung zu bestimmen, und erscheint wirklich der soziale Schaden nach

---

[1]) Merkel, c. l. S. 708.

[2]) Merkel, c. l. S. 708.

[3]) Siehe oben S. 261.

[4]) Merkel, c. l. S. 707.

[5]) Siehe oben S. 237.

Maßgabe der feinen Differenzierungen in den Tatbeständen verändert? Auch hier wird wohl ein „Nein“ die Antwort sein.

III. Die Einengung des strafrechtlichen Gebietes durch die Symptomatik.

Mit diesen Ausführungen erscheint der erste der Vorwürfe widerlegt, der der Bewertung des Deliktes als Symptom eine zu weite Ausdehnung des strafrechtlichen Gebietes vorhält; auch der Vorwurf, daß nach dieser Theorie das strafrechtliche Gebiet auf der anderen Seite zu stark eingeengt werde, hat keine Berechtigung.

Merkel[1]) erklärt nämlich, daß bei einer derartigen Theorie eine Zahl von Übertretungen und Vergehen würde straflos gelassen sein, weil sie entweder der Art nach oder unter den gegebenen Verhältnissen keinen Beweisgrund dafür enthalten, daß der Handelnde als ein, von Staats wegen zu besserndes oder unschädlich zu machendes Individuum anzusehen ist. Merkel führt für diese Behauptung das Unterlassen des Raupens oder die Übertretung der Polizeistunde an. Die Bestrafung dieser Tätigkeiten geschehe nicht, weil der Gesetzgeber voraussetze, daß der betreffende Täter sozial gefährlich sei und einer Korrektur bedürfe, sondern weil die Normen einer Sanktion bedürfen. Von etwaigen gefährlichen Zuständen des Handelnden ist dieses Bedürfnis durchaus unabhängig.

Dieser Einwurf Merkels beruht wohl auf einer Überspannung des Begriffes der sozialen Gefährlichkeit, als des Defektes, als dessen Symptom die Tat erscheint.

Merkel wirft doch denen, die bei derartigen Kleinigkeiten den Begriff einer vergeltenden Strafe ausschließen, vor,[2]) daß sie bei Vergeltung immer an blutige Rache, Auge um Auge und an die Höllenstrafen denken. Dieser Vorwurf trifft ihn

---

[1]) Merkel, c. l. S. 705.

[2]) Merkel, c. l. S. 705 Anm. 1. „Manche denken freilich bei dem Worte Vergeltung nur an blutige Rache, an das »Auge um Auge« des Alten Testaments oder an die Höllenstrafen und ihre Analoga. Aber derlei Vorstellungen haben mit den hier behandelten Kontroversen nichts zu schaffen.“

aber selbst bezüglich seiner Deutung der sozialen Gefährlichkeit, die, ohne die übertriebenen Forderungen an ihren Grad, auch in diesen leichten Fällen vorliegen wird. Denn hat der, der das Raupen unterläßt, die Vorschrift gekannt, dann zeigen sich in ihm dadurch gefährliche Elemente, daß für ihn die Norm nicht mehr die nötige motivierende Kraft, die Vorstellung ihrer Übertretung nicht die gewöhnliche Unlustbetonung hat; oder der Täter hat die Norm nicht gekannt, vielleicht aber die schädlichen Folgen vorausgesehen, die die weitere Ausbreitung der Raupen für fremde Grundstücke haben kann, dann zeigt seine Unterlassung, daß derartige, das fremde Eigentum schädigende Ereignisse ebenfalls für ihn nicht mehr motivierend waren. Hat er aber auch diese Folgen nicht vorausgesehen, dann ist dies ein Zeichen eines Mangels der Vorstellungsassoziation, die ihm sonst die Normwidrigkeit, respektive Schädlichkeit seines Verhaltens in Erinnerung gebracht hätte.[1]) Daß bei einer Bewertung der Tat als Symptom eines psychischen Mangels, Unzurechnungsfähigkeit und Schuld, Schuld und Gefährlichkeit im vulgären Sinn, Strafe und Sicherungsmaßregel nicht vermengt werden,[2]) dafür kann auf das bereits Gesagte verwiesen werden.[3])

§ 2. Die Vergeltungs- und Schutztheorie und die „Symptomatik".

I. Die verschiedenen Methoden der Vergeltungs- und der Schutzstrafe bei der Bestimmung ihrer Strafgrößen.

Nach der hier vertretenen Auffassung erscheint die Tat als Symptom eines psychischen Defektes. Betrachtet man diesen vom Standpunkt seiner Grundlage für das, die Gefährlichkeit

---

[1]) Einen ähnlichen Vorwurf macht bereits Feuerbach. Rev. I S. 10. „Wenn es uns auch ganz gewiß scheint, daß sich der Verbrecher (juridisch) bessern werde, oder daß er sich schon durchaus gebessert habe; so hat dies auf das Urteil unseres gemeinen Verstandes über seine bürgerliche Strafbarkeit auch nicht den geringsten Einfluß." ... Woher weiß man denn im Zeitpunkt der Aburteilung, daß er sich bereits wirklich gebessert hat, resp. nicht bessern werde?

[2]) Siehe dazu Merkel, c. l. S. 706; Birkmeyer, c. l. S. 20, S. 92.

[3]) Siehe oben S. 226, 233, 262.

bezeichnende Wahrscheinlichkeitsurteil und als Strafzweck Beseitigung dieser Gefährlichkeit durch Zwangsmotivation, indem man auf die unmittelbare motivierende Kraft des Strafübels rechnet (Abschreckung) oder auf die Wirkung anderer Motive, die mittelbar durch die Strafe gesetzt werden (Besserung), so erscheint die Größe der „notwendigen“ Strafe durch den Zusammenhang der gefährlichen Elemente mit dem Gesamtcharakter bestimmt, da diese durch die Strafe beseitigt werden sollen.

Geht man andererseits von dem Schuldurteil aus, das auf diesem psychischen Defekt beruht und durch den Grad der darin sich zeigenden Abweichung vom Normalen bestimmt wird, und folgt man der sich im Rechtsbewußtsein des Volkes als Bewußtseinstatsache darstellenden Forderung, daß die Strafe dem Verbrechen entsprechen müsse, der Vergeltung, so bestimmt sich die gerechte Strafgröße lediglich empirisch auf Grund der Analyse dieser Bewußtseinstatsache. Das Urteil über die Schuld und die Strafe bestimmt sich, wie wir dies auf Grund der Erfahrung wissen, unter anderem nach dem Wert des Rechtsgutes, nach dolus und culpa. In vielen Fällen wird sich das Schuldurteil nur auf diese Faktoren stützen, ebenso wie sich vom ersten Gesichtspunkt der Schutzstrafe das Gefährlichkeitsurteil nur nach diesen Momenten bestimmen wird. Da vom Standpunkt der Bewertung des Willens nach Maßgabe des von ihm hervorgerufenen sozialen Schadens ebenfalls diese Momente für die Bestimmung der Schuldgröße maßgebend werden, so werden bei der Gemeinsamkeit der Wertungsgrundlagen die beiden Standpunkte in der Deliktsbewertung — Bewertung nach Maßgabe des sozialen Schadens und Bewertung als Symptom — für gewisse Fälle zusammenfallen und sich auch die Größen der Strafurteile nach beiden in der gleichen Weise bestimmen, ohne daß deswegen von einem Kompromiß, d. h. einem teilweisen Aufgeben des Standpunktes der einen oder anderen Auffassung gesprochen werden kann.[1])

---

[1]) Siehe z. B. Liszt, Das gewerbsmäßige Verbrechen, Aufs. II S. 309, dagegen Birkmeyer, c. l. S. 41. Siehe auch Tesař in Groß' Arch. Bd. 26 S. 55.

Fassen wir jedoch die Anormalität als Grundlage des Schuldurteiles, so wird dieses in vielen Fällen auch durch andere Momente bestimmt werden, als es die genannten sind, so daß sich hier eine Divergenz in den Resultaten zwischen den genannten zwei Theorien über die Grundlagen der Strafschuld ergeben wird.

Dies wird sich insbesondere dort zeigen, wo über Personen ein Schuldurteil gefällt werden soll, die vielfach rückfällig waren, die aber nur kleinere Delikte verübt haben. Während diese Personen, das große Heer der Vagabunden, solange man sie lediglich danach beurteilt, was sie getan haben, nur geringe Schuldstufen repräsentieren werden, wird, sobald man auf dem anderen Bewertungsstandpunkt steht und sich ihrer völligen Apathie gegenüber den Kulturnormen, ihrer psychischen Depravation bewußt wird, das Schuldurteil eine bedeutende Größe annehmen.

Doch muß man streng konsequent hier vorgehen; wenn man sich auf die Bewußtseinstatsache, die Vergeltung fordert, beruft und in ihrer Befriedigung den Strafzweck erblickt, so muß man auch bei der Bestimmung der Strafgröße bei dieser Bewußtseinstatsache bleiben und aus ihrer Analyse lediglich die Folgerungen ziehen.

Diese Vergeltungsidee fordert zunächst eine Verhältnismäßigkeit zwischen Delikt und Strafe; diesem Prinzip könnte genügt werden durch die Einführung irgend welcher Grundgleichung zwischen Delikt und Strafe, gegenüber der sich dann die andern Strafgrößen dadurch bestimmen ließen, daß sie dasjenige Vielfache der Strafgrundgröße repräsentierten, das die Deliktsgröße, auf die sie fallen soll, gegenüber der früheren Deliktsgröße darstellt (relative Proportionalität).

Daß sich mit dieser Proportionalität das Rechtsbewußtsein des Volkes jedoch nicht begnügt, ist daraus zu erkennen, daß es sich gerade bei kleinen Delikten gegen Strafen wendet, die nur um geringes von einer anderen Strafgröße verschieden sind, so daß sich die Zurückweisung der relativen Proportionalität schon daraus ergibt, daß sich für die geringen Delikte durch die Bewußtseinstatsache der Vergeltung nicht irgend welche

Strafgrößen, die nur mit den anderen in dem entsprechenden Verhältnis stehen, einsetzen lassen.

So können wir nur das Zusammenbestehen zweier Strafbemessungsmethoden konstatieren, die sich auf dieselben Elemente stützen, diese nur von verschiedenen Seiten werten; die eine wertet den erkannten psychischen Zustand als anormalen mit einem Unwerturteil, die andere als Grundlage der Wahrscheinlichkeit für künftige Gesellschaftschädigungen; die eine Auffassung ist bei der Bestimmung des Strafmaßes lediglich auf die Analyse der Bewußtseinstatsache, die fordert, daß dem Verbrechen die Strafe entsprechen soll, angewiesen, die andere bestimmt das Strafmaß durch das, auf Grund des Verbrechens festgestellte Motivationsbedürfnis. Da beide auf derselben Grundlage aufbauen, wird sich eine tatsächliche Übereinstimmung beider konstatieren lassen, wenn man unter der durch die Vergeltung geforderten Strafe diejenige versteht, die die Schuld in dem Verbrecher beseitigt,[1]) den die Schuld repräsentierenden Mangel im Verbrecher aufhebt.

II. Die Vereinbarkeit der aus der Vergeltungsidee und aus dem Schutzprinzip gezogenen Folgerungen.

Diese verschiedenen Betrachtungsweisen haben ihre völlige gegenseitige Selbständigkeit. Es erscheint durchaus nicht die Gefährlichkeit als causa proxima, während als causa remota die ethischen Werturteile erscheinen, die sich auf denselben psychischen Zustand stützen.[2]) Rein logisch bestehen beide Betrachtungsweisen für sich, und es läßt sich höchstens die Übereinstimmung in den aus ihnen gezogenen Folgerungen konstatieren. Genetisch nur läßt sich für diese tatsächlich konstatierte Übereinstimmung ein gemeinsamer Ursprung nachweisen.

Die Strafe hat sich aus der triebartigen Reaktion gegen schädigende Angriffe entwickelt. Dadurch daß sich an diese Reaktionen Erfolge knüpften, die als erwünscht erschienen, wurde durch die Erhebung dieses Erfolges zur Zweckvorstellung

---

[1]) Siehe oben S. 198 Anm. 1.

[2]) M. E. Mayer, Die schuldhafte Handlung S. 191.

die ursprüngliche Triebhandlung zur Zweckhandlung. Auf Grund der weiteren Erforschung des Zusammenhanges des erwünscht erscheinenden Schutzerfolges mit der Strafreaktion, bildete sich die Vorstellung des erforderlichen Minimums an Rechtsgüterverletzungen, das noch genügend erschien, um jenen Schutzzweck zu erreichen.

In der kontinuierlichen Ausübung dieses Prinzipes der Strafökonomie trat das Schutzbedürfnis immer mehr zurück, so daß das auf strafökonomischer Basis ruhende Strafmaß allmählich gewohnheitsmäßig triebartig ausgeübt wurde und sich lediglich durch die Bewußtseinstatsache, die wir das Bedürfnis nach gerechter Vergeltung, die Forderung nach einer Proportionalität zwischen Delikt und Strafe nennen, äußerte.

Wer für die Strafe die Entwicklung der Zweckhandlung aus der Triebhandlung zugibt,[1]) muß auch den weiteren Entwicklungsprozeß, dem alles menschliche Handeln unterworfen ist, die Rückentwicklung von der Zweckhandlung zur Triebhandlung zugeben.[2])

Dadurch daß man diese Rückentwicklung anerkennt, verfällt man durchaus nicht dem Vorwurf, daß damit als Standpunkt höchster Vollendung der, der gewohnheitsmässigen Ausführung aller Handlungen, der einer völligen Stagnation der geistigen Tätigkeit angesehen wird; denn dieser kann gar nie eintreten. Je mehr von den zur Kulturförderung erforderlichen Tätigkeiten mechanisiert erscheinen, um so mehr psychische Energie wird frei für die Erfüllung neuer Aufgaben durch Zwecktätigkeit.

So kann man sagen, daß die Entwicklung von der Vergeltungsstrafe zur Schutzstrafe und von dieser zur Vergeltungsstrafe einen Kreislauf darstellt, wobei die in der absteigenden Entwicklung hervortretende Vergeltungsstrafe immer korrigiert erscheint durch das nach Maßgabe der Schutzstraferwägungen als richtig Erkannte. Die fortwährend aufsteigende Entwicklung, der Fortschritt bewegt sich demnach in der Richtung

---

[1]) v. Liszt, Der Zweckgedanke im Strafrecht, Strafrechtl. Aufsätze I S. 145.

[2]) Wundt, Physiol. Psychologie, V. Aufl. III. Bd. S. 312.

der Forderungen der Schutzstrafe, die die beständige Korrektur der durch die Vergeltung geforderten Maßnahmen besorgt.

Hat man diesen Zusammenhang zwischen den Forderungen der Schutz- und der Vergeltungsstrafe erkannt, dann kann man sich ruhig auch vom Standpunkt der Idee der gerechten Vergeltung den Postulaten der Schutzstrafe anvertrauen.

Der Verwendung der Erwägungen der Schutzstrafe bei der Prüfung kriminalpolitischer Vorschläge wird noch dabei der Vorzug gebühren, daß genauere Maßstäbe durch sie geboten sind, als durch die Analyse der Bewußtseinstatsache, die Vergeltung fordert, und daß sie die weiter vorschauende Methode ist, indem das von ihr zuerst als richtig Erkannte im Laufe der Zeit auch von dem Vergeltungsbedürfnis erfaßt wird.

So kann man in den praktischen Konsequenzen, ohne damit ein Kompromiß mit einer anderen Theorie eingehen zu müssen, die Vereinbarkeit der Schutzstrafe mit dem Vergeltungsbewußtsein des Volkes konstatieren, sobald man sich von der Verantwortlichkeitslehre, die sich auf das, durch die Kraft des Willens Verursachte stützt, losgesagt, auf Grund der aus der Entwicklung gewonnenen Erkenntnis, daß die einzig haltbare und fruchtbare Form der Vergeltungsstrafe die Schutzstrafe ist.[1])

[1]) v. Liszt, Der Zweckgedanke im Strafrecht, Strafrechtl. Aufs. I S. 174. Siehe auch M. E. Mayer im zit. Gutachten, S. 167 u. 168.

Druck von Georg Reimer in Berlin.

FSC
www.fsc.org
MIX
Papier | Fördert gute Waldnutzung
FSC® C083411

Kolibri 360 GmbH
Ferdinand-Jühlke-Straße 7
99095 Erfurt, Deutschland
produktsicherheit@kolibri360.de